丛书主编◎杨德军 朱传世

U0573817

京韵课程的
中国气质

▶ 李明新◎主编 ◀

北京师范大学出版集团
BEIJING NORMAL UNIVERSITY PUBLISHING GROUP
北京师范大学出版社

图书在版编目(CIP)数据

京韵课程的中国气质/李明新主编. —北京:北京师范大学出版社,2022.4(2023.3 重印)

ISBN 978-7-303-27612-7

Ⅰ.①京… Ⅱ.①李… Ⅲ.①课程改革－教学研究－小学 Ⅳ.①G622.3

中国版本图书馆 CIP 数据核字(2021)第 269411 号

图书意见反馈　　gaozhifk@bnupg.com　　010-58805079
营销中心电话　　010-58802755　　58800035
北师大出版社教师教育分社微信公众号　　京师教师教育

出版发行:北京师范大学出版社　　www.bnup.com
　　　　　北京市西城区新街口外大街 12-3 号
　　　　　邮政编码:100088
印　　刷:北京虎彩文化传播有限公司
经　　销:全国新华书店
开　　本:710 mm×1000 mm　　1/16
印　　张:19.5
字　　数:300 千字
版　　次:2022 年 4 月第 1 版
印　　次:2023 年 3 月第 3 次印刷
定　　价:79.00 元

策划编辑:冯谦益　　　　　　　责任编辑:贾理智
美术编辑:焦　丽　　　　　　　装帧设计:焦　丽
责任校对:康　悦　　　　　　　责任印制:马　洁

版权所有　侵权必究
反盗版、侵权举报电话:010-58800697
北京读者服务部电话:010-58808104
外埠邮购电话:010-58808083
本书如有印装质量问题,请与印制管理部联系调换。
印制管理部电话:010-58805079

『遨游计划』首都课程创新丛书

丛书编委会

主　任：方中雄　李　奕

主　编：杨德军　朱传世

编　委：马　可　黄晓玲　范佳午

本书编委会

主　　编：李明新

副主编：于　萍

编　　委：王　燕　金　路　董　葳　李　铜
　　　　　唐　亮　徐　艺　马　兰

2001 年，我国进入新一轮课程改革，2010 年为课程改革的 10 年反思之际，教育、课程、教学等方面的新老问题开始被广泛聚焦。这些问题主要包括：学校课程供给的低效、单一、有限与家长、学生对于课程的高效、多元、多样化的需求之间存在的矛盾；学校"教育－课程－教学－评价－管理"各环节之间互不搭界；学校育人模式单一且德、学分治；学校层面和教师层面成为深化基础教育课程综合改革的瓶颈；学生课业负担重，学习效率低，学习效果差；学校课程建设体制机制僵化。

这些问题既有整体性和全局性的，也有具体环节与要素层面的。如果简单地按照"头痛医头、脚痛医脚"的原则处理，可能会出现"按下葫芦浮起瓢"的局面。这就需要找到一个抓手，能"抓住一点遍及其余"，达到"牵一发而动全身"的功效。2010 年 7 月，备受关注的《国家中长期教育改革和发展规划纲要（2010—2020 年）》正式发布，为我国教育改革提供了方向与依据。为落实文件精神，促进首都基础教育公平、优质、创新、开放发展，进一步提高首都基础教育现代化水平，结合创新型国家和世界城市建设的需要，2012 年在北京市教育委员会（以下简称北京市教委）基础教育二处的统筹下，国家教育体制改革项目——部分中小学承担的课程建设研究项目启动。项目组选定了 15 所小学、12 所中学、1 所九年制学校共 28 所实验校开展前期研究和实践探索。

为深化此项研究，推进基础教育综合改革，进一步激发学校自主发展活力，2013 年，项目组在 28 所实验校的基础上扩大实验范围，增至 41 所，正式将项目命名为"北京市中小学课程创新实验——遨游计划"项目（以下简称"遨游计划"项目）。自此，"遨游计划"项目的基本宗旨也确立下来，即以"义务教育课程创新实验"为切入点，以下放课程建设的部分权力为路径，以问题、需求、特色为导向，以巧设计、多支持、少干预为原则，让实验校大胆改革，破除阻碍教育发展的体制机制，蹚出一条具有首都特色的义务教育课程创新之路。

2014 年，又有 2 所学校在不申请经费的情况下自愿加入"遨游计划"项目，经审批，形成了 41（＋2）所实验校的局面。由于前期实验效果明显，社会反响好，2015 年，北京市教委决定将实验校增至 50 所。在这期间，相关领导提出了项目的"低代价发展模式"，追求自主发展、生态发展、绿色发展。作为实验执行单位的北京教育科学研究院基础教育课程教材发展研究中心提出了"变量控制模式"，即控制六个主要变量，科学设计"六位一体"首都课程创新战略。"六位"指"六位自主"，分别是课程目标自主、课程结构自主、课程内容自主、课程实施自主、课程评价自主、课程主体选择自主。"六位自主"是引导学校从课程建设的主体方面切入，将国家对于课程的基本要求与学校特色、学生需求相结合，充分利用好手中的自主权，激发学校课程活力，从而创新人才培养模式，形成学校课程特色。"一体"指学校课程一体化建设，即学校在明确国家、地方、学校三级课程管理体系以及把握三级课程学时比例的基础上，结合学校特色和师生特点，融通三级课程，形成三级课程的整体推进方案和实践体系，达到课程整体育人的效果。"课程创新"是本实验的基本出发点和归宿点，要求各实验校在现有的课程政策、课程体系的基础上，调整课程各要素的关系，最大化发挥各要素效能，改进课程供给品质，创造更有价值的课程以及课程生产的新元素、新方法、新机制，从而获得更好的课程效益，解决课程领域的矛盾，满足课程各利益相关者的需求。

"遨游计划"项目实施以来，无论在项目管理方面还是在项目成果方面都卓有成效，积累了许多课程建设的典型经验。

一是确定了学校课程自主创新架构的三个基本原则：以"人的整体性发展"为核心，以"六位一体"为基本抓手，构建开放且具有综合特点的课程体系。

二是研制了基于"六位一体"模式的课程自主创新路线图，如下图所示。

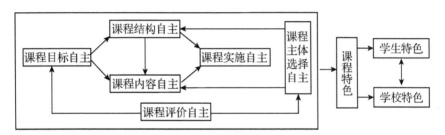

基于"六位一体"模式的课程自主创新路线图

三是形成了"六位一体"课程模式的特点。国家总督学顾问、联合国教科文组织协会世界联合会副主席陶西平先生总结了"遨游计划"项目课程创新的特点，即自主性、包容性、实践性、发展性、创新性、开放性。

四是探索出了课程创新的 12 步法则：精准破题—理论夯基—立柱架梁—有限行权—激活机制—重构课程—优化供给—身份塑造—多极关联—诊断评估—节点管理—现场推进。既实现流程管理目标，指明方向，降低风险，又提供课程创新的内容和方法指导，加强专业引领，提升课程改革质量。

五是初步形成了基于课程整体育人的 50 个教育新架构、基于立德树人根本任务和中国学生发展核心素养的 50 个富有学校特色的课程体系，开发了 30 多个理论和实践结合的课程创新主题。

六是学校课程结构丰富多样，大小课、长短课等排课样式灵活多变，国家课程校本实践效果突出。教与学方式的变革提升了课程效益。各实验校积累了上千门精品课程，学校课程管理变革提升了课程建设的品质。

自"遨游计划"项目实施以来，成果丰硕，市级项目组和许多实验校的成果在北京市乃至国家成果评比中斩获殊荣。2014年，两所实验校获基础教育国家级教学成果奖一等奖，8所实验校获基础教育国家级教学成果奖二等奖。在2016年全国教育科学成果评比中，1所实验校荣获优秀成果奖二等奖，两所实验校荣获优秀成果奖三等奖。在2017年北京市第五届基础教育教学成果奖评比中，"遨游计划"项目实验校共获奖31项，其中特等奖3项，一等奖10项，二等奖18项。在2018年基础教育国家级教学成果奖评比中，"遨游计划"项目实验校获评一等奖两项，约占北京市获奖总数（12项）的11％；二等奖11项，约占北京市获奖总数（28项）的39％。

"遨游计划"项目组及实验校以对国家教育和学生负责的态度开展课程创新实验，积极作为，大胆改革，小心求证，破解了义务教育改革的难点，开创了义务教育课程改革的新局面，将人才培养模式变革落到了学生层面，在研究视角、研究内容、研究方式等方面取得重大突破。学生的课程满足最大化向其需求的方向发展，学生全面而有个性地发展、可持续发展和自主发展水平，以及教师的课程意识与水平得到普遍提升，课程文化成为学校文化的重要组成部分，实验成效在北京市乃至全国都产生了积极而深远的影响，"六位一体"课程体系成为首都品牌。

项目成果印证了基础教育改革坚持"从群众中来，到群众中去"的重要性和正确性，促进了课程理论与课程实际的结合，回应了教育改革和发展"为了谁、依靠谁和成果由谁共享"的重大主题。同时，项目的推进，为加快解决经济社会发展对高质量、多样化人才的需要与教育培养能力不足之间的矛盾，人民群众期盼良好教育与资源相对短缺之间的矛盾，增强教育活力与体制机制约束之间的矛盾，提供了很好的案例。项目在北京市中小学校课程建设、育人模式改革、减轻学生负担、提高课程整体效益、促进学校内涵式发展等方面具有示范和推广意义。北京市 2015 年 7 月颁布的《北京市实施教育部〈义务教育课程设置实验方案〉的课程计划（修订）》就吸收了此项目的先进经验，其中大小课、长短课、学科实践活动课、开放性科学实践活动、整体育人实践、自主课程实验等就是其集中体现。

　　课程改革是教育改革的"牛鼻子"，课程改革的空间很大，向课程要效益是现在和未来一直要做的工作。今天，我们以实验校的课程创新成果为依托，推出"'遨游计划'首都课程创新丛书"，一方面是为了巩固课程改革成果，凝练北京市课程改革的典型经验，引领首都教育向着更高水平迈进，为全国同行提供参考，为课程建设的伟大事业添砖加瓦；另一方面是要加深课程理论研讨，深入课程内涵层面，把握好课程各要素和各种关系，加强协同，突破结构性、体制性障碍，探索具有中国特色的课程理论框架，让课程创新在纵横两方面全方位推进，以期获得更好的课程效益。该丛书是从北京市课程的变革性实践中凝聚、提炼而来的，也可以说是北京市课程改革的缩影，希望它的现实之光能照见课程改革的未来。

李　奕

2019 年 8 月 1 日

五谷熟而民人育　四季养而童蒙正

——《京韵课程的中国气质》序言

2014 年，我接手了北京市遨游计划项目，这是一个致力于课程创新的实验项目。从那个时候起，着手建章立制，并进一步通过"六位自主"实实在在地下放课程权力，以期打破僵死的体制机制，激发课改活力，引导各校逐步形成满足国家要求和人民需求、适合学校发展和学生成长的独特课程体系。

在这些实验校中，北京小学的四季课程体系令人眼前一亮，也抓住了长期以来我一直思考的"如何建设具有中国气质的课程体系"的问题。说来也巧，2004 年的冬天受北京市教委人事处委托到新疆乌鲁木齐支教讲学，同去的就有北京小学的青年才俊李明新特级教师，这期间我们结下了友谊。如今，李明新已经在校长的岗位上历练了多年，成长为教育管理领域的"练家子"。正是这种机缘巧合，我对北京小学的课程建设多了一份关注，特别是 2012 年学校针对《国家中长期教育改革和发展规划纲要（2010—2020 年）》，通过研究学校历史、儿童发展规律后提出的"四季课程"的建设思路引发了我的极大兴趣与不断思考。

北京小学的"四季课程"像"熟悉的陌生人"，与众不同，却似曾相识。

似曾相识，是因为它发端于中华传统文化。我国是传统农业国家，农耕文明深入国人骨髓。《孟子·滕文公上》记载："后稷教民稼穑，树艺五谷。五谷熟而民人育。"意思是说，被后世称为五谷之神的后稷教老百姓耕种、收获五谷的技艺，五谷熟了能养活老百姓。其实，这句话后

1

面还有一句话："人之有道也，饱食、暖衣、逸居而无教，则近于禽兽。"前面的话是引子，由吃好、穿好、住好引出人和禽兽的区别在于"有教"的问题，后面的话才是核心。这就是典型的中国传统表达，即"修辞立其诚"。修辞，具有装饰性，不太科学，但用它来阐述事理，能深入浅出，所以修辞是有好处的。修辞不仅止于表达，在修辞中，被阐释者和阐释者之间有深浅、表里、文质等方面的相通。通者，规律也。这"规律"就是"诚"，属于科学的一部分。就"四季"而言，农耕中国对于四季规律的把握可谓精熟，从古至今探索出了无数宝贵的规律。而人的成长也要顺应四季大环境，同时教育也需要遵守规律并不断发现新的规律。可见，由"四季"而生发出"四季课程"也是典型的中国传统表达，太熟悉不过了，也很能令人产生亲近感，并不是个别挑剔者所谓的"玩概念"。

与众不同，是因为它把因熟悉而相忘、因传统而以为陈旧的自然规律引入了大雅的教育殿堂，并赋予其科学与文化的意义。"四季课程"中最为核心的是学程的变革。春夏秋冬每个季节，都采用"2－1"的学程模式，即学习2个月的文化课，开展1周的综合实践活动。这样做的好处是：一、打破了学期学程模式，将一个学期与经历的两个季节（第一学期是秋冬季，第二学期是春夏季）呼应，使得原本没有文化意义的"第一学期""第二学期"划分法有了自然文化和农耕文化的附着，也就意味着赋予了学期学程模式新的内涵与使命。二、改变了单一学科课程学习的局面，将学科课程与综合实践活动课程相结合，使得理论学习能够找到实践学习的出口，学以致用，学以致创，也使得原本枯燥的学科课程学习生动起来，原本狭窄的学习时空得以拓展延伸。三、弥合了儿童成长规律与学习规律，不仅是综合实践活动课程的内容紧紧贴合季节特征为儿童而设计，形成"四季特色课程"，而且学科课程也力求结合季节性特征而进行适合的校本改造，形成"四季基础课堂"，使得课程学习内容更为丰满，情境性和环境性更为凸显，学习的科学性更为充足。

可以说，"四季课程"恰当地融入了中国元素，既呈现了中国教育的传统思维方式，也契合了中国教育的传统表达方式，还发展了当代的学程模式。在此基础上，李校长还带领大家结合我国教育传统、基于当代教育问题，抽丝剥茧，鲜明地提出了具有中国气质的"五养"儿童教育观，即儿童的成长要慢养、顺养、牧养、素养、调养。"五养"体现了中国朴素的传统辩证思维、传统教育中"童蒙养正"的思想，也直指今天"速成法"的问题。

每个儿童成长的差异性决定了教育的快慢性，儿童的生理、心理机能决定了儿童教育无法速成，认知的宽度决定了儿童不能单边快速冒进，"揠苗助长"的古代寓言早已揭示了儿童需要慢养的道理，"路漫漫其修远兮"，需要"上下而求索"。儿童是自然的产物，具有自然天性，坚守并不断培育儿童天真、可爱、活泼、好动、好奇的美好品格，取法自然，顺天致性，并据每一个儿童不同的天性条件而因材施教，就是教育要遵循的"顺养"规律，这对于"逆养"已久的儿童无疑是最好的解放。把儿童从校园引向不同的季节、不同场域的时空，让他们在项目、任务、问题的驱动下在这片片教育的水草丰满之地快乐奔跑、自由翱翔、无限衔接，像云彩下走出圈养之地的自由羊群，享受教育的自然沐浴，也收获儿童的自主发展。在长期的天序、物序、工序、程序、人伦等的浸染下，习惯自然成，"素养"功就，再辅之以必要的"调养"，树大也就自然直了。

花开有季，果熟有期。基于"春生、夏长、秋收、冬藏"四季特性而开设的国医课程，基于"春之艺美律动"和"秋之科技创意"而开设的"动""思"输出型课程，基于"夏之读书实践"和"冬之传统文化"而开设的"读""习"输入型课程，养儿童之性，扬中国儿童教育之气，随季作息，四季不息，"四季养而童蒙正"。

当然，北京小学的四季养正课程架构，并非高举高打、独奏独打，而是气定中国，行走京城，妥置校园，放眼域外。"京韵国粹""戏韵武林"校本课程，"胡同里的中国年""窗棂上的艺术"等主题课程，春季的春耕节与清明节、夏季的端午节与乞巧节、秋季的中秋节与重阳节、冬季的腊八节与春节等节日课程，都具有浓浓的京腔京韵，而围绕北京"四个中心"（政治中心、文化中心、国际交往中心、科技创新中心）的城市功能目标设计的课程内容更是比比皆是。应该说，北京小学的课程是京韵底色铺就的中国气质课程。更难能可贵的是，北京小学把四季课程的架构落到了校园、课堂、班级、家庭，形成了具有四季特色的校园环境文化和课程文化、具有"实"与"活"特征的四季课堂文化、具有多彩多元特质的四季班级文化、具有亲和协同特点的家校共育文化。同时，学校以中华情义、民族精神为底蕴，强基铸魂的同时，引导学生放眼世界，加强学生与世界文化的联系与互动，使中国气质在世界舞台更具魅力。

古人云："民务稼穑"则"天下晏然"。同样的道理，学校教育与课程如果遵循儿童教育的基本规律，厚植于中华优秀传统教育的沃土上，务本求实做活，形成稳定而富有特色的系统，教育便安于本位，定于中心，儿童便能适性扬长，自由成长。

2017 年我受《北京教育》杂志之邀，开辟了"'世'说新语"专栏，同时发现李明新校长也在同期开设"教育'新'说"专栏，真是又一次机缘巧合。李校长的文章，我每期都读，读着读着，感觉更贴近了先前的问题。由此，在北京市"遨游计划"项目成果总结书稿的遴选中，我坚定地选了北京小学。而在书稿主题的讨论会上，我们一致认为是到了回答"如何建设具有中国气质的课程体系"这个问题的时候了。感谢北京小学勇敢地承担了如此艰巨的任务，感谢北京小学师生为建设具有中国气质的课程体系所做出的各种努力！也希望具有如此担当的学校越来越多，植根于中国本土的中国基础教育课程理论建设与实践发展有新的突破。

北京教育科学研究院　朱传世

2021 年 7 月 21 日于北京紫芳园

目 录

MULU

第一章 从"育中国人"到构建"中国课程" 3

第一节 关于学校课程的环境发展 5

一、学校课程发展的政策沿革 5

二、学校课程发展的学术价值 6

三、学校课程发展的内部需求 8

第二节 关于学校课程的实践发展 9

一、提出立足全人发展的"五养"理论 10

二、提出追求协同发展的学校管理理念 16

第二章 "四季课程"体系的发展回望 29

第一节 立足"改变"的课程设计 31

一、改变学程，凸显节律 31

二、改变时空，凸显开放 33

三、改变资源，凸显丰富 34

四、改变评价，凸显自主 36

第二节 立足"系统"的课程建设 46

一、课程目标的系统定位 48

二、课程内容的系统梳理 50

三、课程实施的系统设计 51

第三节　立足"适性"的课程优化　53

一、优化课程设计　53

二、优化课程开发　54

三、优化实践空间　56

四、优化组织形式　57

五、优化实施效果　64

第三章　"四季课程"的教学文化构建　69

第一节　"实与活"教学思想的提出　71

一、缘起——一位青年语文教师的执着探索　71

二、发展——从语文教学到课程理念的提升　75

第二节　"实与活"教学文化的实践　78

一、实践策略　78

二、专题研究　81

三、教学案例分析　92

第三节　"实与活"教学文化的评价　112

一、精准方案——聚焦质量的评价　112

二、点面结合——立足发展的评价　115

三、文化引领——着眼素养的评价　122

第四章　"四季课程"中传承中华文化　129

第一节　"四季节日"培育中华情义　131

一、"四季节日"的育人价值　131

二、"四季节日"课程设计　133

三、"四季节日"课程实施　136

第二节　"四季国医"传承自然文化　150

一、顺四时自然之律　设计"四季国医"课程　150

二、顺学生年龄之律　实施"四季国医"课程　154

三、顺国医文化之律　厚植中华文化自信　158

第三节　"四季实践"促进综合发展　161

一、学生综合实践能力获得发展　161

二、教师课程领导力显著提升　163

三、学校管理文化得到彰显　167

四、实践成果得以推广和移植　167

第四节　"四季劳动"锻造民族精神　168

一、四季劳动在时代背景下的定位与意义　168

二、四季劳动在课程体系下的研究与发展　170

三、四季劳动在校园文化下的创新与实践　175

第五章　"四季课程"里的生命成长　181

第一节　"四季课程"在课堂　183

一、不同学科，显不同素养　183

二、不同课堂，展不同精彩　192

三、不同学生，有不同发展　199

第二节　"四季课程"在校园　206

一、仪式教育是引领精神的教育　206

二、主题教育是明确内涵的教育　217

三、特色教育是彰显风格的教育　224

第三节　"四季课程"在班级　235

一、助力深化班级"规则意识"　236

二、助力形成班级的"集体意识"　244

三、助力学生收获"价值意识"　264

第四节　"四季课程"在家庭　281

一、家校育人目标的相合　281

二、家校育人关系的融合　283

三、家校育人结果的切合　289

"北京，北京，千年古城，我们的学校与你同名，跨越世纪风雨历程，美好的理想在这里诞生……"在伟大祖国的心脏——首都北京的南城，有一所与中华人民共和国同龄的学校，她就是北京小学。这所以首都"北京"命名的小学成立70多年来，始终与祖国发展同呼吸、共命运，她的发展牵动着几代人的记忆，凝结着一批批教育工作者的心血和智慧，也向一代代少年儿童、一批批教育工作者传递出"脚踏实地做事、顶天立地做人"的教育誓言。

　　北京小学（以下简称"北小"），与共和国同龄，与伟大首都同名。七十余载风华，成就了一批批学子的茁壮成长，也孕育了学校文化的根深叶茂。北京小学是一所具有"红色基因"的学校，从1949年6月19日建校的那一天开始，学校就把建设新中国作为教育的崇高理想，把培育革命后代作为重要的教育责任。它的发展总是与祖国紧密相连，与时代息息相关。

　　在革命战争年代，许多革命同志为了夺取斗争的胜利，南征北战，无暇照顾自己的孩子，他们的子女有的被留在农村老家，有的被寄养在老乡家中，失去了学习文化知识的机会。后来随着老北京的解放，革命干部进入城中，投身新北京的建设，许多被寻找回的革命后代也从革命老区汇聚到北京，开始了崭新的生活。正如北京小学的老校歌中所唱的——"蓝天高，硝烟散，五星红旗插云端，辞别黄河太行，远离哺育我的家乡。为了建设新中国，学习、劳动、锻炼！"

　　就是这样一所学校，从最初"为了建设新中国"的教育理想，到"为了学生的全面发展"的价值追求；"优秀文化的传承"成为北小不变的育人基因和追求的目标。

第一章

从"育中国人"到构建"中国课程"

北京小学自建校起，就把建设新中国作为教育的崇高理想，把培育革命后代作为重要的教育责任。

　　中国传统文化博大精深，传承中国精神既是学校育人的方向，也是学校育人的途径。在我们看来，构建具有"中国气质"的"中国课程"，就是我校凸显"育中国人"的目标。培育具有中华情、中国心的学子，是北京小学的历史责任。

　　在我们看来，"中国气质"的根和魂源于中国哲学的精神。对立统一，是一种从天人之分中把握天人之合的精神，是一种既有宇宙意识又有人文情怀的极高明而道中庸的精神，也是一种洋溢着乾健、坤顺相结合的中和之美的精神。

　　中国哲学的精神是一种从对立求统一的精神。在中国传统哲学中，天、地、人的关系，讲求自然天成。道法自然，天人合一。顺其自然，并不是像某些人所理解的那样，人类在大自然面前和社会活动中不需要主观能动性，无所事事。顺其自然的精义是看透大千世界的变化规律和发展趋势，按照自然规律和社会发展的规律行事，不违背规律，识破机关，抓住关键，顺势而行，适可而止。这种传统哲学，在现代学校建设中仍具有较强的生命力。学校是育人的场所，对人的孕育就要遵循规律，顺从自然，不可逆势而为，强势而为。北京小学的"四季课程"体系，正是基于这一哲学基础而提出的，并遵循着对儿童生命成长规律的尊重而设计、实施和发展。

第一节 关于学校课程的环境发展

立德树人是新时代课程改革的根本任务。《中国学生发展核心素养》报告中，把核心素养的内涵界定为：学生应具备的、能适应终身发展和社会发展需要的必备品格和关键能力。研究学生发展核心素养是落实立德树人根本任务的一项重要举措。通过核心素养这一桥梁，我们可以转化为课程教学实践可用的、易于理解的具体要求，明确学生应具备的必备品格和关键能力，从中观层面解决"立什么德、树什么人"的根本问题。北京小学在课程体系的建设中，始终坚持以"立德树人"为本，以"核心素养"为纲，遵循"落实建设国家课程，融合发展地方课程，创新开发校本课程"的课程建设思路，以"适合教育的理念"为指导，创造适合生命成长、适合儿童生活、适合学生个性发展需求的"四季课程"。

春夏秋冬，季节交替。随着节气的变化规律，学校的"四季"课程也遵循着儿童的成长规律而贯通开展。核心素养紧紧贴合着学校"五养"理论的指导而逐一落位。

一、学校课程发展的政策沿革

伴随基础教育的改革探索，在国家和地方的政策中，学校课程的意义渐渐地发生了重要转向。教育部《基础教育课程改革纲要（试行）》（以下简称《纲要》）明确指出："改革课程管理过于集中的状况，实行国家、地方、学校三级课程管理，增强课程对地方、学校及学生的适应性。"因此，学校面临着增强课程适应性的现实问题。这不仅要求把课程的管理权交给学校，还要把课程实施形式的选择权交给教师，把学习的选择权交给学生。与此同时，《纲要》也提出"学校在执行国家课程和地方课程的同时，应视当地社会、经济发展的具体情况，结合本校的传统和优势、学生的兴趣和需要，开发或选用适合本校的课程"。这又进一步明确了学校课程改革的"适应性"要求，要不断聚焦学校发展和学生富有个性的成长需要。2010 年,《国家中长期教育改革与发展规划纲要(2010—2020 年)》等重要政策文件再次对课程的建设、推进及学生综合素质的提高提出了要求。2011 年,多个学科的国家课程标准修订版正式颁布,进一步推动课程改革进入一个高质量持续发展的阶段。2015 年 7 月,《北京市实施教育部〈义务教育课程设置实验方案〉的课程计划(修订)》(京教基二[2015]12 号)对学校课程又提出了新的要求。这些课程改革的新目标,都需要学校在实践层面进行深入而系统的实践性研究,使其形成一所学校完整的课程体系。

构建符合学校实际的课程结构体系,为学生提供适合的课程,这是学校课程结构改革的趋势,更是北京小学办学发展的需要。纵览此前学校课程建设的实践研究成果,更多的是校本课程的开发与实施,在学校课程建设中叠加的多,或对学校课程中的某一部分(或版块)进行改造的多,缺乏对学校课程整体性的系统建构。回顾我校课程改革的历程,在课堂实践与课程建设方面均做了许多积极的探索。课改初期(2000 年),针对国家课程的课堂实践提出了"实与活"的教学思想,推动了我校课堂教学改革,经过十多年的实践已逐渐形成了特色鲜明的"实与活"的课堂文化。与此同时,我校也在校本课程建设方面做了初步的探索,进一步立足学生年龄段特点开发出了包括游泳、经典诵习、快乐科学动动动、走进世博会、少儿社团等一批校本课程,丰富了课程的内容。2012 年起,我们在研究儿童发展规律及学校课程目标的基础上提出了"四季课程"的建设思路,并尝试以四季综合实践课程为抓手做了初步探索,形成了"2-1-2-1"的课程模式,学校课程不断呈现出综合性和生本性的特点。在新的历史时期,我校还需要围绕学校培养目标以及学生核心素养,立足学校课程的系统化建设,打破"只做加法"的课程建设思路,通过优化学校课程,提升学校办学层次。

二、学校课程发展的学术价值

2016 年 9 月 13 日,教育部在北京师范大学发布了《中国学生发展核心素养》研究成果。《中国学生发展核心素养》所揭示的三大核心、六大素养和 18 个基本要点，明确了学生应具备的适应终身发展和社会发展需要的必备品格和关键能力。

在 2018 年全国教育大会上，习近平总书记发表重要讲话，系统总结了推进我国教育改革发展的"九个坚持"，即：坚持党对教育事业的全面领导，坚持把立德树人作为根本任务，坚持优先发展教育事业，坚持社会主义办学方向，坚持扎根中国大地办教育，坚持以人民为中心发展教育，坚持深化教育改革创新，坚持把服务中华民族伟大复兴作为教育的重要使命，坚持把教师队伍建设作为基础工作。这"九个坚持"，深刻回答了培养什么人、怎样培养人、为谁培养人这一根本问题，是我们党对我国教育事业规律性认识的深化，更是教育者思考如何办学、怎么办学的指导纲领。

2019 年 6 月，为落实党的十八大、十九大关于立德树人的根本要求，进一步深化基础教育课程改革，我国先后颁发了《普通高中课程方案和语文等学科课程标准（2017 年版）》《国务院办公厅关于新时代推进普通高中育人方式改革的指导意见》和《中共中央 国务院关于深化教育教学改革全面提高义务教育质量的意见》。

为了进一步贯彻落实全国教育大会精神，对标《高中课程标准》在义务教育小学阶段课程设计中的要求落位，努力以学校课程的一体化推进来深化教育教学改革的各项精神，北京小学在市教育科学研究院的指导与管理下，依托"遨游计划"项目，努力推进并落实《基于立德树人根本任务与中国学生发展核心素养的学校一体化课程体系的构建》。

北京小学在多年的教育实践中，始终倡导"坚守基础教育本真"，提出并践行的"四季课程"，使学生体会到了不一样的学习方式。"四季课程"的开发与实施，既将学校"全面发展 个性发展"的教育理念植根于课程中，又将核心素养的培养落实到学校富有特色的课程体系的建设中。

为了将核心素养的培养落到实处，北京小学以课题研究为载体，先后申报了《基于学科核心素养提升小学课堂教学质量的实践研究》和《基于学科核心素养的课堂教学评价研究》的研究课题，力图通过行动研究，建构起"核心素养"与"课堂教学"，"立德树人"与"课程体系"之间的桥梁。

三、学校课程发展的内部需求

学校的课程发展，离不开对内部需求的分析与回应：

(一)儿童成长的客观需要

儿童成长的规律是需要每个教育者都给予科学的认识和充分尊重的。在育人规律中，自然因素是不容忽视的重要方面。我们力求通过课程的改革，更好地满足儿童在自然变化中产生的成长需要与学习需求。通过让自然世界本身成为课程，引导学生经历"在自然中""关于自然"和"为了自然"的自然探究，将儿童成长与人文精神培养有机整合。

(二)培养儿童创新精神的需要

创新精神属于科学精神和科学思想范畴，是进行创新活动必须具备的一些心理特征，包括创新意识、创新兴趣、创新胆量、创新决心，以及相关的思维活动。"2-1-2-1"课程的设计便是着眼于对学生创新精神与实践能力的培养。在小学阶段，对儿童观察、想象、反思等意识的培养，以及对合作、动手等能力的培养都是至关重要的，这本身就是素质教育中对创新精神培养的重要成果，同时也是儿童创新精神持续发展的重要基础。

(三)综合性实践课程实施的需要

教育部《中小学综合实践活动课程指导纲要》中提出，综合实践活动的总目标是密切学生与生活的联系，推进学生对自然、社会和自我内在联系的整体认识与体验，发展学生的创新能力、实践能力以及良好的个性品质。然而，实践中这类课程的实施表现出内容设计随意性强，缺乏序列性，受时间和空间限制，实践活动不深入等困难。我校通过"2-1-2-1"课程，为综合性实践课程划出了集中的课程时间，并集中各级力量对课程内容进行集体开发和设计。这能够使综合性实践课程的实施效果得到保障，对学生创新精神的培养得以落实。

总之，通过改革课程，把儿童生命的成长、自然的成长和社会的成长有机融合在一起，使对学生创新精神的培养更具有整体性、发展性、连续性、生本性和创新性。通过课程改革，提升教师的课程意识以及创新人才培养观；提供给学生更适合的实践创新空间。

第二节　关于学校课程的实践发展

众所周知，教育改革影响千万学子，关乎民族发展。当前，举国上下都在进行教育的综合改革。任何改革，都不要忘记它的出发点，不要表面上做文章，要把改革的价值与效果、内容与形式、方式与目的、过程与方法统一起来。因此，基础教育不论如何改，聚焦点都应该是"尊重基础教育规律，利于学生健康成长"。如何更好地促进青少年学生的成长呢？首先，我们应该认识到学生的成长是生命体的成长，而不是单纯的认知体的成长。学生是"人"的成长，而不是泥偶任你塑造。所以，育人是一门科学，而且是一门最难的科学。教育工作要求我们必须按规律来办事，这个规律，就是基础教育自身的规律和人生命成长的规律。多年来，我们都在谈养育子女、培养学生、造就后代的问题。那么，这个"养"字怎么理解？怎么才能更好地把握它的本质呢？

基础教育的核心价值追求应该回归它的基础性，北京小学一直倡导"让基础教育回归本真"。说回归，就意味当下教育的价值迷失与实践迷失。"基础教育"四个字本来说得很清楚，就是给每个学生的人生发展打好基础，为整个民族的素质打好基础。这个"基础"，对于每一个具体的学生来说，不是传统意义的"双基"概念，而是指人一生身心健康、可持续发展、幸福工作与生活的基础。这个基础是全面的、和谐的、利于个性化发展的基础。

9

一、提出立足全人发展的"五养"理论

如何进行基础教育实践才能尊重它的基础性呢？我们认为就是要目中有人，心中有具体的儿童。搞基础教育，把"儿童"两个字扔在一边是极为不负责任的。北小校长李明新把自己在教育实践中的理解、感悟概括为五个"养"字，即儿童的成长要慢养、顺养、牧养、素养、调养。

（一）儿童成长要"慢养"

"慢养"不是故意"慢"，而是说在育人上我们要有耐心，不盲从、不急于求成，更不能够急功近利，应该让生命按着自身的规律一点一点地成长。生命的成长是需要日积月累的，不能够"催化"。现在困扰许许多多家长的，是社会上教育的功利主义倾向日益严重，导致我们许多家长盲从了不正确的教育做法，都去催化孩子的成长，如同"揠苗助长"，过度"施肥"。

和"慢养"相对的，自然就是"快养"。现在一些地方的"快养"现象非常令人担忧。幼儿教育小学化，小学教育中学化，学生学习奥数化，人生成长分数化。比如，似乎不学奥数，人就不能够很好地成长；小孩子不提前学习系统的学科知识，似乎他将来的发展就一定会落在别人的后边。过度"施肥"就使得学生"营养失衡"。这里所说的"营养失衡"是指学生的成长被异化，无限度地灌输知识，却限制儿童的实践参与，不利于儿童的健康成长。本来，教育学生是要开发人的潜能，但是部分家长和老师只是让学生提前记忆了一大堆他不理解的知识。一些老师在教学上根本就不是"为理解而教"，不是"为思维而教"，最终，学生的潜能也没有被开发出来。

常有家长会问，到底应不应该学奥数。我们认为：从基础教育来讲，对奥数的作用、价值是有着清晰认识的，确实奥数不必要人人学。再者，从学生个体来讲，我们提倡"适性教育"，适合才是最好的。如果这个学生自己非常喜欢奥数，他也有能力去钻研奥数，那么奥数就适合于他，孩子如果有精力学，当然是可以的，因材施教，个性化教学。但

是，我们并不赞成让所有的孩子都去学奥数，更不应该用奥数去衡量学生在基础教育阶段的数学发展水平，不能够用奥数作为敲开中学大门的一块砖。实际上，许多家长之所以让孩子参加课外培训班或专业小组活动，并不是因为孩子有这方面的爱好，而是"被特长""被爱好"，真正的爱好却被远离。部分家长的躁动、教育者的躁动已经成了一种必须警惕的社会问题。

在教育上，如果我们不能够静下心来，不能够耐心地去育人，那么学生就会在这种"快养"的教育当中失去自我。"不要让孩子输在起跑线"误导了部分家长，让家长把关注点放到了"系统学科知识的抢跑"上，不顾儿童的年龄特征与接受能力，不顾儿童的成长规律，过早地强迫学习、灌输系统的学科知识，导致儿童厌学。人生明明是长跑，他们却让儿童以百米冲刺的方式起跑，使很多的儿童倒在人生的半途：身心受损，兴趣磨灭，失却创造，精神缺氧。

因此，儿童的成长必须回到"慢养"。我们关注的不是谁掌握的知识多、快、难，而是谁成长得全面、健康、快乐。校长、老师，特别是家长们，在儿童成长上一定要淡定，静待花开。

(二)儿童成长要"顺养"

"顺养"不能够理解成溺爱，也不能够理解成放任自流，不是说孩子想怎么做就怎么做，想干什么就干什么，想说什么就说什么，那样就失去了我们教育存在的价值。我这里说的"顺养"，是指要"顺木之天性"，因材施教。尊重儿童的天性，尊重儿童健康、高雅的兴趣和爱好，促其有个性地成长，鼓励他成为最好的自己。

目前我们的许多家长是不顾儿童的特点，不顾儿童的个性，使得许多孩子在成长过程中，遇到了人为的障碍。没有兴趣的必须去学，有兴趣的又不能去学。比如，我们在调查中发现，许多学生的科学素养被整个社会，特别是我们的家长所忽视。在儿童成长的过程当中，更多的家长是让孩子去弹钢琴，去学奥数，去学英语，却很少有家长鼓励孩子参加科技的活动，培养孩子科学的态度、科学的精神，教给孩子科学的方法。因此，这样的教育就不能鼓励那些有科学潜能的孩子得到很好的开发。一些孩子喜欢异想天开，但是我们的许多教育者更喜欢他们循规蹈矩，因此使得孩子们逐渐泯灭了好奇的天性，失去了创造的追求。

因此，"顺养"应该在教育上重视儿童的兴趣爱好，重视儿童的个性化成长。北京小学多年来一直在开展一个很重要的活动，这个活动对学生的成长起到了很好的导向作用，即每年举办的"年度荣誉奖"的评选活动。这个活动本身是在引导学生个性化发展，让每一个学生都能认识到，只要努力我就可以成为"最好的自己"，而不是必须考 100 分才是最好的自己。

在引导学生的个性化成长上，有许多实例。例如，学校曾接到一位毕业生家长打来的电话，说他的孩子考上了很理想的大学。这个学生在北京小学学习的时候，特别喜欢读书和写作文，其他学科学得也不错，数学得 90 多分。但是她不爱学奥数，家长也就没有给她报班，她把更多的精力投入到自己喜欢的写作、阅读以及社会公益活动中。当时家长咨询过老师要不要给她报奥数班，我们建议她还是让孩子把精力放在热爱的写作、读书以及公益活动上。到了中学，这个孩子仍然坚持写作。家长又来问，能不能够给她报奥数班和各种补习班，我们仍然坚持此前的观点，尊重孩子，让这个孩子能够在"合格"的基础上"扬长"。通过中学六年的努力，这个孩子日积月累，在写作上大有进步，写了几本书，综合素质高，学习能力强，顺利考取了理想的大学。毫无疑问，她是一个全面发展、个性鲜明的好学生。

这个孩子的成长告诉我们，当一个学生有自己兴趣爱好的时候，家长和老师都应该呵护，应"顺木之天性"，发展他的个性，开发他的潜能。顺人性，让儿童享受童年；顺个性，让儿童个性发展，这是"顺养"的内涵。因此，我们教育工作者应该经常问问自己：我们的课程设置、课堂教学、教育活动尊重了儿童的人性吗？尊重了学生的个性吗？千万不要在繁忙的工作与浮躁的追逐中失却了这些本应该牢记的理念。

(三)儿童成长要"牧养"

这是一个非常形象的说法。"牧养"有"放养"的意思，但不是放手不管，而是说我们培养儿童，要像草原牧人放牧一样，把牛羊带到肥美的草场，让其尽情地享用——我们要把儿童引到更广阔的、富有意义的知识空间，激发儿童主动学习的愿望和热情。

从这个角度讲，激发儿童求知的主动性和积极性是"牧养"的关键要义。比如让一个儿童热爱阅读，让一个儿童有目的地去实践，去接触大自然，去参观各种博物馆，去参与各项社会公益活动等。这种"牧养"的方式有利于调动儿童成长的积极性。他们会非常快乐、非常主动、非常积极地参与到活动当中。

就拿阅读来说，读书是儿童自由、快乐地吸纳各种"营养"的方式。现在有一个非常时髦的概念，叫"阅读人生"。北京小学李明新校长为孩子们提出"让读书成为人生习惯"，就是指阅读应该成为儿童的生活方式、成长方式。因此，家长、教师都应该深刻认识到，儿童只要是主动地学、积极地学、有兴趣地学，那么学多少内容他都不会感到是一种负担。

现在的问题是更多的家长"圈养"孩子。儿童活动交往的范围很小，成长方式非常单一，甚至枯燥。许多学生每天就是上学、做作业、写试卷、上培训班。有的家长甚至很明确地给孩子提出："你什么都别管，把成绩考好就行了。"于是，他们替代了孩子的成长，束缚了儿童的发展。"圈养"让儿童的生命失去了更多的意义与光彩。

所以，北京小学的"四季课程"建设，小创客空间的建立，摇篮书屋的开放，社会实践的增加，都是"牧养"的充分体现。我们认为，学校不应该让儿童总坐在教室中，应该允许他们在校园、在操场自由地游戏；家长应该鼓励孩子参与集体活动、社会实践活动、体育健身活动，带孩子参观各种博物馆。教育者要挖掘社会中、自然中一切可能的育人资源，为孩子们提供成长的丰富养料，供儿童自主选择，让儿童主动汲取。

（四）儿童成长要"素养"

所谓"素养"就是强调日常的修养，素养不能"速"成，"素质"也不能"速成"。"素养"是指美好心灵的培养，正确品德的培养，良好习惯的培养，健康心态的培养。让我们的孩子善良、仁爱、宽厚、诚实、坚强、开朗，这些都将是孩子一生所能用上的，这才是真正的财富。这些素质是需要通过我们的基础教育落在学生身上的。

我们认为，没有"素"养就难有"素质"。我们说一个人有素质，是天生的吗？我想绝大多数都是后天培养的，日常点点滴滴的培养是进步的阶梯。中小学教育在"素养"上必须坚持养成教育的思想。不管概念怎么变换，基础教育都要"咬定青山不放松"，咬定的就是"养成"这两个字。这种"养"要时时养、事事养、处处养、天天养，每一个教育活动、每一节教学课堂、每一次体育锻炼，都要增强育人意识，注重教育细节，使"素"字落实。

基础教育的"素养"不能眉毛胡子一把抓。常言道，"幼儿养性，童蒙养正，少年养志"，所以，幼儿园、中小学必须很好地研究学生不同的成长阶段：应该抓住什么来培养？应该怎样来培养？这样，才能搞清楚学生培养的阶段性特点与方法论特征。北京小学讲"素养"就要在日常的学习、生活中进行价值引导，既言行示范，润物无声，又严格要求，持之以恒；既全面发展，又育德为先。在这个过程中，关键是教师、家长身体力行，言行表率。为什么北京小学近几年一直强调要建设良好的学校教育生态？为什么强调我们的家长言行要示范给孩子？为什么要成立促进教育家长委员会？因为我们的学生每天生活在老师和家长之间，他们耳濡目染接受了许多价值观，这些价值观就是从日常点点滴滴的行为当中渗透出来的。我们成人，特别是我们的老师、家长，如何为人处世，如何待人接物，学生都看在眼里。素养，就必须在家校教育的一致性上做文章，就必须在持之以恒的教育上下功夫。

（五）儿童成长要"调养"

"调养"也是一种形象的表述，它借鉴了中医的生命观、整体观、平衡观理论，我们认为教育儿童就如同调养身体一样，要关注儿童和谐的身心发展：当我们发现儿童发展中问题的时候，要及时帮助其解决：要满腔热情对待儿童，不应该冷落儿童，更不应对发现的问题置之不理。

通过调查研究我们发现，现在的学生大多的问题都不是知识层面的，学生的问题主要表现在心理、情感、习惯、交往等方面。现在家长和老师在解决学生的问题当中，解决最多的，或者说最棘手的是孩子的交往问题。现在太多是独生子女，以自我为中心是非常严重的。如果不能够培养孩子正确的交往方式，将来孩子长大，他就很难融入这个社会，融入单位，融入团队，很难与更多的人交往，他的学习、工作、生活就会受到影响。更有一些家长错误地认为"尊重儿童"就是让孩子想干什么就干什么，想怎么干就怎么干，家风不严，一味地迁就孩子，溺爱娇惯孩子，使孩子一点点形成了任性的坏毛病。这个问题必须引起家长的重视。

我们认为，当家长和老师发现了孩子的问题，就要进行深入分析，积极找到对策，才能够更好促进学生的成长。目前的问题是，一些家长只愿意听表扬，不愿意听老师和他人指出的孩子不足，这样就是在回避孩子成长中的缺点。有些缺点存在时间长了，就形成了不好的习惯或人格，再改，再"调养"，就很难了。更有一些教师迎合家长的虚荣心理，再加上复杂的社会世俗文化的冲击，使得教师不能及时沟通学生的情况，导致问题长期存在，慢慢严重。

古人云，"养不教，父之过；教不严，师之惰"。调养学生，就要因材施教，因症施药。教师要专心研究每一个学生，家长也要认真审视自己的孩子，用发展的眼光看学生，用辩证的眼光看问题，找准病因，药到病除。

以上这"五养"是教育哲学，也是人生哲学，其实质是培养儿童作为生命体的健康成长。所以，这里的"培养"是"培植精神，养育人格"的意思，这是我们基础教育应该完成的。所有的家长，所有的老师，所有的学校，所有的教育，如果能够使基础教育回归基础性，回到五"养"的育人理念，共建良好的教育生态，我们的学生就一定会幸福地成长！

二、提出追求协同发展的学校管理理念

在北京市深化基础教育领域综合改革过程中，许多学校已经在课程与教学领域进行了诸多尝试。北京小学也通过构建"四季课程"体系和创造"实与活"的课堂等，构建更加开放、多元、灵活、可选择的课程与教学模式。但随着改革的深入推进，我们越发体会到，仅仅进行课程与教学领域的改革已经很难满足学校发展需要和师生发展需求。作为首都基础教育窗口学校的北京小学，我们必须直面改革所带来的挑战，更新学校治理理念，创新管理方式，才能适应教育教学改革的新需求。

(一)以"三型管理"推动教师专业发展

1. 危机意识：直面改革带来的多重挑战

此次改革已经从单方面的课程改革提升到教育的综合性改革，这对中小学校的教育教学管理提出了相当大的挑战。

(1)学校管理机制的运行是否有利于学校教育的深层改革。我们认识到，每一次教育政策的更新其背后都是教育理念的发展。2011年，我校在名校办分校的基础上，在西城区率先成立了"北京小学教育集团"，2012年成为西城区政府推出的四大教育集团之一。如何在集团和学校层面让政策"落地"？这必然对我们原有的管理机制提出新的挑战。只有将"新理念"转化为"新机制"，才能更好地实现可持续发展。

(2)学校管理者能否成为学校发展的引领者与推动者。此次改革一改以往"自上而下"的单一改革方式，给予学校很大的自主权。这就要求管理者能够以先进的教育理念引领学校发展，并基于学校已有的办学基础清晰地制定发展规划，带领并推动学校积极面对各项改革。

(3)教师队伍的专业化水平是否符合课程与教学改革的新要求。教师队伍专业化水平的高低直接决定着学校各项改革的深度和广度。这里的专业化，不仅仅指某一学科教学技能的专业化，更包括以师德为核心的个人综合素养在内。

2. 理念选择：以自主、学术、民主为学校治理之魂

在实践中，我校一直以北京小学学生核心素养的培育为价值追求，以学校的基础教育"五养"为指导理念，以课程与课堂建设为中心，以学校变革为动力，以管理机制创新为保障，创造出适合学生发展的教育模式。面对新的改革要求，我们提出了自主型、学术型和民主型三种管理理念，以此调动广大教师参与课改的积极性与创造性。

(1)自主型管理：从他人要求转向自主追求。北京小学是中华人民共和国成立初期由北京市委亲自组建的公立寄宿制学校，有着深厚的自我教育管理基础，因此，我们倡导教师在课程实践中自主追求、自主学习、自主实践、自主创造。学校打破市区骨干替代学校骨干的传统思路，推出一年一度的"三级骨干教师评选制度"，鼓励不同水平的教师勇于追求自己的专业发展目标，让"组织"在每个"个体"互动式的自主追求中实现发展。

(2)学术型管理：从行政推进转向学术跟进。学术型管理强调在学校管理中去行政化，从行政推进转向学术跟进，凸显了学校综合改革的科学性。学校建立教育教学指导委员会，参与指导学校教育教学改革实践；设立"名优教师研究室"，深化教育教学专题研究，共享研究成果，整体提升教师的研究意识和研究品质；成立家庭教育指导中心，整合家庭、学校、社会资源，服务学生的发展。

(3)民主型管理：从领导集权走向民主共建。尊重生命的教育一定要在尊重生命的管理中孕育和生长。学校重视校务公开，重视教工参与学校改革决策与管理，在平等的教师对话、师生对话以及家校对话中实现共识理念。在课程建设中，我们组建了包含多元主体的课程建设团队，让教师、学生、家长、专家、社区等都参与到课程开发之中，构建育人共同体，共享育人成果。

(二)以"三级联动"促进课程融合开发

我校在推动课程改革和教师实践探索的过程中，注重构建"三级联动"的管理系统，更好地服务于课程的融合开发。从集团管理、学校管

理和教师发展三个层面进行整体改进。

1. 推进集团"联邦制"管理，从规模发展向内涵发展转变

我们将集团化办学的目标定位为打造优质学校群，为更多的儿童提供优质教育。办学"集团化"的内涵是实现教育的均衡化、优质化、特色化，它必须走出"规模发展"，走向"内涵发展"。因此，我们提出的集团化发展思路是：不搞"连锁店"，要搞"联邦制"，提出了"理念共识、资源共享、优势互补、品牌共建"的集团建设宗旨，探索了多条有效的实践路径。

建立集团研发中心。我们提出建立"北京小学教育集团研发中心"，由各成员校具有一定学术水平与教育管理研究能力的干部、教师代表组成，分设管理研发中心、教育文化研发中心、课程与教学研发中心等。中心主要承担两大核心任务，一是围绕集团化办学，研究北京小学办学的教育教学思想、管理思想，以指导各个分校的发展；二是研究创新管理、德育、课程与教学、体育等工作，总结并转化为新理念、新思路、新模式、新方法。

推行集团视导制度。集团教育教学视导是北小集团进行日常教学质量自我监控的重要手段，也为教师自我反思、自我成长提供了契机。在"每月一校"的视导过程中，我们要组织专家组深入课堂听课、评课，听取分校干部的专题汇报，然后进行反馈和专题研讨。各个分校充分利用这一契机，有目的地开展教师队伍建设。

实行干部、教师多形式轮岗交流。我们针对不同分校的实际，采用不同的教师流动方式，如总校教师轮流到分校任职、总校分校互换教师、分校挂职、总校派遣指导、总校教师到分校顶岗等。我们还非常重视分校干部教师队伍的培训工作，每学期通过工作计划研讨会、新教师培训会、专题培训活动等多种方式提高师资队伍质量。

重视集团文化的形成。集团化办学的初始阶段，总校可以用"输血"的方式(外派和轮岗骨干教师)来支持分校的队伍建设与质量建设，但是随着集团化办学的深入，为了不稀释优质师资，不让"浓茶变淡茶"，要

把目标投到"造血"上。我们不简单地搞教师轮岗和交流，而是派出骨干教师与学科带头人到分校，一边教学，一边带队伍，传播总校文化，使分校形成较好的教师文化和教研文化，形成高素质的骨干梯队。

2. 深化校内年级工作制，让管理与育人的重心下移

我校打破传统的学校层级管理体制，建立了"年级工作制"，即每个年级设立"年级负责人"，统筹管理年级各项日常工作，协调和分配年级各项活动与资源；原有的业务干部下到年级、下到学科组，带动研究，示范教学。年级工作制主要实现了以下三方面功能。

（1）让管理发生在基层。在年级工作制中，年级负责人是领导年级教育教学活动、关注本年级学生发展质量的第一责任人，其在校长室（含教导处）的直接领导下，管理年级教育、教学等各项工作，能够极大地削减层级传递式管理中的信息衰减。

（2）让教育落实到学生。年级工作制赋予了年级以及年级负责人一定的自主管理空间，因此，与学生生活在一起的各个学科教师能够在"年级管理"中及时地沟通和共享各类信息，以实现年级管理"发生在班级，落实到学生"。

（3）让研究跨越学科边界。年级负责制打破了年级组与学科组的界限，有效引导教师跨越学科边界，共同开展富有实效的教育教学活动，共同开发适合本年级学生的综合性课程，实现提高年级质量、务实学生年段学业、促进全面发展的目标。

3. 创新教师发展模式，以研究激发教师自主发展

新课改下，评价教师的标准已经由以往聚焦在其教育教学水平上，转变到看其知识的宽度和厚度，看其是否善于诊断、发现和鼓励学生。我们借助"名优教师研究室"等形式，提升教师自主研究意识和自主发展能力。"名优教师研究室"不由学校确定，而是由主持研究的负责人自主申报，通过审批后再招募具有共同研究志趣的教师成员。研究室负责人可以由学校的特级教师、高级教师、市学科带头人、"紫禁杯"获得者等具有较高实践水平与较强科研能力的教师担任。

这种自下而上建立起的工作室，最突出的特点是具有发展自觉性与研究自主性。学校赋予工作室主持人充分的专业自主权和一定的资源保障，以教育教学研究项目委托的方式推动和促进各工作室积极开展常态研究。例如，研究室主持人可以自主组织本室成员外出学习。参加什么活动，哪些人去，都由工作室负责人拟定并向学校提出申请，学校负责提供财政和专业支持。近年来，我校的名优教师研究室从第一批的 10 个，发展为第二批的 13 个（每批 2～3 年），已渐渐成为培养优秀教师的重要发源地、优秀青年教师的集聚地和未来名师的孵化地。

课程是学生成长的重要载体，课堂是学生成长的核心场域，我们通过构建"四季课程"体系以及创造"实与活"的课堂，让我校的"适性教育"更好地助推学生的生命成长。

（1）让学生在"四季课程"中感悟生命节律。我校基于对儿童生命成长规律的尊重与研究，提出"不改学制改课程"，用四季来划分学习进程的思路，开发了富有地域特色的"四季课程"：春季艺美律动课程、夏季读书实践课程、秋季科技创意课程、冬季传统文化课程。学校整合了已往零散的综合实践课的课时集中使用，在每年的四季各安排一周的综合实践课，将学生带到校外科技文化场馆中，开展现场综合学习与实践探索。整个课程呈现出鲜明的生命节律特点，体现了"春动""夏静""秋思""冬品"的自然特征和文化内涵。目前，"四季课程"已经形成了包括"四季基础学堂"与"四季特色课程"在内的课程系统建构。

（2）让学生在"实与活"课堂中个性化成长。在实践中，我校逐步形成了"实与活"的教学思想。所谓"实"，就是务实的态度、扎实的教风，使学生在不同的发展阶段学有所长，从而使课程目标落到实处。具体的实施策略包括：做实学段、务实课堂、落实主体。所谓"活"，是指教学要目中有"人"，以学定教，顺学而导，从而使教学充满生命活力。具体的实施策略包括：用活资源、激活方法、盘活评价。经过十多年的实践探索，"实与活"的教学思想内涵不断丰富、系统，目前已形成富有北小特色的"实与活"课堂文化。

（3）使用个性化成长手册，让增值性评价促进学生发展。我们特别倡导增值性评价理念。我们在学业评价上采用的方法是"从横比转为纵比"，即自己的发展水平与自己原有水平比；"从比'高线'转为比'标准'"，即不是以全班最优秀、最高的标准来评价，而是以学科教学的课程标准、要求来评价。实践中，我们推出了"北京小学学生发展性评价手册"，记录每个学生的个性化成长历程。评价方案包括课堂学习、自主学习、应知应会、运用能力、学科特长，这些评价完整地构成了对学生学习的全面评价。这样就促使学生关注平时每一天、每一堂课的学习，倡导学习的个性化发展，从"比个人成绩"转到"比个性成长"。

（三）以"共建教育生态"引领家校协同建设

从某种意义上讲，教育犹如一个生态系统。2009 年北京小学明确提出了"建设学校良好教育生态"的理念。我们认为：学校教育生态是学校内部系统与外部系统之间所显现出来的有利于学生生命健康成长的物质与精神的和谐状态。而作为联系最紧密的两大系统，家庭与学校之间必须要保持教育高度的一致性，相互支持，形成育人共同体。创设学校良好教育生态，学校教育和家庭教育必须以儿童成长慢养、牧养、顺养、素养和调养的"五养"理念为指导，尊重儿童的成长规律，回归基础教育的本真。

基于以上认识，北京小学以"促进教育"为价值引领的家校协同教育模式应运而生，引导师长握手，促进家校合作，使管理日益走向开放，使教育更加走向生本。

1. 理念先行，明确方向

（1）以明确的价值追求为导向。当今教育改革越来越强调民主化、人性化，强调外部的监督与参与，家长走进学校参与学校管理，将更加体现教育的开放性和多元化。但是，这种参与不能导致家校形成对立的关系，应该是一种友善的、积极的、合作与建设性的关系。特别是，不能使家长成为没有正确思想引领的涣散群体，更不能使家长委员会成为一个家长之间有利益争夺的组织。因此，我校多年前建立以"促进教育"

为目的的家长委员会，形成以"促进教育"为目的的正能量的家长团队，就在于通过家长的参与进一步促进班级建设和学校管理的发展，从而最终落实到学生的健康成长上。"促进教育"的价值导向在于家长建设性地参与学校管理工作，营造正能量的班级和学校教育的舆论氛围。这样的家校合作有利于良好班风建设；有利于学校教育思想的落实；有利于学校各方面工作的推进与事业发展。广大家长与学校一起成为良好学校教育生态的建设者、维护者。

（2）以正确的教育思想为引领。用什么引领家长"促进教育"？这就要发挥家长学校的功能。校长，不能只是教师的教师，也必须成为家长的教师；老师不能只是学生的指导者，也应该成为家长的教育指导者。广大家长不是专门的教育研究者，在教育子女方面可能会存在诸多问题，这就需要提高家长的教育认识，改进教育方法。特别是，家校的深度合作，必须基于家长对学校办学思想的理解与认同。在这一方面，我校更为重视。比如，李明新校长在办学过程中提出"坚守基础教育本真""建设良好学校教育生态"等教育主张，并形成了儿童成长要"五养"的教育理论。学校的四季课程建设、童蒙养正的德育措施、"实与活"的课堂文化构建等一系列改革都贯穿着学校的办学思想。多年来，学校通过专题家长会、家长开放日、中学名校长大课堂、家校座谈会、与家庭教育专家对话、学校微信平台、教育集团报、教师家访等多种途径，向家长传播学校先进的教育思想，引领家长树立正确的育人观，切实指导家庭教育工作，使广大家长理解学校，认同学校，支持学校。特别是在推动素质教育思想的落实，减轻学生过重课业负担，扭转家长偏颇的教育理念，改善家校关系、师长关系等方面取得了明显成效。

（3）以班级建设的思想为根本。在多年的扁平式管理探索中，我校实行年级工作制，将教育重心下移至年级和班级。我们始终认为，班级教育才是学校教育的真正主体，而每个班级由不同的学生组成，也有各自的特点。班主任正确的班级建设思想是班级成长的灵魂。只有在班主任的引领下实施个性化的班级教育，通过有针对性和富有特色的班级文化建设才能促进每个孩子的健康发展。而"促进教育家长委员会"(以下简称"促委会")这个组织最终是为学生的健康发展服务的,只有立足于班级发展,植根于班级建设,在学校办学理念和班主任的教育思想指导下,才能有的放矢地发挥作用,更好地促进家校合作的实施。

(4)以凝聚家长的智慧为目的。来自不同文化背景、职业身份的家长组成了北京小学的家长团队和促进教育家长委员会,我们需要携手为学生的成长与发展共同营造一个良好的环境。因此家长的参与不应是盲目的,也不应是简单的搞有钱出钱、有力出力。而是应该引导家长共同研究学生的成长问题,发掘和凝聚家长的教育智慧为孩子的成长助力,为班集体的建设出谋划策。我们始终倡导家长更多地为学校提供智力上的支持、学校治理上的参与。这种定位与导向,符合我国的家长实际,有效地摒弃了因涉及资金及过多时间精力投入而可能带来的认知冲突与矛盾,更有利于营造纯净的、没有利益之争的家校合作环境。

(5)以尊重理解与建立诚信为基础。在传统教育中,家长往往处于被动的位置,而新型家校关系以尊重理解与建立诚信为基础,确立家长在学校教育中的新角色。因此,参与"促委会"工作均是自愿行为,这在我们的工作章程中有明确的体现。每届新生入学第一学期,学校都会专门组织一次"促委会"成立动员会,宣讲目的意义、宗旨原则。我们倡导家校之间的相互信任,确保家长的权益,认真听取"促委会"传递的家长意见和建议,开辟校长信箱,对多种途径的家校沟通方式,第一时间给予反馈。此外还加强学校文化建设,建立相互信任的合作关系。如我校实行师德问题一票否决制,明确规定老师要谢绝家长的任何馈赠,同时也明确要求家长全力支持学校工作,不给老师送礼。有的家长开始还不大相信,但是教师屡次谢绝馈赠的事实深刻教育了家长。目前,多种调查显示,我校全部教师都可以自觉做到这一点。同时,学校逐步形成了"爱生如子,专业立教,廉洁从教"的教师文化。通过这样的工作,我们和家长之间形成了和谐关系,夯实了家校合作的重要基础。

2. 搭设平台，促进合作

如何更好地实现家校握手，使广大家长发挥作用？学校为"促委会"这个组织搭平台，提供实践的抓手，并通过这个组织带动整个家长群体积极主动地成为教育的参与者、服务者和实施者。

(1)资源平台：家校课堂凝聚集体。首先是鼓励"促委会"在班主任的指导下，基于班级特质和班级发展的需要，开发设计具有班本特色的教育课程或教育活动，我们称为"家校微课堂"。因为在众多家长中，不乏各行各业的专业人才，或者是有一定文化知识、兴趣爱好和综合素养的热衷教育的爱心人士。挖掘和运用好他们的聪明才智，扩充学校教育资源，凝聚整个家校集体是促进教育的最佳途径。比如，为了培养孩子良好的阅读习惯，班级开设的亲子阅读讲堂，利用寄宿教育的时间优势，在"促委会"的安排下，家长轮流在晚课中讲绘本、读故事，陪伴孩子阅读成长。还有类似的传统文化课程、安全卫生课程、美德教育课程等。如三(3)班策划了"绽放向阳花"系列主题教育活动，请家长和老师一起给学生讲美德课。再如，开设拓展学生知识视野的"微课堂"。比如科技节期间，班级请学生家长、气象专家、中国工程院院士杜祥琬爷爷讲《气候与我们的生活》等，深受学生欢迎。

(2)公益平台：校园义工服务全体。"义工"是当今社会志愿服务的流行词，有鲜明的思想内涵。"促委会"的章程中也明确指出这是无任何报酬的公益事业，一切工作均为义务服务。学校倡导更多的家长走进学校，协助管理、服务学生，在参与中体验，在深入中体会，从而增进理解，促进合作。在我校提出"共建良好教育生态"的理念影响下，很多家长主动提出参与义工活动。如每周五协助学校维持放学秩序的义工爷爷，班级组织外出实践活动或开展社团活动协助老师管理学生的助教等。其实，家长在力所能及的前提下做教育，内心是自豪的，学生因自己家长做教育，内心同样也是自豪的，在密切亲子关系的同时促进了学生整体的发展。

(3)互动平台：开放活动陪伴成长。不管是班级还是年级，我们都更多地搭设一些亲子互动平台，为寄宿的学生提供家庭互动空间，如科技节、运动会的亲子竞赛，元旦联欢会的亲子表演，四季课程中的亲子游戏等。我们还精心设计并邀请家长参加一些学校组织的能够见证孩子点滴成长的重要教育活动，如一年级新生的入学典礼、入队仪式，六年级学生的12岁生日会、毕业典礼，学生年度荣誉奖颁奖典礼等。家长在参与组织这些开放性的活动中发挥着重要的沟通协调功能，在参与中理解学校教育理念，陪伴孩子成长。

（4）管理平台：开放办学，共同治理。在办学过程中，我们树立现代学校理念，开放办学，不断完善现代学校制度建设。多元治理，让家长参与其中。比如，食堂管理是学校管理的重要内容，家长对于餐饮服务非常重视。因此，我们主动创造时机，邀请"促委会"的代表品尝学生餐；我们每学年还组织各班的"促委会"主任参观供应学校肉类食材的加工厂等。再如，我们学校实行的是年级工作制。为了更好地促进年级教育质量的提高，我们邀请家长代表在学年末参与全校的年级质量报告会，评议年级负责人的工作报告与年级质量。搭设家长参与学校管理的平台，实现了共同治理，共促学校发展良好局面。

3. 机制保障，良性运转

明确的章程、制度、机制是保障和推动学校各项管理工作良性运转的重要依据。反之，则会导致一系列的问题。因此，学校将家校合作制度化，以明确的职责、权益、要求规范了家长参与学校管理的权利与义务，同时明确了"促进教育"的价值导向。比如，"促委会"明确的职责是出席家长会，倾听并整理家长对学校、班级工作的建议和意见，及时向班主任反馈；每学期根据班主任的工作目标，在班主任的指导下制订新学期促进教育工作计划；执行促进教育家长委员会的决议，维护整体利益，完成该委员会交派的任务；以正确的思想宣传学校，沟通家长，帮助学生。

同时，在"促委会"工作的逐步推进中，不断总结经验，形成一套保障机制良好运转的支持系统，不断提升家校合作的实效与品质。

(1)建立规范的推选制度，促进家长的充分参与。为了充分体现和尊重民主，让更多的家长有机会参与学校工作，为学生成长服务，同时增进对"促委会"工作的信服与体验度，激发参与家校合作的主动性与积极性，我们建立了规范的"促委会"产生与改选制度。

明确规定：班级促进教育家长委员会成员由5～7名家长组成。设主任一名，负责委员会全面工作，其他委员职责由委员会根据班级需要自行确定。班主任是促进教育家长委员会的思想引领者，负责指导委员会结合班级实际开展各项工作。学校同时设立年级层面的促进教育家长委员会，每次改选后自动生成，由各班级推选的主任组成，年级促进教育家长委员会主任的任命实行班级顺序轮流制。

班级促进教育家长委员会成员由家长自荐或提名，在班主任的组织下，结合家长工作性质及班级工作需要，通过家长投票的方式确定候选人，最后经过与年级组协商确定人选。该委员会每学年要进行一次换届改选，让更多家长有深度参与的机会。

(2)建立定期的交流制度，促进经验的分享传递。促进好的方法、经验传递，及时发现问题、引领方向、共同探讨研究，成为家校合作的必要途径。在多年的实践中，我校逐渐形成了定期促委会交流制度，不断探索、创新交流的内容、形式。每学年的期末都会组织至少一次不同角度的校级层面的家校交流活动，以达到共识理念，指导实施和传递分享的目的。比如，曾组织"迎新春、求促进、话发展"家校茶话会。会议内容包括"学校一年大事回顾"、校长讲话、宣讲讨论"促委会工作章程"、共同品尝学生晚餐等，简洁又不失温馨，充分体现了家校合作的相互尊重、信赖与工作的公开透明性。再如组织召开"家校携手，共促发展"二、三年级"促委会"工作交流会等，深受教师、家长欢迎。形式多样、温馨亲切的互动交流活动充分调动了广大家长的工作积极性，同时也帮助"促委会"梳理了自己的工作思路和做法，明确了今后工作的努力方向，促进了在家长群体中形成正确的舆论导向。

(3)建立专业的指导制度，促进合作品质的提升。当前，家庭教育在少年儿童成长中的重要作用得到了全社会的高度重视与认同，为此教育部 2015 年出台了《教育部关于加强家庭教育工作的指导意见》。基于此，我们一直坚持对家庭教育工作和"促委会"工作的专业指导。一方面，我们在班主任工作任务中明确提出：每学期至少带动"促委会"开展一次班级教育研讨活动，共同探讨、研究班级发展目标，班级成长计划；组织一次育子沙龙活动，聚焦本班个性化的学生成长问题开展研讨，指导家庭教育；寒假期间组织一次有针对性的家校联席会，总结收获，增进家校沟通。在明确的指导制度推动下，家庭教育与学校教育得到了很好的统一，也使学校对家庭教育的具体指导真正落地有声。

另一方面，我校还成立了学术型组织"家庭教育指导中心"（以下简称"家教中心"），主要致力于家庭教育研究，培训青年教师，对学生及家庭教育进行个性化指导。这个组织中的负责人和各位研究员都是来自一线的优秀教师，由学校教育教学指导委员会推荐，校长聘任，任期两年。家教中心开辟了家庭教育热线、组织班主任家庭教育研究沙龙，同时还走进集团校开展教师培训活动，组织家长现场教育咨询活动等。专业指导机构的成立，促进了家校合作工作的纵深发展和品质提升。

多年家校合作工作的探索，对北小集团的教育教学工作和整体发展起到了很好的促进与推动作用，表现为家长对学校办学的高度认同。家长们在家庭教育中积极落实儿童成长"五养"理念，和老师们一起为孩子的成长营造良好的教育环境。家长与学校一道，积极落实"减负提质"要求，重视孩子的个性健康发展。家长们以积极热情的态度参与学校管理，参与班级建设。在"促委会"的组织中，形成了"帮忙不添乱"的共事原则。通过六年多的探索实践，逐步形成了从"自己孩子的家长"到"所有孩子的家长"的"公心为上"的积极向上的文化精神，使学校教育更加富有生机和活力。

第二章

"四季课程"体系的发展回望

"四季课程"是北京小学课程实践与研究的成果，也是北京小学课程的特色。从"四季课程"的提出到系统建构，经历了从点到面，从部分到系统的发展过程。回望"四季课程"体系的发展，先后经历了三个阶段，即学程改革思路的提出与试点探索；"四季课程"目标、内容与实施的系统建构；立足"适性"，对课程设计与开发、实施与组织多方面的优化。这三个阶段是我校"四季课程"的发展历程，也是我们开展实践研究的路径。

第一节 立足"改变"的课程设计

课程改革是当前教育改革的关键领域，要使教育能够充分实现儿童的和谐发展和自由发展，就必须构建完善的课程体系。对于一所学校而言，要追求个性化教育，必然要以个性化的教育思想指导课程建设，通过课程的校本化建设，基于本校、基于需求、基于差异，促进学生的个性化发展。

一、改变学程，凸显节律

北京小学通过国家课程的校本化实施以及校本课程的个性化开发为学生创造适合其个性发展的课程。通过多样化的课程选择和课程教学使学生的发展质量得以落实，体现在通过课程学习获得自尊感、成就感和自我认同感。实践中，我们立足课程的校本化改革，从课程实施的时间、空间、内容及组织形式等方面为学生的个性发展创造条件。

(一)"2-1-2-1"学程的提出

要促进学生的个性发展，就离不开对学生发展需求的研究。儿童期待富有变化的学习过程，新鲜生动的学习内容，灵活多样的学习方式和真实开放的学习空间。因此，我们根据学生和自然的特点进行课程设计，将传统的每年"两个学期＋两个假期"的学程模式改为"2-1-2-1"学程。设立综合实践课程周，将原来分散在每周1课时的综合实践课集中安排。以一学期为周期，即"2个月＋1周(或一旬)＋2个月＋1周"。其中第一个"2"为每学期的前两个月，在此期间有计划地实施基础性课程；第一个"1"为期中时段的一周，各年级学生集中开展综合性实践课程学习，由教师设计、开发并组织实施；第二个"2"为每学期后两个月，继续有计划地推进基础性课程实施；第二个"1"为寒(暑)假期间为期1周的综合性实践学习，课程由教师设计，家长协助开发与实施，丰富学生的假期学习生活，更好地培养学生的创新精神，实现个性化发展与全面健康成长。每年四次综合实践课程结合季节和学生发展的特点，依次将课程主题设立为"春季艺美律动""夏季读书实践""秋季科技创意""冬季传统文化"，称为"四季课程"。

在"2-1-2-1"学程中，每次综合实践课程的内容都具有开放性、实践性和选择性的特点，为不同的学生预留课程学习的个性空间。课程的组织形式注重将学生自主学习与教师针对性指导有机整合，学生针对自己感兴趣的内容选择学习内容，同时在需要帮助时能够得到教师富有针对性的个性指导。这样的课程设计，从课程目标、课程内容、课程组织、课程实施等多个维度有效夯实了学生个性发展的质量。

(二)学程变化的结构设计

北京是个四季分明的城市，儿童的成长与发展必然与他所生活的环境密不可分，体现出明显的节律特点。因此，我校将儿童发展、学校培养目标以及社会发展和自然特征四方面有机整合在一起设计了"四季课程"。

"四季综合实践课程"以创新精神与实践能力的培养为主线，整合科技教育、美育、体育、德育等育人资源，改变原有综合实践课程比较零散的现状，让学生享有更充分的综合学习、实践探索、拓展研究的机会。它是学校"四季课程"体系中的重要内容，其具体设计如下：

秋季的"科技创意"，是让学生展开美好的想象，把所学的知识加以综合运用，开展科技创想。如，"生活中的奇思妙想"是四年级秋季的课程主题，在一周的课程学习中，学生们通过专题讲座对"奇思妙想"的内涵和方法有初步了解，再通过有针对性的参观丰富认知，在此期间，教师为同一个年级选择不同研究主题的学生开发了不同的场馆资源，更好地服务于学生的综合性实践学习。

冬季的"传统文化"，是让学生在品味北京和全国各地传统文化中感受中华文化的博大精深，做自豪的中国人。针对不同年级学生的年龄特点，我们先后开发了"舌尖上的春节""胡同里的中国年""窗棂上的艺术"等不同主题课程。

春季的"艺美律动",是让学生在这个时节走进大自然,锻炼体魄,欣赏美景,抒发情怀。在"运动的春天""玩转课余生活""快乐足球集结号""舞动春天"等课程主题中开展了丰富多彩的实践活动。

夏季的"读书实践",是各年级学生分别在"小书虫漫游记""书香夏日"等夏季课程主题的指导下,在静心读书的同时利用暑假走进社区、走向全国各地、世界各地去体验和实践。

这样的课程设计是为了让孩子们有更充分的时间和空间进行观察实验、动手实践,学校通过整合,让学生享有综合学习、实践探索、拓展研究的机会,使学生的综合实践能力得到更充分的锻炼。这恰恰体现了我校"务实"与"生成"的课程追求。务实性,体现在让学生在不同的发展阶段学有所得、学有所长,让学生获得实质性的发展。生成性,体现在课程建设要目中有"人",课程要充满生命的活力,要在生成中,使生命的发展具有科学性。因此,"四季课程"要回归基础、回归学生、回归全体。

二、改变时空,凸显开放

(一)调整时间,增加弹性

早在课改初期,我们就进行了北京小学课时调整的实践探索。主要是针对小学生注意力及心理特点将每节课的时间缩短,课时数量略有增加。将原来的每天 6 节 40 分钟的大课,调整为每天 7 节。前三节课为 35 分钟,后四节为 30 分钟。这样就使学生有更多的时间进行体育锻炼、发展特长,这样改革势必向教师提出了提高教学效率的要求。这些课程、课时的改革都为我校落实北京市新课程方案奠定了坚实的基础。2020 年,我们在原有长短课的基础上,又基于对低年级学生的年龄特点及学习需求的分析,进一步丰富了长短课形式。一、二年级每天上午减少 1 课时(35 分钟),变为两节短课,包括每天 15 分钟"游艺时空"及"阅读时空",以校园游艺的方式整合校内学科性实践性活动,同时将语文学科及阅读实践进行整合,促进学生产生爱学习、爱学校的积极情感，在游艺、阅读等实践性活动中养成好习惯、实现全面发展。

(二)拓展空间，开阔视野

首先是"改革课程"。我校基于"四季课程"的特色，设计"四季基础学堂＋四季特色课程"的课程结构，并在已有四季综合实践课程的基础上，进一步开发了"四季国医"与"四季节日"等四季特色课程。其中，"四季国医"课程的提出，是因为四季的变化与人体的变化有着密切的关系，课程的设计抓住了四季的变化特点与人体变化的关系，将有关人的身心健康、保健常识以及运动建议内容传递给学生。这门课程以中国传统医学的生命观、整体观为指导，反映出中国传统文化的博大精深。课程内容包括季节与运动、季节与饮食、季节与起居、季节与心理健康、季节与疾病预防等多个板块。本课程结合季节变化适时开设。还有"四季节日"课程，结合四季中具有标志性的九个传统节日进行弘扬中华优秀传统文化的教育，以增强学生的民族自尊心与自豪感。包括：春季的春耕节、清明节；夏季的端午节、乞巧节；秋季的中秋节、重阳节；冬季的腊八节、春节和元宵节。该课程根据节日逢时开设。我们还注重在四季基础学堂中以"四季"为主题进行学科联动式的整合教学。如春天，学生在相对集中的时间段，在科学小研究中盼春、识春，在诗文赏析中诵春、咏春，在乐曲中唱春、舞春，还拿起画笔画春、赏春。以季节为主题的学科联动有助于整合学科内容，让学习与学生生活紧密联系。

其次是"改革课堂"。伴随课程改革，现代教育观已经从传统的知识教育观走向了促进学生个性健康发展的教育观，课堂文化也越来越向"儿童发展本位"回归。北京小学逐步形成了"实与活"的教学思想，并通过课程实施不断地使之更丰富、更系统，构建起"实与活"的课堂文化。

三、改变资源，凸显丰富

(一)开发课程资源，丰富实践课程

2017 年的《中小学综合实践活动课程指导纲要》中针对研究性学习、

社区服务与社会实践、劳动与技术教育、信息技术教育等内容给出了推荐主题及其说明。北小在认真学习纲要精神的基础上，充分挖掘中国传统文化的价值，对推荐主题进行筛选、补充和完善，结合本校实际开发并实施了110余个深受学生喜爱的综合实践课程主题。这些课程主题和内容涵盖了研究性学习、社区服务与实践、劳动与技术、信息技术等多个领域，具有整合性、开放性、创新性、发展性等特点。以学生喜闻乐见的"生活主题"为抓手，在目标、内容、资源和评价等方面实现了跨学科整合和跨学段贯通，构建起了一套适合儿童发展的综合实践活动课程资源体系。这是本研究的重要实践创新成果之一。

(二)优化课程资源，丰富实践课程

在课程实践初期，我们对学校师生进行了调研。我们发现，学生更期待实践性活动课程，对课程的需求与教师、家长的期待有很大的不同，这种调研为我们进行课程开发提供了很好的基础。

在此基础上，我们组织干部、教师通过深入研讨形成共识，创造"适合学生发展"的课程理念的关键在"适合"，它强调课程建设要有"对象意识"和"目标意识"。"对象意识"的增强必然使我们增强生命意识，"目标意识"的增强必然使我们进一步深化校本意识。因此，"四季课程"中每一个课程的确定、开发、设计和实施都要充分调研本校、本年级甚至是本班学生的实际，课程内容以及实施方式随学生发展、教师发展、自然发展以及社会发展不断更新和调整，以实现课程对学生的"适合性"。

实践中我们逐步形成了包括"教师－项目负责人－学校"三级课程管理结构，由年级负责人作为四季综合实践课程开发与组织的项目牵头人。首先自下而上地通过调研和头脑风暴式的研讨萌生课程主题意向，在此基础上各年级将课程主题提交学校，并参与校级的课程主题研讨，从内容定位、难易程度、年级梯度等不同方面进行论证，有时需反复数次才能够确定每个年级的主题及主要内容板块。其次是自上而下地由各年级负责人负责组织各学科教师对确定的主题及主要内容进行深入分析

和再次头脑风暴式的课程研发，逐步完善课程内容。这几上几下的研讨过程，确保了每次"四季实践"课程的质量，同时也实现了对教师实实在在的培训，促其课程领导力获得真实发展。

从2012年到2020年，基于"四季综合实践课程"发展起来的"四季课程"经历了八年的探索，目前我们已经开发了百余个深受学生喜爱的四季综合实践课程主题。每一次，我们都以年级为单位，组织各学科教师共同开发、设计，每位教师都是课程开发者、实施者，既是学生的指导者也是组织者。为了更好地推进四季综合实践课程的实施，教师还为学生设计了精美的课程手册，学生人手一本，用来指导和评价学生的课程学习，每一本课程手册中都凝聚了老师们的智慧与心血。每次综合实践周结束后，各个年级都会以展览、短片等形式向全校发布年级课程学习成果，辐射和引领更多的学生参与到课程学习中来。经过几年的探索，我校"四季综合实践"课程已经形成了"调研—研发—实施—评价—展示"的五步运行模式，有效地将学生资源、教师资源、社会资源整合在一起，共同服务于学生和教师的实际获得。

目前，在这方面的实践成果已在《北京教育》《现代教育报》《首都教育》和CCTV等媒体中报道，受到广泛关注。"四季课程"还被选为北京市教委接受教育部教育均衡督导时汇报短片的核心内容进行了展示。

四、改变评价，凸显自主

教育部颁布的《基础教育课程改革纲要（试行）》指出："评价改革要以'改变课程评价过分强调甄别与选拔的功能，发挥评价促进学生发展、教师提高和改进教学实践的功能'为目的，要建立促进学生、教师、课程不断发展的评价体系。"这一要求凸现了当今评价改革的基本指导思想，即发展性的评价观。在我校课程改革实践中，发展性教育评价作为科学质量观的重要组成部分，一直是大家关注和实践的重点之一。学校努力让评价成为尊重学生个性差异，促进每一名学生获得发展，提高教育教学质量的有效途径。与此同时，教学评价的过程也是教师实现自我成长的重要途径。

伴随评价观念的更新，教学评价除了关注教师的教，更加关注学生的学。其中，对学生学业的评价也从单一地关注"学的结果"到关注"学的过程""学的方法"以及"学的情感"。因此，学业评价正逐渐从认定、甄别转向诊断、发展性的评价。在这种评价观之下，教师对学生学业的评价既包括学生知识与技能的理解和掌握，还包括情感与态度的形成和发展；既关注学生学习的结果，更关注他们在学习过程中的变化和发展。

北京小学在促进每个学生实现富有个性的全面发展的理念下，进行了全面的实践与探索。其中，以《北京小学学生发展评价手册》为主要载体的学业评价方式一直是教师教学中实施发展性评价的重要方式，并不断得到更新与完善，现已形成囊括三级课程、教育教学在内的较完整的学生评价体系，并在实践中起到了促进学生个性发展的积极作用。

(一)自评＋互评：从甄别到促进

评价主体的多元化是指评价者是参与活动的全体对象的代表。在教学评价中评价者通常可以包括教师、家长、学生及其他与该学习活动有关的人。伴随课程改革，这种多元主体的评价被越来越多地应用在实践之中，但普遍限于对学生品行、性格等方面的评价，或是较为宏观的"印象描述"。通过"老师的话""家长的话""同伴的话"等形式进行生生互评和教师、家长寄语。然而在学生学业评价中采用"多元评价主体"的较少。很多人认为，学业评价就是"打个成绩"，都是客观的"数据"，不需要互相评价。

我校的评价改革实践中，每个学期各门国家课程的学习都要进行"自评"和"互评"，它是期末综合评价的重要组成部分。我们认为，学业评价的过程不仅仅是对学生学业水平"评定"的过程，它更应该是一个育人的过程。在这个过程中，学生不应该只是被动接受"评定"的角色，他们也应该有机会成为评价者。在评价的过程中学会赏识他人和认识自我（如图2-1所示）。

发展记录 **艺术像流动的清泉滋润我们的心田**

艺术（等级）

评价项目	评价内容	形成性评价		期末评价		综合评价
		第一次	第二次	自评	互评	
音乐	鉴赏					等级：
	表现					
	个性创造					
美术	绘画					等级：
	制作					
	个性创作					

●第一学期　　___年级___班　　姓名:________　　13

图 2-1　北京小学发展性评价手册形成性评价

除了在国家课程的学业评价中有“自评”和“互评”，校本课程的学习中也体现了评价主体的多元化(如图 2-2 所示)。

学有所长 **做最好的自己**

个性展示（等级）

类别		项目或活动	参加展示或评比情况	自我评价	同伴评价	辅导教师综合评价
我最喜欢的	文学艺术					
	体育运动					
	科技创造					
我参加了	校本课程活动					

●第一学期　　___年级___班　　姓名:________　　17

图 2-2　北京小学发展性评价手册校本课程评价

在一些课程的具体评价方案中也体现了这一特点。如"四季课程（秋）——生活中的奇思妙想"的课程评价除了"自评""互评"，还通过语言描述和奖章申报等形式为学生提供了更多元的评价方式。使学生在课程学习中除了收获知识，更收获思考的兴趣和对学习的热爱（如图 2-3 所示）。

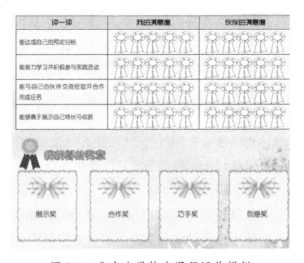

图 2-3　北京小学校本课程评价样例

在对学业水平进行自评和同伴互评的过程中，评价结果虽然只是一个简单的数据，但它却给每个学生都提供了通过与同伴交流、与老师交流寻找"平衡点"的机会。这个"平衡点"正是每个学生都需要认识的学习标准和客观的自我认定。这样的评价过程可以成为学生学习的重要经历，也将成为知识以外的一份额外收获，为今后的学业发展奠定积极的情感基础。这是发展性学业评价育人功能的具体体现，是促进学生个性化发展的"助推器"。

学生个体的差异不仅指考试成绩的差异，还包括生理特点、心理特征、兴趣爱好等各个方面的不同特点，正确地判断每个学生不同的特点及其发展潜力，提出适合其发展的、具体的、有针对性的评价是每位教师的义务，也是教师专业水平的体现。

(二)校评＋家评：从单向到多元

学生的发展是促进完整的个体成长，教育的过程应是家校协同的共育进程。对学生发展的评价也应打破单一主体的单向评价，以多元评价关注学生的全面发展，促其和谐成长。

北京小学开展课程评价时，不仅注重学生的"自评"和学生间的"互评"，还进一步拓展在"校评"的基础上加入"家评"。这不仅仅是对学生发展的全面关注，也是对家庭教育的有效引导。这里的多元，既体现在"家"与"校"的多元组合，也体现在评价目标的多元，即立足学生成长与课程目标对接的多元评价。

1. 评价目标课程化

在传统的教学中常常会有"考什么就教什么，怎么考就怎么教"的现象，虽然这种现象需要纠正，但却客观地反映出评价对教学具有很强的导向功能，学业评价亦是如此。

"学业"的含义包括知识与技能；过程与方法；情感态度和价值观。学业评价所要关注的应当是学生各个方面的掌握和发展情况，而不是某一个方面甚至某一个点上的掌握和发展情况，要防止传统学生学业评价中以点带面、以偏概全的情况。因此学业评价的目标就应指向全面育人的动态过程，而不应仅仅指向学业成绩的静态结果。

我校学业评价目标的设定是与学校的培养目标和课程目标紧密联系的。这使得学业评价着力于课程目标，并落脚于学生学业质量的发展。

在国家课程中，我校将语文、数学、英语和体育确定为四门基础性学科。通过课时改革，确保学生每天都有语文、数学、英语和体育课，确保了基础学科的扎实开展，夯实学生学业基础。与此同时，制订了学科目标，以及各学科分年级的能力目标体系，以此更好地指导教师在日常教学中扎实落实。具体如表 2-1 所示：

表 2-1 北京小学学科培养目标

课程名称	学科培养目标
语文	热爱阅读、能说会写、一手好字
数学	概念清楚、善于推理、灵活应用
英语	积累扎实、口语流畅、勤于运用
体育	不怕吃苦、健康第一、动有所长
科学	崇尚科学、主动探究、质疑创新
美术	善于欣赏、积极体验、乐于创作
音乐	聆听体验、乐于表现、参与创造
道德与法治	养正立德、遵规守法、自觉践行
心理与安全	尊重生命、乐观向上、自我调控
信息技术	信息意识、技术运用、责任担当
书法/写字	热爱汉字、规范书写、审美赏析
校本课程	文化积淀、个性成长、自主发展

在这样的课程目标体系中，学业评价的方式与内容也必然要与之相适应。与传统的评价方式相比，学业评价的项目除了"期末测试"以外，还通过"课堂学习""自主学习"和"单元测试"三个版块对学生的学习习惯、学习能力等各方面进行评价。这些课程的学业评价分别以分值量化的方式进行。根据不同年级的学科与学生特点，将各评价项目划定权重（总分值均为 100。语文、数学和英语学科的期末测试成绩仅占该学科总分值的 40%）。具体分值如表 2-2 所示：

表 2-2 北京小学学业评价项目设定表

学科	语文	数学	英语	体育
评价项目	课堂学习(15)	课堂学习(10)	课堂学习(30)	课堂学习(20)
	自主学习(15)	自主学习(20)	自主学习(30)	自主学习(20)
	单元测试(30)	单元测试(30)	期末测试(40)	运动能力(60)
	期末测试(40)	期末测试(40)		
总评	(100)			

可以看出，每个学科的学业总评成绩都不是某一次或几次学业测评的结果，而是对学生整个学期学业水平的综合评价。在这个"总评"成绩中，过程性的学业评定占有较大比重。这种设计，就使得学业评价的目标不仅关注到了学业水平的结论性认定，而且很大比例地关注了学业达成的过程，尤其是学生每天的课堂学习与自主学习的情况。这种评价必将引导教师在教学的过程中更全面地关注学生知识、技能、能力、情感、态度等多个方面的学业水平，进而更深入地了解每个学生具体的学习质量和富有个性的学习过程。

在地方和校本课程中，更应注重学业评价的目标与课程目标的一致性。由于这两类课程的实施通常具有综合性和活动性的特点，常被学生，甚至一些教师简单地理解是一次"活动"。对其课程目标认识不全面、不到位。因此，在地方和校本课程中通过全面的学业评价可以有效地提升教师的课程意识，进而在课程实施的过程中更全面地关注学生课程目标的达成情况。例如，我校游学课程设计方案中提出的课程目标主要包括：提高学生英语学习的兴趣及听说水平；促进课内外的有机结合，在知识、技能、情感等多方面获得新实践、新体验，提升综合能力；促进学生的合作交往意识与自主学习能力得到进一步提升。为了更好地实现这样的课程目标，每次贯穿游学课程的学业评价就发挥了积极的导向作用。该课程的学业评价的主要内容及权重如表 2-3 所示：

表 2-3　北京小学游学课程学业评价表

评价项目	评价内容		
生活能力(25)	环境适应	健康安全	物品管理
文明素养(25)	国家意识	礼貌礼仪	遵规守纪
合作交往(25)	与友好家庭	与学校同伴	与家长
学习能力(25)	外语交流		学习态度
附加分(＋10)	学习成果		

再如，校本课程"走进世博会"的课程目标是拓宽学生视野，培养学

生自主学习的意识，积累主动学习的方法，增进学生之间的合作、交流和分享，培养学生的创新意识和能力。因此，评价包括：知识积累（25％），合作交往（25％），学习方法（25％），创意展现（25％）四个方面。

从实践来看，评价体系的课程化建设对促进教师课程意识的提升有积极的导向作用，有助于引导师生共同关注课程的多维目标，尤其是过程性目标的达成。这是发展性学业评价促进学生个性化发展的重要前提与基础。

2. 评价内容层级化

教育评价最重要的价值不在于"甄别"，而是"促进"。要想发挥这样的作用，学业评价的结果就不应当是简单的终结性"审判书"，而应该是具体的指标性"诊断书"。这就需要将评价目标适度细化。

对基础学科的学业评价内容设计，是在学科培养目标的基础上进行细化。使评价内容层级化，尤其使过程性目标变得更具体，更具有可操作性，同时也使得评价落点与课程目标紧密融合，具体如表 2-4 所示。

表 2-4 北京小学学科评价与项目设定表

学科	评价项目	评价内容			
语文	课堂学习(15)	专心听讲	积极发言	表达清楚	
	自主学习(15)	喜欢读书	作业认真	一手好字	
	单元测试(30)				
数学	课堂学习(10)	专心听讲	积极思考	乐于提问	表达清楚
	自主学习(20)	作业作品		实践活动	
	单元测试(30)				
英语	课堂学习(30)	认真倾听	积极思考	乐于表达	
	自主学习(30)	实践活动	课外学习	作业作品	
体育	课堂学习(20)	遵守秩序		不怕吃苦	
	自主学习(20)	健康知识		自主锻炼	
	运动能力(60)	技能技巧		身体素质	

除此之外，其他国家课程的学业评价则采用等级制，在内容层级中尤其突出了对学生综合实践能力与创造力的引导与评价。分为艺术和其他两类，具体如表 2-5 所示。

表 2-5　北京小学艺术与其他学科评价内容

学科		评价内容		
艺术	音乐	鉴赏	表现	个性创作
	美术	绘画	制作	个性创作
其他	科学	课堂学习	实践活动	
	综合实践	课堂学习	实践活动	
	品德与社会	课堂学习	实践活动	
	信息技术	课堂学习	实践操作	

评价内容的层级化，可以使教师能更具体分析每个学生的学业水平，同时也能让学生获得对自己学业水平更为细致的分析与评定。例如，某位语文学习有待提高的学生，在传统的评价中只能了解自己语文学习的整体水平，但在这种层级化的评价中他能够更具体地了解自己"专心听讲"做得很好，但"一手好字"和"表达清楚"还有待提高，这有助于学生建立自信心，并更有针对性地进行反思与自我调整。这是发展性学业评价诊断性作用的体现，是促进学生个性化发展的条件与保障。

总之，学业评价发生在教学的全过程之中，它是实现师生互动、生生互动的元素，是关系到每个学习者发展的重要影响因素。在全面推进学校课程建设的系统工程中，教师应努力通过发展性的评价更好地促进学生富有个性地成长。这是学生成长的呼唤，也是教师专业成长的要求。

(三)过程＋结果：从鉴定到引导

在学生的学习过程中，短期的小目标更有利于激励其进取，这是由学生年龄特点决定的。在学业评价中，也应充分考虑这一因素。传统的学业评价通常是在每学期末一次性进行的，对学生整个学期的学习效果做出终结性评价，带有很强的"鉴定"色彩。学生即便意识到了自己的不足，要改进也只能“等”下个学期了。过长的评价周期不适合小学生的心理特点。因此，我们的学业评价每学期分为三次进行，前两次称为“形成性评价”，第三次称为“期末总评”，评价周期约为 1 个月[①]。这样有利于学生在经历一段学习之后及时了解自己各方面的学业水平，也更有利于教师针对学生学习过程中的成绩与问题进行及时反馈和指导。对学生而言，“做得好的”能够及时得到认可，继续坚持；“有待改进的”能够及时得到提示，进而及时反思，及时调整，及时实践，及时改进。还能够在下次评价中看到进步。这种过程性的评价发挥了其激励性作用，具体如图 2-4 所示。

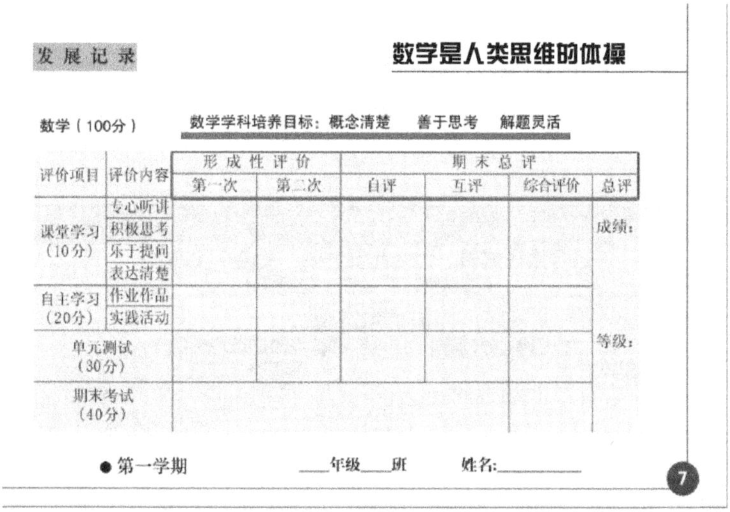

发展记录　　数学是人类思维的体操

数学（100分）　数学学科培养目标：概念清楚　善于思考　解题灵活

评价项目	评价内容	形成性评价		期末总评			
		第一次	第二次	自评	互评	综合评价	总评
课堂学习（10分）	专心听讲						成绩：
	积极思考						
	乐于提问						
	表达清楚						
自主学习（20分）	作业作品						
	实践活动						
单元测试（30分）							等级：
期末考试（40分）							

●第一学期　　____年级____班　　姓名：________　　7

图 2-4　北京小学学生发展性评价手册过程性评价设计

值得一提的是，有些过程性学业评价仅以时间为划分维度，以学生在某一时间段中的某一次（或少数几次）学业水平代表这一时段学生的学业整体水平。这种评价虽然也在一定程度上体现了过程性，但却带有较

① 目前过程性评价周期的设定是基于实践所改进的。在评价方案设计初期，“形成性评价”是分三次进行的，再加上“期末总评”，每学期共四次。实践中感到时间紧，尤其是第三次评价与期末评价时隔不长，实效性并不强，因此进行了调整。

强的偶然性，不利于学生获得扎实的学业质量发展。因此，我们在每次阶段性评价时，都会对学生一个月左右各评价内容达成情况进行整体评定，即评价表格中的每个成绩都是由学生每日课堂学习、每项学业任务积累而得到的。因此它更能够客观而全面地反映学生阶段性学业水平。与此同时，也更有利于引导学生养成自我管理的意识和自主学习的能力。这是发展性学业评价激励性作用的具体体现，是促进学生个性化发展的"加油站"。

第二节　立足"系统"的课程建设

"四季课程"的内涵既包括以四季划分学习进程，也包括结合四季特点改进课程设置。具体包括"四季基础学堂"和"四季特色课程"。详见图2-5：

适性教育			
适合生命成长、适合儿童生活、适合个性发展 （生命性、生活性、差异性）			
四季课程 （以四季划分学程，结合四季特点改进课程设置）			
四季基础学堂	四季特色课程		
	四季综合实践	四季国医	四季节日
国家学科课程 北京西城课程 年级校本课程	科技创意（秋） 传统文化（冬） 艺美律动（春） 读书实践（夏）	五个板块： 季节与饮食 季节与运动 季节与起居 季节与心理 季节与疾病预防	九个中华传统节日： 春：春耕、清明 夏：端午、乞巧 秋：中秋、重阳 冬：腊八、春节、元宵
在国家学科课程实施中，可以季节为主题整合语文、艺术等内容，进行联动式教学	每个年级一个主题，各学科教师统一开发、组织、实施	以健康课、实践课、活动课等方式落实	此课程利用综合实践活动时间落实
课堂教学以北京小学"实与活"的教学思想为指导			

图2-5　北京小学"四季课程"设置

为进一步使学校课程结构可视化，厘清学校培养目标与课程结构，完善课程顶层设计，我们形成了如图2-6的课程结构图。

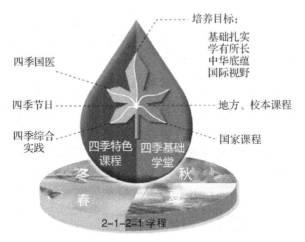

图 2-6　北京小学"四季课程"内容

课程结构图分为两部分，上半部分的主体是北京小学校徽"水润红枫"，清亮的水珠润泽着鲜红的枫叶，它既是对北京小学建校历史的深情追溯，也是对学校办学发展的热切期盼，还是北小团队上善若水的价值追求，以及北小人"尊敬创公和"的师德承诺。在课程建设中，叶柄是一叶之魂，代表着学校的培养目标，左右两半叶片分别代表四季基础学堂和四季特色课程，滋养丰盈着培养目标的达成。下半部分则是按四季划分的"2-1-2-1"学程，代表遵循四季自然规律开设适合学生生命成长的四季课程，以学程的改革支撑起课程体系的建构。

整个课程结构图寓意一滴水能够折射太阳的光芒，每一个课程实践中的探索与付出都像一颗颗晶莹的水珠，汇成一条清纯无染的小溪，滋润北小学子健康成长。因此，四季课程的设置体现了以下特点。

规律性：课程顺自然而置，体现自然发展的规律。

特色性：我们所处的城市北京属于北半球，四季各具特色，有鲜明的四季文化。

匹配性：在现有的国家课程（以及部分地方课程）中，如语文、科学、艺术等课程，有很多内容与季节有关，并且在教学进度的安排中具有天然的和季节的匹配性。

延展性：打破传统的"课堂和教材即是儿童的世界"的课程观，让季节成为孩子的天地，让世界成为孩子的课程，以"四季"突破课堂局限，拓展成长空间。

暗含性：人成长在自然之中，其自身成长必与自然密不可分，人体的变化具有随四季自然变化的规律和特点，因此四季课程以其和人体变化的暗含性，让自然变化、人体变化和人的成长生活紧密对接。

通过近几年的探索与实践，"立德树人"的根本任务和学生核心素养的培育逐渐落位到学校的办学理念、培养目标及课程体系中(详见图 2-7)。

一、课程目标的系统定位

在前文的分析中，我们阐述了北小提出的"五养"理念的具体内涵。落实立德树人的根本任务是学校办学的核心目标。通过实践探索，"四季课程"内容呈现出以"四季基础学堂"和"四季特色课程"为主的结构划分。为进一步明确学校课程对育人目标的落实，我们以"课程落位图谱"的方式呈现育人目标与学校课程之间的关系。

纵览落位图，包括三部分设计。顶层设计是"立德树人"的根本任务，包含德智体美劳五育并举的要求。中层设计是学校育人目标，即培育具有中国气质的北小人，具体表述为十六字育人目标"基础扎实、学有所长、中华底蕴、国际视野"。下层设计为"四季课程"体系中的"四季基础学堂"和"四季特色课程"。值得一提的是，在"四季特色课程"中的"四季综合实践课程"虽然只是一门国家课程的校本化实施，但对这一门课程的思考和研究，有效促进了学校课程体系的建构。尤其是通过对不同年级实践主题的深入探索，促进了我们对儿童成长规律的深入思考，也实现了对"五养"理论的丰富和转化。

应该说，"四季综合实践课程"有效促进了北京小学"四季课程"体系的顶层设计。"四季课程"的建设突破了传统学校课程中"以点串线"或"以点带面"的建设思路。不仅仅在一门或一类课程中"做文章"，而是基于学校课程的顶层设计，从育人目标、逻辑架构、组织实施、实践探索、评价改进等多方面推进系统研究。

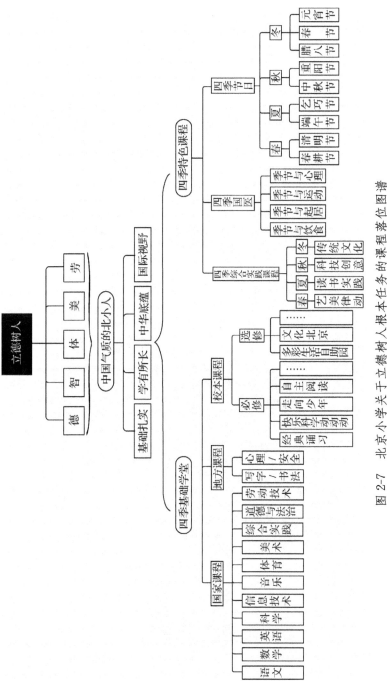

图 2-7 北京小学关于立德树人根本任务的课程落位图谱

49

二、课程内容的系统梳理

伴随着学生发展核心素养的提出，学校课程该如何建构，如何发展呢？我们首先想到要对课程内容做系统梳理。如果将学生发展核心素养看作学生发展需要的"营养素"，那么就要首先分析现有课程体系能提供哪些"营养素"，其中哪些"够了"，哪些"不足"。哪些供给的质量好，易于学生"吸收"，哪些需要优化以提高供给质量。基于这些问题，我们对学校课程内容进行了系统梳理，形成了课程结构图（如图2-8所示）。

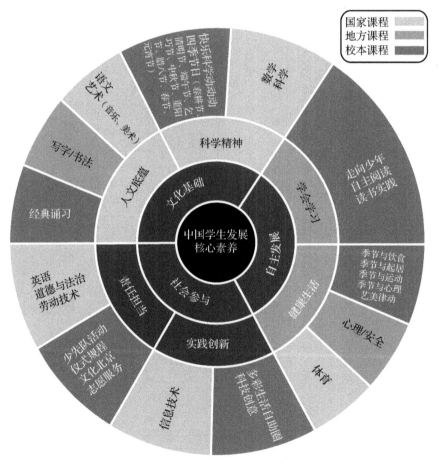

图 2-8 北京小学课程结构图

从图可以看出，我校所开设的课程内容紧紧围绕学生发展核心素养所提出的三个方面、六大素养展开。每个素养都有若干课程与之对应。需要说明的是，这里的对应不是简单的一对一。因为课程内容和课程实施都是综合性的，因此对某一个具体核心素养的培育不可能只通过某一门或某几门课程实现。例如，对"科学精神"的培育，数学、科学及"快乐科学动动动"这几门课程是"主渠道"，但在其他课程中也有对学生科学精神培育的契机和责任。这种"对应"不可片面理解和割裂看待。因为，人的发展具有综合性和复杂性。像这样对课程内容的梳理，只是课程实践的研究中使研究者做到心有目标和心中有数。此外，学校课程是一个动态发展和不断完善的研究过程，图中所示的内容，反映了北京小学目前课程建设的情况。随着对学生发展的不断研究，内容设置也必将随之不断调整、优化和完善。

三、课程实施的系统设计

为了更好地推进课程研究，学校特别组织了课程改革实验领导小组、学校教育教学指导委员会等几方面力量共同推进工作。具体组织结构与职责设定如图 2-9 所示。

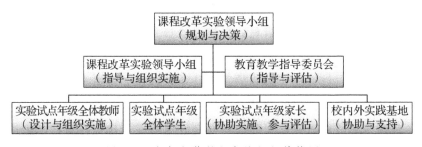

图 2-9 北京小学课程实施组织结构图

其中，教育教学指导委员会是北京小学学术型学校管理的重要标志。全称为"北京小学教育教学指导委员会"，是由学校骨干教师组成的学术机构，其职责包括：引领教育教学方向、参与学校管理、进行学术

51

评议、研讨重要项目等。

课程实施过程中，学校非常注重研究的科学性和推进的有序性。课程建设经历了广泛调研、专题讨论、专家论证、试点研究、改进推广等多个环节，充分分析了我校以往学校课程存在的主要问题及原因，并通过领导决策、师资力量等方面给予系统保障。实施过程大致分为以下几个阶段。

第一阶段，课程改革设计阶段（2012 年 2 月—2012 年 8 月）。

学校针对课程改革进行了一系列的设计、论证与规划。成立课程改革领导小组，研究制定课程改革实施方案，选定实验试点年级，并组织相关教师进行课程实施计划的具体制定。召开校级培训，宣讲项目实施方案。

第二阶段，课程改革试点实验阶段（2012 年 9 月—2014 年 8 月）。

围绕三至六年级进行课程改革实验研究，学年初通过人事安排及课时调整等工作为试点年级的实验做好充分准备。课程开发与设计以年级为单位，由各不同学科教师共同开发设计。实验阶段共设计 41 个综合实践课程周，极大地丰富了学生的综合实践学习，成为后续研究的坚实基础。

第三阶段，课程改革阶段总结（2014 年 8 月—2014 年 12 月）。

汇总和梳理相关研究素材，总结经验，并进行效果评估，及时修订实施方案，为进一步推广实施奠定基础。

由于课程设计呈现了鲜明的季节特点，因而非常富有节律性。每一次综合实践周的设计与实施都会为后续实践奠定基础，实验设计周期较短，有助于更好地研究学生需求与社会发展特点。让"2-1-2-1"课程中的综合实践性课程更贴近学生、贴近自然、贴近社会，进而更好地培养学生创新精神。为此，课程的实践研究将在研讨、规划、开发、实施、总结的不断循环中扎实推进。

第四阶段，课程改革推广实施阶段（2015 年 1 月至今）。

适时增加试点年级并向本校各个年级推广"2-1-2-1"课程模式实践。

根据实际情况，可向其他分校推广该课程模式。

实践证明，清晰而严密的实施系统是确保课程高质量推进的重要保障。我们逐渐意识到，学校除了具备良好的研究传统以及较优质的教育资源外，也受限于学制管理、质量监控管理、课程设置管理等组织制度。因此，我们立足学校"三型管理"理念的提出，充分调动广大教师参与课程改革的积极性与创造性。

学校每学期都会在实践的基础上召开"四季课程"专题研讨会，组织教师研究课程实践的思路与方案。对学校各类课程进行规划、选择、改编、整合、补充、拓展、新编等不同程度的建设，发挥学校的三型管理的作用，推动学校课程改革的实践与探索。

第三节　立足"适性"的课程优化

所谓"适性"是指适合、适度、适应。立足"适性"的课程优化，是为了突出强调学校课程建设要有鲜明的目标意识和对象意识。即"做什么事"是由"为什么而做"决定的。要努力培育具有中国气质的北小人，就需要我们不断立足学生需求和学校育人目标，对现有课程进行优化。

一、优化课程设计

传统的学程是以学年为单位，每学年分为两个学期（第一学期和第二学期）和两个假期（寒假和暑假）。其中，每个学期的时长大约为 22 周，历时四个半月。实践中，我们发现对于小学生而言，在这么长的时间内用同一种方式进行学习是不适合的，对于低年级学生更是如此。小学生的年龄特点使得他们总是对新奇的、变化的事物感兴趣，乐参与。投入学习时难以很长时间保持一成不变的学习动力。他们总是期待能够换一种方式、换一个空间、换一些内容。因此，北京小学通过优化学程设计，将传统的"2 个学期＋2 个假期"的传统学程模式调整为更富有节律特点的"2-1-2-1"学程模式（如图 2-10 所示）。这样的改变，就是为了更好地适应儿童身心发展的规律，通过学程的调整丰富学习内容、拓展学习空间，调动学习的积极性，更好地促进学生投入自主学习，获得自主发展。

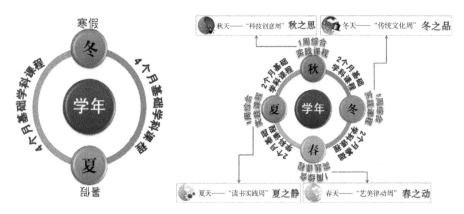

图 2-10　北京小学学程结构示意图（左图：原学程；右图：现学程）

二、优化课程开发

课程是学校实现办学目标和促进学生发展的重要载体，学生的个性差异使得学生的学习需求富有个性化，这需要学校通过课程的设置给予关注和满足。在三级课程管理体制下，国家课程占据绝对主体地位，怎样为学生搭设个性成长的平台，最大限度地满足学生个性化发展的需要，是一所学校课程建设的"关键点"，更是一所学校改进学生发展方式的"难点"。

从国家三级课程管理来看，校本课程正是给学校预留了自主开发的空间。这部分空间该如何使用，如何让课程在学生个性发展需求与学校培养目标之间建立起桥梁，成为北小课程建设的重要课题。学生的个性发展需求是多元的，必定需要多元的课程供学生选择。

纵览传统的学校课程设计，除了可以称为"规定动作"的国家课程，属于"自选动作"的校本课程设计长期处于散点式建设状态。单独看一门校本课程具有鲜明的活动性特点，综合看一所学校的校本课程体系多呈现丰富性特点。但多门校本课程之间缺乏联系，目标缺少关联性。北小在开展校本课程优化时，首先以目标的序列化建设为抓手。我们通过系统分析，将"自主能力"培养作为各年级校本课程的核心目标。虽然各年级课程内容、实施方式各不相同，但核心目标具有连贯性（如表2-6所示）。

表2-6 北京小学校本课程目标及内容设置表

项目	年级				
	一、二年级	三年级	四年级	五年级	六年级
课程名称	经典诵习	快乐科学动动动	多彩生活自助园	文化北京	走向少年
课程核心目标	自主意识启蒙	初步激发自主	促进自主意识	培养自主能力	
课程简要说明	依托传统文化，将诵读与实践活动相结合，落实课程目标。更符合低年级学生学习特点。	以动手实践为主要形式，培养中年级学生热爱科学、研究科学的意识。同时为学生进入高年级开展自主实践奠定学习方法及能力的基础。	初步指导学生在选择中进行多元对话，初步培养学生分析自我需求、选择学习内容、组建合作团队等各方面的意识和能力，为进入高年级进一步提升自主水平，组建社团，开展活动奠定基础。	课程为学生预留更大的自主空间，学生要学会选择学习内容、学习伙伴、指导教师、活动场地等，这是对学生自主学习意识和能力的进一步培养与促进。	

实践让我们认识到，要关注学生的个性化发展，既需要教师课堂教学方式的转变，更需要课程整体设计的革新。一方面，课堂教学要从传统单一的传授式转向对话式，通过活动、合作、交流、共享等方式组织教学，既要关注学生与知识的对话，更要关注学生与同伴的对话，学生与客观世界的对话，以及学生与自我的对话。引导学生在对话中认识选择，学会选择，进而满足个性化的学习需求。另一方面，需要构建适合学生年龄特点，符合学生兴趣爱好，有助于学生获得发展的课程体系。

尤其是校本课程的设计与开发必须纳入学校培养目标体系之中进行整体规划，这将有助于更系统、更全面、更长远地育人。

例如，"多彩生活自助园"是面向四年级开发的一门具有选择性的校本课程。课程的主旨是通过提供如自助餐般的丰富的子课程供学生根据自己的兴趣爱好自主选择。在丰富学生课程学习内容及校园生活的同时，为学生的创新意识和能力的培养服务，为开拓学生的文化视野服务，为学生动手能力的培养服务，为激发学生自主探索的意识和能力服务。

这样设计的原因主要有两方面，一是源于四年级学生的年龄特点，他们正处于第二学段的起始年级，初步具备一定的自主意识。二是要通过具有选择性的课程着力培养和激发学生自主学习的意识和能力，为进入五六年级参加"文化北京，走向少年"校本课程，更大程度地发挥自主学习能力奠定基础。本课程包括7～8个子课程，为学生提供自主选择的机会和空间，学生可以根据个性爱好或专项特长选择自己感兴趣的课程内容。"自助餐"式的选择性必修课程，有助于丰富学生的校园学习生活。基于兴趣进行的课程设计，可以有效提升学生自主追求以及动手能力、实践能力、学习能力，进而培养学生的学习能力，使不同的学生获得个性化的发展。

三、优化实践空间

与此同时我们发现，"综合实践活动课程"这一门国家课程，以"指导纲要"为依据，学校结合育人目标和学生需求，自主开发课程内容和课程实施与评价。这对学校的课程领导力和教师的课程开发能力都提出了较高的要求。研究初期我们发现，将综合实践活动课程像其他学科课程那样"进课表"，其实施效果很有限。首先是时间因素，在有限的40～45分钟的一节课中开展主题综合实践活动是很困难的，学生的实践和探究都难以深入；其次是空间因素，综合实践活动课程有其鲜明的实践属性，然而局限在教室内，难以为学生提供宽广的学习空间和丰富的学习资源；再次是教师因素，由学科教师兼任综合实践活动课程的现状使得教师个体难以打破学科壁垒，真正地设计具有自主性、实践性、开放性、整合性和持续性的课程内容。

在"综合实践课程"建设中，我们发现学校"综合实践活动课程"的建设与学校育人追求存在一定差距。主要表现在：课程内容和结构都缺乏顶层设计；课程实施缺少对儿童发展需求的深入研究和切实关注；课程的设置比较零散，受到空间和时间的限制，难以落实指导纲要要求；教师学科本位观念鲜明，综合实践活动课程的开发与实施能力均待提高。

可见，仅以课时为单位的课程实施难以真正落实综合实践活动课程的育人目标，其育人质量有待提升。这就需要我们改变思路，创新课程实施方式，更有效地整合学校、教师、社会等多方资源，为学生提供广阔的学习平台。

因此，"四季综合实践课程"应运而生。每年集中安排四次，分别在春季、夏季、秋季和冬季。每个季节有统一的综合实践课程主题，各年级结合学生特点设置子主题。春季、秋季两次综合实践课程安排在学期中，由教师组织学生集中开展。夏季、冬季两次综合实践课程由教师设计课程实施手册，指导学生居家自主开展实践性学习。

这样的课程设置极大地拓展了学生学习的实践空间，是以创新精神与实践能力的培养为主线，整合科技教育、美育、体育、德育、劳动教育等育人资源，改变原有综合实践课程比较零散的现状，让学生享有更充分的综合学习、实践探索、拓展研究的机会。

四、优化组织形式

北京小学多年来实行年级负责制，通过在每个年级设立年级负责人统整年级教育教学日常工作，实现学校的扁平化管理。在"四季综合实践课程"的研究中，我们迁移年级负责制的优势，由年级负责人任项目负责人，推进跨学科的教师协同研讨。"项目负责"的策略促进了课程研发的效率，让课程研发与年级日常教育教学紧密结合。此外，通过学校、项目负责人、教师三级管理，在激发课程开发活力的同时，确保课程管理的规范性。

仍以四年级"多彩生活自助园"这门课程的组织实施为例，阐述组织形式优化的研究路径。这门校本课程包含了多个子课程，每次实施前教师都会将各子课程的主要内容、学习方式、授课教师等相关信息发布给学生，由学生根据需求和兴趣进行自主选择。打破班级界限，为有相同志趣的师生提供学习和成长的课程平台。为了更好地推进课程研究，原则上每个课程由两位实验教师共同承担，在研讨的基础上更加合理地开发课程内容、更加有效地组织课程方式、更加科学地进行课程评价，真正对学生的个性化发展起到积极的促进作用。组织实施包括以下几方面。

(一)三个阶段

本课程建设的实施推进包括规划、实施和总结三个阶段，并在每学年的课程更新中循环实施。

(1)规划"多彩生活自助园"课程开发方案，初拟课程纲要。

(2)推进"多彩生活自助园"课程实施，实现课程目标。

(3)总结"多彩生活自助园"课程实施情况，补充完善课程纲要。

(二)六个步骤

具体到每学年的课程推进过程，主要分为六个步骤。

步骤一，学生及教师调研(每学年初)。以问卷的方式了解学生对自选式课程的需求，同时了解教师中蕴藏的课程资源。问卷如下：

学生问卷

亲爱的同学们：

为了让大家的学习生活更加丰富多彩，让学习的课程更好地促进同学们的全面发展，请你认真思考后回答调查中的问题。也许你的好建议，不久就会被老师们采纳。谢谢同学们，老师们共同期待着你们快乐、健康、全面地成长！

教导处（或年级组）

小 调 查

1. 你在学校参加过的活动或课外小组中，哪个或哪些是你喜欢的？简单说说你为什么喜欢？

2. 学校准备给同学们增设一些新的课程，你希望学校开设哪些方面的课程？简单说说你的理由。

班级：

教师问卷

校本课程任课初步意向表

（　　）年级组

为了更好地实现我校办学思想与培养目标，进一步落实三级课程建设，规划开发我校校本课程体系，现调查各位教师能够开设的校本课程情况。请老师们在学习的基础上，结合自身特长（可以不局限于所授学科）填写初步意向。

姓名	能够开设的校本课程名称	适合开设该课程的年级

步骤二，研讨及规划（每学年前2周内）。

（1）任课教师了解课程目标，在充分考虑学生学习需求与课程目标的基础上进行研讨，使用统一格式，初步规划子课程方案。

（2）分组讨论，拟定富有吸引力的子课程名称，选定负责教师及授课地点，填写课程安排表。

表2-7 北京小学"多彩生活自助园"课程安排表样例

	涉及领域	子课程名称	授课地点
1	科技探索	技术与设计	三层科学教室1
2		光影世界	三层科学教室2
3		梦工厂	五层计算机教室
4	艺术创想	巧夺天工	地下美术教室
5		纸能创想	三层美术教室
6	文化体验	探访北京的桥	三层社会教室
7	思维实践	益智游戏	微格教室
8	文化拓展	Let's party!	阶梯教室

(3)分组规划子课程方案，涉及具体课程内容及实施方案。

步骤三，审批与调整(开学第3周)。学校"多彩生活自助园"课程研究小组审批子课程方案，聘请课程专家对各子课程方案进行审定，并提出修改意见，各位子课程负责教师结合指导意见进行修改和调整。

步骤四，完善与筹备(开学第4周)。

(1)教师准备：做好子课程实施前各项准备工作。设计完成课程宣传海报(包括课程名称、负责教师、地点、开课时间、课程简介等信息)，完成课程宣传及学生选课等工作。

(2)学生准备：了解各子课程后确定自主选择意向。

步骤五，启动与实施(第5周至期末)。

(1)在了解各子课程的基础上，由学生在网络平台中自主申报所学课程。

(2)汇总学生选课结果，班主任根据学生实际可做微调建议，向各子课程负责教师提供学生名单。

(3)公布课程具体时间安排(共约14课时)

步骤六，评价与总结。由负责教师与学习同伴共同给予综合性学习评价。教师注重反思和积累，基于实践对课程方案进行调整、完善和总结，为课程的再次开设积累有价值的经验。

(1)评价时间：学期期末，各子课程结束时。

(2)评价内容：

①自主积累：在本课程的个性化学习进程中，通过自主探索学生某领域的视野是否得到拓宽，知识是否得到丰富，主要得到了哪些方面、何等程度的丰富等。

②主动合作：在本课程的合作性学习进程中学生是否能够较好地参与合作学习，是否能够主动参与，表达自己的观点。

③学习方法：在本课程的学习过程中学生是否对获取知识的途径、学习知识的方式方法有新的了解，是否对获取某领域知识点的方式方法有新的认识，学习能力是否得到提高等。

④创新实践：在课程设计的各类实践活动中，是否有自己独创的想法，是否能够通过相关方式展现自己的创新想法等。

（3）评价方式：各项评价以语言描述与星级评定相结合的方式进行，各子课程可根据实际情况进行设计和调整（主要从四方面对学生进行量化评价，每项以 5 颗星为最高标准），评价表见表 2-8。

表 2-8　北京小学"多彩生活自助园"课程评价表

课程名称：　　　　　　　　　　　　　　姓名　　　　　四（　）班

内容	方式		
	自我评价	同伴评价	教师评价
自主积累			
主动合作			
学习方法			
创新实践			
综合水平	（　　）颗☆	优秀　　良好　　达标　　待达标	

根据本次课程实施的过程，总结并提出课时安排、注意事项等具体教学建议，为本课程的再度实施提供参考和依据。

（三）实施效果

1. 拓展中年级学生自主发展路径

（1）以"自助餐"式的选择性课程为载体，引导学生学会与自我对话，认识自我学习需求，并能够自主选择较为适合自己的学习内容，坚持学习，使个性化学习需求得到满足，个性获得健康发展。

（2）在课程学习的过程中，能够积极参与各项实践性活动，锻炼自身动手能力与创新意识，促进自身学有所长。

（3）在与教师、同伴的对话中，学会交流，锻炼复杂交往的能力，不断提升主动合作的意识和能力。

2. 基于学生需求构建课程目标

课程的内容开发与设计强调对象意识，基于学生学习需求开展。每个年级学生的特点、兴趣爱好有所不同，每个年级教师开发课程所擅长的领域也各不相同。因此，本课程各子课题的设定要将学校培养目标、学生个性需求及教师课程资源三方面有机结合。课程的核心目标并不是知识层面的价值，而是通过不同内容、不同方式有效促进学生获得自主发展，这一课程建设思想，成为指导我校及集团各分校校本课程建设的基本理念。

3. 积累课程资源成果

经过实践，已形成了一批学生喜爱且富有实效的子课程资源库，具体内容见表 2-9。

表 2-9　北京小学"多彩生活自助园"子课程设置

学度	子课程数量	子课程名称(带 * 的为本学年新开设的子课程)		
		文化拓展类	活动体验类	实践创想类
第 1 年	7	* 探访北京的桥 * Let's party	* 光影世界 * 技术与设计	* 创意无"纸"境 * 巧夺天工 * 梦工厂
第 2 年	7	Let's party * 小胡同大视野 * 小邮票大世界	光影世界 益智游戏 * 飞旋篮球	巧夺天工
第 3 年	8	Let's party * 美丽的汉字 * 美食 DIY	光影世界 * 棋行天下 * 水上运动 益智游戏	* 创意微电影
第 4 年	7	* 七巧板乐园 * 阅读剧场	光影世界 * 飞旋篮球 * 和谐乐音	* 魔力声音 * 巧手扮世界
第 5 年	8	美食 DIY * 精彩京剧 * Travel Around the world	* "羽"众不同 炫酷篮球 * 童心绘油画	魔力声音 巧手扮世界
第 6 年	8	* 超级配音王 * 魅力口琴风 * 数学魔术	* 霹雳篮球 * 北小好声音 * 电子积木	* 百变科学 * 北小小管家

(四)两个特色

实践中,"多彩生活自助园"校本课程已经成为深受学生喜爱的校本课程,学生在课程学习中,学习方式积极主动,个性得到极大的尊重和发展。形成的创新及特色之处如下。

1. 立足课程育人,回应课程的价值追问

校本课程的多样化是许多学校校本课程建设的常见思路,通过开设多门课程以满足学生的个性化学习需求。因此也会看到一所小学拥有几十门,甚至上百门校本课程的情况(课程结构如图 2-11 左图所示)。通常每门校本课程都会有相对独立的课程目标与课程实施规划,以及课程评价。而我校开设的"多彩生活自助园"课程,将其定位为一门校本课程,而学生可选择的是这一门课程中不同的子课程(课程结构如图 2-11 右图所示)。这种课程结构设计,使得所有子课程都有一致的课程目标,即无论是"羽众不同"还是"光影世界",其目标并不仅是教会学生某种技能,或指导学生习得某类知识,而是以子课程内容为载体,培养学生自主学习的意识和能力,满足学生个性化的发展需要。这种多一层级的课程管理结构,有助于让参与设计和实施课程的全体教师都更准确地把握课程目标,并基于不同内容的教学,基于不同学生的个性差异,实现对学生自主能力的培养;在厘清"为什么教"的基础上再研究"应该教什么"以及"应该如何教"。这就确保了课程价值的根本追求在促进学生的个性发展,而非课程数量本身。

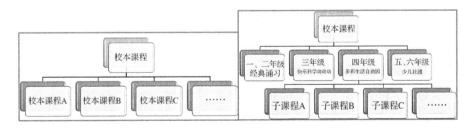

图 2-11 校本课程结构示意图

2. 尊重学生选择，激发学生的个性发展

满足学生的个性发展就需要创造生本性的课程，本课程的选择性内容均是国家课程和地方课程的补充；所有教学内容均是我校教师基于课程目标自主开发和设计的。课程的开发，基于我校学生实际，又服务于我校学生的发展需求。因此"生本性"是本课程最突出的特点，并通过其"选择性"生动体现。从课程内容的开发来看，又遵循教育性、文化性和探究性的原则。其中教育性，指各子课程目标的设定不仅仅局限于知识拓展和技能掌握，而是将课程作为载体，从课程内容的选定到课程实施的过程均具有教育性。文化性，指各子课程均采用专题组织内容，有中国传统的桥文化、老北京胡同文化、邮票文化，也有国外的节日文化、摄影中的文化，还有创意构想的文化等。每个子课程的课时内容之间都具有较强的联系，有利于课程文化的渗透。探究性，指有利于倡导学生主动参与、乐于探究、勤于实践。在培养学生交往与合作，获取新知识，创新实践等方面起到积极促进作用，进而在最大限度上激发每一位学生个性的健康发展。

五、优化实施效果

1. 满足了学生个性化学习需求，培养自主意识和能力

课程的"自选式"特点极大地尊重了学生的个性化学习需求，为不同兴趣爱好的学生搭建了丰富的课程平台，学生可以在无任何外界干预和诱导的情况下自主选择内容，因此在课程学习过程中表现出了浓厚的兴趣和积极的探究热情。例如在"Let's party"道具制作中，学生主动搜集丰富的材料，开展创意设计，并在亲身参与的角色扮演中使用亲手制作的道具，向老师和同学们宣传他们在课程中学习到的节日文化。在"纸能创想"的学习中，平淡无奇的废旧报纸在学生们的手中变成了栩栩如生的水果、蔬菜、小动物……他们的想象力和创造力得到了充分的发挥。学生们将自己的作品赠送给其他同学、老师，学习的成就感和快乐油然而生。在"创意微电影"中，学生们在老师的带领下学着用简单的方

式制作素材，经过照片拍摄和后期加工，再配上有趣的音乐和解说，富有创意的实践活动深深地吸引着他们。学生们在选择、学习子课程的过程中不断提升自主意识和能力。尽管各子课程的内容不同，组织形式也不尽相同，但都能够满足学生们个性化的学习需求，有效地促进了学生们的个性化发展，深受学生喜爱。

2. 促进了教师"课程观"和"学习观"的理性提升

在课程的开发与实施中，广大教师的课程领导力不仅显著提高，更为重要的是，老师们的"课程观"和"学习观"也在无形之中得到提升。"探究北京的桥"子课程指导老师在课程实施小结中这样感慨："校本课程的设计立足于本校，是开发和培养学生探究精神的阵地。要注重激发学生带着兴趣与热爱走进课堂，带着收获和成功离开，而一门子课程的学习也不仅仅是学生涉足某一领域的开始，它应是开启学生进一步探索实践的大门，调动和激励学生通过不断自主学习、实践创新，获得发展。""光影世界"子课程的任课教师从课程构思到设计实施的过程中，对课程的理解和认识在不断丰富和深化。她们在回顾课程开发的历程时谈道："我们最初的方案仅仅定位在摄影的方法和技巧，后来通过学习，方案有了一些改变，不仅仅是讲摄影技术，还增加了关爱生命、保护环境、张扬个性、发散思维等内容，看上去内容丰富了，活动形式多样了。但是，随着我们对'什么是课程？''校本课程应该具有怎样的教育价值？'等一系列问题展开学习和思考后又有了新的认识：(1)校本课程与兴趣小组和社团都不同，它不是精英教育，它要面对所有学生；(2)校本课程不是孤立的，要与其他课程共同构成学生学习的框架结构；(3)校本课程应该是一个系统，所有的设计都要围绕核心目标，这个目标不是单一的，而是具有知识、能力、情感态度价值观的三维目标。站在这样课程的视角审视我们的课程设计，又感到不够合理、不够到位，由此我们围绕'怎样在校本课程的设计中挖掘最深的教育意义'开始了新的理论学习和实践研究，最终开发设计了较为满意的课程方案。"还有的老师在反思中谈出了对校本课程建设的进一步思考和规划："在实施过程中我也发现自己存在着许多不足，如给学生自由发挥、自主创作的空间少，使用的媒材只注重了丰富性，缺乏选择性与审美性。这都为我提出了新的要求，今后我将不断充实自己的专业知识和有关个性化的理论学习，使这门课程更好地调动学生主体性，成为展现学生个性的舞台。"

可以看出，校本课程的实施过程既是学生们快乐学习的过程，同时也是教师快速成长的过程，边学习、边思考、边实践、边改进的工作方式很好地促进了教师的实践性学习，有效锻炼了教师的课程执行力，提高了教师的课程观、学习观。经过近5年的探索，已有60余位教师参与到这门课程的开发、设计与实施之中，培养了一批我校的课程骨干力量。

3. 提炼了课程建设思想，产生了辐射带动作用

目前，"多彩生活自助园"作为我校校本课程中的重要组成部分，已形成了序列性开发，完成了包括53个子课程在内的课程资源包建设（包括课程方案、课程内容、活动照片等）。此校本课程从课程目标、课程内容、课程实施、课程评价等方面均得到了全面而系统的建设，且经过多年的实践检验，收到了很好的实践效果。切实推动了学校课程体系建设，完善了我校校本课程的结构设计，提炼出我校校本课程建设的基本思路。

经过教师们的共同努力，"多彩生活自助园"已成为深受学生喜爱的一门校本课程。课程每年都服务于一批学生的自主意识培养，为学生进入高年级参与自主要求更强的校本课程奠定了坚实的基础。"基于学生需求，服务学生个性发展"的"多彩生活自助园"课程，业已成为北小课程的一个品牌；课程实施范围也从教育集团本部推广至各个分校；最为让人欣喜的是，"多彩生活自助园"的课程建设思路、课程管理模式也在集团校的其他校本课程中得到了推广。

我们以"适性教育"为理念提出了学校课程建设思路。其内涵首先是遵循儿童成长规律，依据学生的年龄特点、身心特点，从学生的自主发展需要出发。其次是遵照教育规律，通过学校课程实践的整体优化，引

导学生"主动发展，全面发展，个性发展"。教育的本质是"发现"和"发展"，发现其潜能，发展其个性。要为学生提供适合的教育，就离不开对"学生特点"和"学生发展规律"的深入研究。我们努力创建适合生命成长、适合儿童生活、适合学生个性发展需求的"四季课程"，并以此推进学校富有特色的课程系统建设。

第三章

"四季课程"的教学文化构建

从放牛娃到全国知名的教育专家，从普通的青年教师到北京市首批小学正高级教师，北京小学校长李明新的成长历程，在基础教育界被人们传为美谈。他提出的"实与活"的教学思想，也一路发展至今。从语文教学到课堂文化，再到学校课程建设的基本原则，在实践中，"实与活"教学思想焕发出巨大的生机和活力，成为北京小学办学成果的重要标志之一。

第一节 "实与活"教学思想的提出

一、缘起——一位青年语文教师的执着探索

北京小学"实与活"的课堂文化,在北京乃至全国都具有较为广泛的学术影响力。"实与活"的课堂文化,缘起于一位青年语文教师的实践探索。一路走来,这位从农村走出来的青年语文教师,已经成为全国知名的专家学者,他就是北京小学校长——李明新。"实与活"的课堂文化,不仅标志着李明新的学术水准,也明确指引着北京小学教育集团的教育教学方向,同时还带给很多教育同行深深的启发。

(一)用努力成就专业的成长

李明新的老家在昌平农村,初中毕业时,正赶上北京市回民学校为远郊区县代培师范生。李明新因为学习成绩优异,成为三个代培生之一。就这样,农村孩子李明新考入了北京市回民学校民族师范部。

从进入学校开始,李明新就学习朗诵。天赋的嗓音,努力的练习,使他的朗诵达到了很高的水平,他曾参加全国朗读大赛并荣获三等奖。提起李明新的爱好和特长,很多人都非常钦佩,他能把京剧表演和教学研究联系起来,有时候进行教研活动,李明新当场就能用京剧中的道白或者唱腔表演一段。这些丰厚的积淀,无不源于他在学生阶段的不懈努力。

1988年5月,他和一批同学在北京小学实习了一个月。实习期间,教导主任经常来听他的课,有时校长也来,这让年轻的李明新有些疑惑。原来,北京小学想要一位教师,大家发现李明新素质很不错,于是,几经周折,他留在了北京小学。

1988年7月1日,李明新到北京小学报到,成为当时北京小学唯一的一名男教师。不过,初登讲台的李明新工作起来并不一帆风顺。时间不长,李明新就感觉到了工作的单调。每天就是进班、解决问题、批

改作业、备课，天天都有处理不完的学生问题，一遇到统考，老师们就很紧张。半年多后，教研组长来听课，听完对他说：这样教，学生基本没什么收获。这盆冷水，让当时自我感觉良好的李明新冷静了许多。而真正让李明新觉醒的是 1990 年那一次教学比赛，当时北京市宣武区（现西城区）组织教学比赛，李明新只得了三等奖，而与他同年入职的一位女教师却得了一等奖。这给了李明新很大的刺激，他开始意识到自己与他人的差距，奋发的步伐从此迈开，越来越坚实。

当时学校的教研氛围并不浓厚，李明新只能独自"摸着石头过河"，走出一条新路。他首先反思自己的工作：为什么自己天天付出，却没有多少成效？为什么有的学生天天受批评，还是没有转变？班级管理什么时候能够有序？一连串的问题让李明新沉静下来，开始专注于教育教学研究。

学校的图书馆，成了李明新最真挚的"朋友"，也是他每天必到之处。为了方便学习，他特意借了图书馆的钥匙。有时太晚，甚至就睡在图书馆里。当年住校的教师都知道，图书馆的灯要是亮了，那就是李明新在学习。随着学识的增加，李明新已经意识到，教师的发展必须自觉，只有觉醒的教师，才能付出热情和全力，不然只能被动盲目，不会有真正的收获，也不会有真正的发展。

1992 年，年仅 23 岁的李明新在工作四年后，被破格评为小学高级教师。而他刚考取的小学教师二级证书都还没领到手，当时的评委张光璎老师回忆说："在听课之前，我就听说他是一个踏实刻苦的年轻人。再看他的备课本，我对这个年轻人更有好感了。他每篇教案后面都有课后小记，既反思存在的问题，也反思成绩，我觉得这个年轻人有思想。"而另一位评委在考核结束后，干脆把李明新的备课本拿回去给老师们展览。

1995 年，是李明新专业发展的关键之年。他一边正常上课、带班，一边准备参加市级和全国阅读教学大赛。当时，北京市在历次全国青年教师的比赛中从没有拿过一等奖，来自方方面面的无形压力都落在这位年轻的语文教师肩头。与此同时，李明新还在准备成人高考的本科考试，为自己的专业发展增添助力。

李明新成功了。他以散文《白杨》一课的教学，赢得了专家和上千听课教师的一致称赞。当时的小学语文研究会理事张兰老师激动地握住他的手，称赞这节课是艺术的享受。来自新疆的教师、教研员们听完这节课，流下了激动的泪水。这一年的备受煎熬，换来了这一年的硕果累累。眼睛熬红了，人累瘦了，一度被严重的神经紊乱折磨着。李明新感慨道：上帝是公平的，也是吝啬的，他让你必须流一池的汗水，才给你一小勺蜂蜜！

(二)用专著标示思想的成熟

2004 年 3 月，方志出版社出版了"北京小学教师专业化发展丛书"，李明新的《追求实与活的语文教学》位列其中。这部专著包括"反思篇""研究篇""实践篇""随感篇""素养篇"五大部分，收录了李明新的教学论文、教学设计、课堂实录、教学随感等，集中反映了李明新十多年来积淀的教学思想。

在这部专著中，李明新鲜明地提出了实与活的语文教学思想："怎样才能让语文教学走出高耗低效的沼泽？我一边思考、探索着，一边研究、实践着。我力求使自己的语文教学实现两点基本思想：一个是实，一个是活。实就是要让自己的语文教学朴朴实实，让学生学得扎扎实实，使学生学有所得，真的能在听说读写的语文能力上有所提高，培养起良好的语文素养。活就是要讲求教学的艺术性，生动地教学，教师目中有人，课上师生互动，让语文教学深入人心，润物无声。教师在课堂上因学而导，神采飞扬，欲罢不能；学生在课上学语文如沐春风，在课外学语文其乐融融。'实与活'的教学体现了语文的'工具性与人文性的统一'，体现了教学的'科学性与艺术性的统一'。"[①]在课程改革方兴未艾的背景下，李明新清醒地认识到：没有继承，就失去了发展的平台；

[①] 李明新：《追求实与活的语文教学》，7 页，北京，方志出版社，2004。

没有发展，就失去了继承的意义。正是在这种求真务实的学术追求中，李明新对语文教学的很多深层问题进行了细致、深入的思考。在此基础上，提出了自己的理性认识。例如，对于语文教学的"专务"，他是这样定义的："我认为，语文教学'专务'（或基本任务）的核心是培养语文能力，这既是语文教学的根本目的决定的，也是语文课程的个性特点所决定的。其他任务的教学，都应在培养语文能力的过程中进行。比如语文知识教学，不能成为孤立的语文知识教学，应为形成语文能力服务。而思想教育、个性发展等教育任务，作为学科'共性'之任务，更应该在培养语文能力、培育语文素养的过程中实现。正因为培养语文能力居于语文教学基本任务的核心位置，所以，我们的教学应该形成'以培育语文素养为目的，以培养语文能力为核心的语文教学'。只有这样，才能守住语文的'根'，彰显语文的'个性'。"①这样的认识，即使到了强调发展学生"核心素养"的今天，仍然十分适切。

专著《追求实与活的语文教学》的出版，标志着李明新向着专家型、学者型教师迈进，也标示着李明新"实与活"教学思想的渐趋成熟。

（三）用实践赢得学术的影响

专著《追求实与活的语文教学》的出版，让李明新在专业发展的道路上走得更加坚实而努力。2005年，他被评为北京市特级教师，担任学校的教学副校长。李明新通过扎实、细致的研究工作，不断扩大着自己的学术影响力，同时也在传播着"实与活"的教学思想。

作为北京市最年轻的语文特级教师，李明新多次作为特聘专家，在全国教育教学研讨活动中进行点评和总结。其中包括：北京市骨干教师研修班指导专家、全国青年教师阅读教学观摩活动点评专家、全国统编教材教学观摩活动点评专家等。李明新的点评发言，秉持着实与活的教学思想，总能给与会教师深刻的启示和真实的收获。

此外，各家学术媒体也慕名而来，将"实与活"语文教学思想进行广

---

① 李明新：《追求实与活的语文教学》，59页，北京，方志出版社，2004。

泛传播，引发了一线语文教师的强烈共鸣。一位语文教师在阅读了《追求实与活的语文教学》后这样评价道："李明新'实'与'活'相结合的语文教学思想正是握住了教育的规律和一线的实践，不仅在理论上比较好地梳理了语文教学中'实与活''教与学''本与末'的关系，回应了许多语文教学界长期争论不休的问题，而且在教学中进行了成功的尝试。因此，尽管其名称远不如一些所谓的'高论'那样新奇、炫目，但其对中小学语文教学改革的价值，却远非后者可比。"

李明新用自己扎扎实实的教学实践，不断扩大学术影响力，实与活的教学思想显示出蓬勃旺盛的学术生命力。

二、发展——从语文教学到课程理念的提升

随着教学专著的出版，李明新追求"实与活"的语文教学思想，引起了广大一线语文教师的关注。而在北京小学，他的教学思想也得到了学校各学科教师的认同和共鸣，很多老师受到启发。"实与活"，除了适用于语文、数学、英语、体育、科学、艺术等学科教学，学校课程建设也借鉴了其思想，让课堂焕发生命的活力，让学生学得生动、学得扎实。

(一)从语文学科到全学科教学

经过各学科骨干教师的研讨，北京小学各学科组，结合学科教学特点，总结梳理出了适用于全学科的"实与活"课堂教学目标体系。这一研究成果，极大促进了"实与活"教学思想的发展，使其成为指导北京小学教学工作最重要的纲领性文件。在全体教师的共同努力下，"实与活"教学思想的内涵被梳理为："实"表现在做实学段、务实课堂、落实主体；"活"表现在用活资源、激活方法、盘活评价。具体内涵梳理如下。

1. 实——实在基础，让学生获得实质性的发展

(1)做实学段。围绕各学科培养目标，各学科组教师以课程标准为依据，细化了各年级的培养分目标。同时，教师抓住各学段的重点教学内容做实学段教学，使教学在不同学段各有侧重，又相互关联。

(2)务实课堂。课堂是学生生成正确学习概念的实践基地。为务实

课堂，学校制定了《北京小学变革学习方式课堂教学评价方案》，以此引领教师的课堂教学。广大教师深切认识到，要务实课堂，就要深钻教材，把"教"材转化为"学"材；要研究教法，就要使学习目标转化为学习过程；要研究学生的学，就要去除假学，组织真学。

(3)落实主体。课堂上教师积极为学生的主动发展创造时空。尊重学生的主体地位，使他们敢于表达自己的独立见解。为减轻学生的学习负担，学校专门组织教师编写了语文、数学等学科的课堂学本，在确保年段目标质量的前提下，探求题目的呈现方式，关注作业设计的细节，力求学生能够高效使用。

2. 活——活在生成，使学生获得生动性的发展

(1)用活资源。学校以人教版教材为主体教材，同时为教师配置了江苏、北师大等版本的教材，教师在比较中创生新的教学内容。教师经常组织学生利用网络开展满足学生个性化成长的所需，使生命的发展具有科学性与适切性。此外，大力开发家长、社会资源，培养学生的学科素养和综合能力。

(2)激活方法。教师注重课堂教学方法的研究，力求在实的基础上做到方式多样，方法灵活。变革考试方式是激活方法的重要内容之一。学校坚持以"务实学科底线，夯实基础学力，落实培养目标"为重心探索考试变革，倡导把教学目标转化为学生的追求，由记忆知识转变为生成能力，从学科本位走向学科融合，从共性甄别走向个性激励。

(3)盘活评价。评价是促进学生学习的重要手段，小学教学对于学生学业的评价应该盘活，实现评价的增值功能。在日常的教学评价上，北京小学推行以促进学生发展为目的的多种评价方法，如赏识性评价、延迟性评价等。倡导促进学生个体学业发展的增值性评价。增值性评价是发展性评价的重要组成部分，它在具体的学科教学中关注每一个学生在原有基础上的发展幅度。在学习评价上采用"从横比转为纵比""从比'高线'转为比'标准'"的方法，即自己的发展水平与自己原有水平比，不是以全班最优秀、最高的标准来评价，而是以学科教学的课程标准、

要求来评价。

北京小学的教师们深刻感悟到，学科教学的"实与活"是辩证的统一，没有活的实，会走向僵化、枯燥，难显生命的活力；没有实的活，则走向玄虚、浮华，难见学生真实的成长。课程改革要扎扎实实地回到课堂，"实与活"有机统一，就能让自己的学科教学走向生动，收获实效。

(二)从课堂文化到课程理念

1. 以"实与活"教学思想建构"四季课程"

北京小学以"实与活"的课堂文化为启示，构建和完善了具有鲜明校本特色的"四季课程"。实与活的思想，反映到课程建设的原则上，亦可以从两个角度思考。所谓实，指课程建设体现务实的态度，使学生在不同的发展阶段学有所得、学有所长，让学生获得实质性的发展。所谓活，指课程建设要目中有人，课程要充满生命的活力，要在生成中，使生命的发展具有科学性。"四季课程"要回归基础、回归学生、回归全体。

基于对儿童生命成长规律的研究与尊重，基于北京四季分明的地域特色，在 2012 年，学校创造性地提出了"不改学制改学程"，用四季来划分学习进程的思路，开发了富有地域特色的"四季课程"：春季艺美律动课程、夏季读书实践课程、秋季科技创意课程、冬季传统文化课程。应该说，这种课程结构的提出，正是"实与活"思想的生动呈现。实在尊重规律，活在顺应规律、巧用规律。整个课程呈现出鲜明的生命节律特点，体现了"春动""夏静""秋思""冬品"的自然特征和文化内涵。

2. "实与活"的课堂明确了四季课程的价值追求

在课改过程中，北京小学明确提出"坚守基础教育本真"的教育思想，这是针对基础教育的本位价值与当前的现实问题而提出的。它包含两个层面的内容：一是指作为教育的一个阶段，基础教育的本真在于基础性；二是指作为一项具有独特价值的事业，基础教育的本真在于育人性。在这一理念的指导下，学校明确提出了"创造适合学生发展"的课程目标，即"适性教育"，并从实施路径、目标定位及实施方式等层面提出了学校课程的顶层设计思路。

在"适性教育"的目标体系中，"适合"是核心，创造适合学生发展的课程就是指课程的目标、内容、实施、评价要立足学生的年龄特征，立足学生的未来发展，立足学生的个性需要，立足学生的发展条件（即学校的办学实际），使课程体现目标的全面性、教育的对象性和内容的校本性特征，并以此开发和建设学校课程。同时提出了改革学程、改革课程、改革课时及改革课业的"四课"实践思路，让课程建设不断回归学生需求，回归学生的生命成长。

为了更好地转化和落实学校课程建设的指导思想和顶层设计。每学期初，学校都会召开"四季课程"专题研讨会，组织教师研究学校课程实践的思路与方案。对学校各类课程进行规划、新编、选择、改编、补充、拓展等不同程度的开发与建设。逐步完善学校课程建设的顶层设计，对课程实施进行详细周密的策划和安排。

显而易见，课程是学生成长的重要载体，而课堂是学生成长的核心场域，"实与活"的思想贯穿于课堂教学和课程建设，使得二者有机统一，从而让"适性教育"更好地助推学生的生命成长。

第二节 "实与活"教学文化的实践

一、实践策略

(一)制度建设保障

学校坚持以"实与活"的教学文化为引领，通过"实在基础"和"活在生成"两方面提出了具体的课堂教学实践倡导，并制定形成了《"实与活"课堂评价方案》引导和评价日常教学。研究中，我们通过对学科核心素养培育的深入思考和研究，进一步在教学中提出四方面倡导。

1. 构建思维的教学

思维是人发展的内核，是人文精神与科学精神的原动力。教学的主要任务不只是传授知识，更在于发展思维。要转变研究重点，从注重研究教材、教学与学科，转变为研究学生与学习；要转变教学方式，从过于注重机械训练、强调记忆，转变为突出思维能力培养。教学中要注重引导学生自主提出问题、分析问题、解决问题，把思维能力的培养贯穿于各科教学之中。要构建深度学习的课堂，传授思维方法，拓展思维空间，提升思维品质。

2. 构建方法的教学

学习方法是通向学习效果的桥梁。学生学习质量取决于学习方法，而不是学习时间与体力。好的教学不能仅停留于传授知识和技能，更要教会学生学习。要加强对学习科学的研究，深入理解学习者的心理，加强对一般性学习方法及学科学习方法的研究，有计划地传授认知策略，培育时间管理、方法调控等学习能力，逐步教会学生学习。

3. 构建贯通的教学

贯通的教学是以人的发展为导向，立足学生终身发展的学段间双向衔接、环环相扣，学科间横向贯通、有机整合，学校、家庭、社会多方资源共同参与、整体推进的一体化教学体系。要改变当前学段割裂、衔接不畅等现象，打破学段间的壁垒，从关注学段的教学向结构化的知识带教学转变。要改变分科教学彼此封闭、各自为政的现象，从学科本位向学生本位、育人本位转变。加强学科间的相互配合，强调学习者全人格参与，优化学生认知结构。要进一步加强学校、家庭、社会的整体统筹协调，进一步开创合力育人空间，为学生提供全链条、无边界的教育。

4. 构建开放的教学

教学是一个复杂的开放系统。开放的教学是以促进学生主动、全面、个性发展为价值追求，构建开放而充满生命活力的教学系统。要实现这一目标，就要引导广大教师在教学内容上立足教材，整合教学资源；在教学关系上改变"单边"的教学形式，创设民主平等的师生关系；

在教学组织上探索开发跨学科课程，关注教学内容的持续生成，倡导多样化授课；在教学评价上超越量化评价的方式，探索多元的评价体系。开放的教学应为教师的发展和学生主体性的发挥创造更广阔的空间。

(二)搭设研究平台

学校各学科负责人召开专题交流研讨会，为老师们解读北京小学"教学文化"的内涵，将学校课堂教学文化与学生核心素养培育紧密结合，同时为教师的研究和实践搭设多角度、多层次的平台。

在教师专业发展的整体设计中，"适合"也是重要的原则。因此，学校多年来坚持针对不同发展阶段教师的特点与成长需求，分层设计教师发展支持系统，让教师在发展学生、成就自我中享受教育幸福。

面向新任教师，通过"师徒结对"的方式帮扶教师成长，这一机制定位于尽快胜任本职工作。对于有一定经验的教师，学校建立名优教师教育教学研究室及家庭教育指导中心，发挥各级各类骨干教师的作用，组建学术团队，在实践中研究，在研究中进取，在进取中发展。这种机制的建立，定位于示范引领。教育教学指导委员会在引领研究方向、参与学校管理、进行学术评议、研讨重要项目四个方面积极发挥作用。

(三)鼓励教学创新

北京小学在课程改革过程中，始终坚持教科研一体化，协调互促的发展理念。多年来，学校申请了多项重要课题，推动教师专业化发展的同时，转化"实与活"的课堂教学思想，进而达到提升学校育人水平、明确学校办学形象的目的。

"个性化班级教育创新实践""培育优质学生群体""优化学校课程促进小学生综合素养发展的实践研究""基于学科核心素养提升小学课堂教学质量的实践研究"，从"十五"到"十三五"期间学校承担的市级课题名称的演进，可以鲜明地感受到，学校一直关注的是学生的发展，聚焦的是课程建设的实效和课堂质量的提升，用科研的力量鼓励教学创新，为课堂文化的真正落实和转化，提供了行之有效的路径和方式。

二、专题研究

在"实与活"教学思想的指引下，在核心素养理念的指导下，北京小学各位教师聚焦任教学科的前沿问题，开展了丰富多彩的教学实践研究，在自己的课堂中深耕不辍，结出了丰硕的实践成果和可喜的学术成果。

(一)单元教学设计的实践研究

1. 小学低年级语文单元整合，提升质量的实践研究

我校语文教师侯剑，注重听说读写之间的有机联系，加强教学内容的整合，统筹安排教学活动，促进了学生语文素养的整体提高。她也由此展开了"小学低年级语文单元整合，提升质量"的实践研究。

此项研究结合教师教学实践经验，梳理出了小学低年级语文单元整合的策略，给一线教师很多启发。

(1)在备课方面加强研究，找准低年级语文单元整合"点"。由于低年级学生年龄较小，为了符合学生的接受程度，尽量不打破教材中单元的编排顺序，老师在单元内部进行思想整合的研究和设计，即通过找准表达"点"、找准方法"点"、找准拓展"点"来进行单元备课。例如，部编版二年级上册有两课是《古诗二首》，两课课后都有同样的一道题目："读诗句，想画面，再用自己的话说一说。"虽然四首古诗所处的单元不同，主题不同，但是相同的"想象"能力训练给了单元整合的启示和路径。于是，我们教学中将四首古诗放在一起研究，运用"联系上下文和生活经验了解词句意思"和"展开想象，获得初步的情感体验"等多种方法，让学生一边读古诗一边想象，将一句句古诗变成一幅幅画面呈现在每个学生的眼前。

(2)落实单元整合方案，提升教学实效。部编版二年级上册第八单元中的《狐假虎威》《狐狸分奶酪》两篇课文都和"狐狸"有关，对于"狐狸"的了解可以进行整合性学习。教学中，教师采用以文带文、一篇带多篇的方式进行学习。首先，在学生熟读课文和尝试表演《狐假虎威》的基础

上，出示课文《狐狸分奶酪》，让学生在分角色朗读课文之后，对于狐狸分奶酪是否公平发表意见，再对两篇课文中的"狐狸"做出评价。学生在互相讨论、互相补充的同时，对"狐狸"的形象有了更进一步的了解。但是，"狐狸"就是这样的吗？最后，老师再适时补充一篇《狐狸爸爸鸭儿子》，让学生们发现"狐狸"这个形象不是单方面的，而是立体的、丰满的，进而引导学生认识到在日常生活中，看人或看事都要从多个角度出发，不能一叶障目、以偏概全。通过这样的设计，原本四课时完成两篇课文的教学任务扩展成三篇文章，课堂教学内容更充实了，教学效率也更高了。

2. 基于核心素养的小学英语课堂教学设计研究

我校英语学科在"实与活"教学思想指导下，关注学生英语核心素养的培养，提出了英语学科的核心在于单元统整、内容整合、语境带动、语用体验，以此提升小学生英语学科素养。英语学科主要从以下四个方面展开研究。

(1)关注语言能力的发展。语言能力指在社会情境中借助语言以听、说、读、写等方式理解和表达意义的能力。通过英语学习，学生能逐渐发展语言意识和英语语感，获得并在语境中整合运用所学语言知识，理解口语和书面语所传递的意义，同时有效地使用口语和书面语进行人际交流。

(2)关注学习能力的发展。学习能力是指主动学习、积极调适、自我提升的意识、品质和潜能，对实现学习目标、全人发展和终身学习至关重要。英语学习中适性学习最为关键，比如选择不同的单词记忆词典、不同风格的读物等。学生通过学习，有了持久的英语学习兴趣，主动的学习态度和明确的学习目标。学生可以运用恰当的方法开展自主学习，有效监控和管理学习过程，多渠道获取学习资源。

(3)关注思维品质的培养。思维品质是指在学习中辨析语言和文化表现的各种现象；分类、概括信息，建构新的概念；分析、推断信息的逻辑关系，表达自己的思想观点。进而形成良好的思维习惯，提高多元思维能力。

思维素养要在教学中进行培养，不同年段承担的任务各有侧重。小学低年级阶段，学习的是最基础的知识和基本技能，重点培养形象思维能力，尊重学生活泼开朗的天性。随着学生年龄的增长，到小学高年级阶段，逐渐培养学生的创新思维能力和批判思维能力。小学生具有强烈的好奇心和想象力，善于质疑，敢于提出新观点、新方法、新设想，并进行分析，做出独立判断，教师应该积极鼓励，不抹杀。教师要善于引发学生进行深度思考，鼓励学生在课堂上大胆质疑、提问。比如，在形成性评价中，鼓励学生相互评价，合理质疑。在故事教学中，鼓励学生发挥想象，进行创意表达。在制作英语阅读绘本、中国故事绘本等活动时，或小组完成，或全班共同完成，提升学生生成和创造美的能力，促进其创新思维能力的形成。

(4)关注文化品格的培养。文化品格是指对中外文化的理解和优秀文化的认知，是学生在经济全球化背景下表现出的包含知识、观念、态度和行为的品质。英语课程应促进学生获得文化知识、理解文化内涵，比较文化差异，吸取文化精华，形成正确积极的价值观和自信、自尊、自强的品格，以及对优秀文化的认知判断能力，具备一定的跨文化沟通和传播中华优秀文化的能力，具有国家意识和全球视野。

同时在教学中，利用恰当的教学内容，帮助学生形成健全的人格。如自我调节和管理自己的情绪，积极的心理品质，自信自爱，坚韧乐观，积极交往，有效互动，建立和维持良好的人际关系，理解生命的意义和人生价值，具有安全意识与自我保护能力，养成良好的行为习惯和生活方式。英语教育也应该聚焦核心素养，遵循"实与活"的教学规律，为学生未来发展创造可能性。

(二)课堂对话的实践研究

1. 让学生成为问题研究的提出者

我校市级骨干张爱红老师，根植教学实践，开展了培养学生的问题意识，让学生成为问题提出者的实践研究，总结出了以下有效策略。

（1）在预习中激发疑问，学习从问题出发。注重培养学生的预习习惯。课前预习，可以激发学生原有认知。在预习中生发疑问是培养学生问题意识的一个很好途径。学生们在预习中提出形形色色不同层次的问题，教学时可以直接从学生提出的问题出发，作为课堂学习的起点。在解决这些角度不一、难度参差不齐的问题时，问题在交织中逐渐清晰，思维在碰撞中得以提升。

（2）在独思中生成疑问，学习在冲突中推进。知识的学习是学生主动建构的过程，没有独立思考作为前提的合作交流易出现人云亦云，不求甚解的现象，从而掩盖一些问题，不利于知识的建构。"学而不思则罔，思而不学则殆"，在独立思考中生发的每一个个体的疑问将作为交流的重要素材，促进每一个个体建构新知。

（3）在拓展中引发疑问，学习在问题中延伸。如果说上完一节课就是画上了圆满的句号，那么这节课有可能是失败的。应该让学生带着新问题，带着新思考走出课堂，这将让学生的学习继续，从而为提升学生的思维提供了可能。

（4）营造自由、宽松、民主的学习氛围。和谐的氛围可以最大限度地开启每一个学生的智慧潜能，是培养学生问题意识的土壤。在和谐的氛围中，师生在相互尊重、平等交流的"对话"中共同成长。教师要对学生的每一个问题都认真对待，无论课上时间是否允许，提问的时机是否恰当，提出的问题是否有价值，一定要给予学生及时的回应，保护好学生的好奇心。对幼稚可笑甚至荒谬的问题，我们不要随意批评或是流露出失望谴责的表情，要肯定他们敢于提问的勇气，鼓励他们下次提出更好的问题，要善于从他们的问题中去发现价值。摒弃教师"独白"式的教学，让孩子们带有"童真"的生动思想和富有个性色彩的"异想天开"在课堂里绽放。

2. 通过课本剧创编表演提升小学生英语口语表达能力

北京小学英语学科负责人陈立老师，带领英语组教师开展课本剧创编表演的研究，有效打破了呆板的传统教学氛围，提升了学生英语口头表达能力。主要的实践过程如下。

（1）课前准备工作。为了使课堂内容更加丰富，学生能够更快地融入课程主题，需要提前做一些准备工作，以小学版英语五年级上册第四单元 Mocky's birthday 为例，教师准备了表示日期的小卡片，卡片前后分别写上中英文，以便学生在课堂上找到自己及朋友的生日，并参与到对话中。此外，教师还准备了常见的生日小礼物、代表不同月份和季节的海报等，以此来拓展课堂话题。

（2）书本内容梳理。课本剧创编是在学生掌握了基础的语言表达之后，在课本内容的基础上进行拓展创编。因此，教师首先利用前期准备的道具，引出课程主题，带领学生积极参与学习讨论，掌握基本的句型表达。

（3）学生分组分工。根据学生之间的伙伴关系、语言水平组成固定表演组，并且设置人员分工，主要包括表演组组长、摄像师、报幕员、场务、灯光等。引导鼓励大家创编课本剧、撰写剧稿、排练、表演。

（4）学生创编课本剧。学生们通过发散思维创编课本剧，组内研讨，汇报创新点，复述创新故事概要，交流分享，启发思路。有的学生完全依据教材文本，个性化创编意识与能力不足，很少加入自己的创意，剧本内容比较匮乏，组与组之间剧本差异性较小，不能体现各组之间的思维差异。因此，在这个过程中，教师要不断启发学生，给学生的课本剧创编带来更多的可能性。比如：教学内容为北师大版英语五年级上册第四单元 Mocky's birthday 第一课时的故事的语言重点为 How many seasons are there in a year? There are four. 这一问答内容学生应该了解，但又与五年级的学生的生活实际并不是很契合，为了使学生创编课本剧过程中有更大的交际空间，结合五年级学生生活实际，教师从单元教学内容出发，在学生可以听懂并能够回答问题的基础上，增加了单元其他课时中谈论季节所涉及的其他相关功能句，如 Do you like winter? Which season do you like? When is somebody's birthday? Which season is his/ her birthday in? What kind of gift does he/ she like? 这样，学生谈论有关季节的语言素材就更为丰富，交际也更为充分，创编的课本剧更加立体。

（5）教师帮忙修改手稿。由于学生掌握的英语知识有限，常常会出现语病较多的情况，作为教师，应该帮助学生查词解疑，在不修改剧本情节的情况下把关剧本的语言质量。这个过程并不是教师单纯的修改，而是师生互动，帮助学生掌握课本之外的单词和表达形式。

（6）伙伴合作排练。鼓励学生利用课下各种零碎时间自主合作排练，培养学生学习英语的兴趣及主动学习能力。

（7）学生之间进行点评。从前期教师点评到学生间的点评，锻炼学生的口头表达和思维能力。

（8）为学生搭建实践平台展示。在日常英语课上进行班级展演、推选优秀的作品在英语学科实践活动中进行年级展演，激励学生投入更大的热情学习英语。

图 3-1　学生合作表演英语课本剧

（9）收集数据。通过分析、观察、反思来评价和总结实验效果。通过一系列的计划，通过提问、访谈、问卷等手段收集信息和数据，通过观察反思与评价，了解学生的英语口语表达能力是否有所提升。主要采用"课堂表现评价图表"和"学生口头表达能力自我评价调查问卷"来衡量学生的表现和课本剧创编的效果。

我们分析后发现，课本剧创编激发了学生的学习积极性，增进了同学们的团结意识，增强了学生的英语口头表达能力。一是能听懂：英语口语表达不仅是说，听力也至关重要，经过英语剧的创编学习，学生的英语听力水平得到了提升，他们表示能听懂教师的提问，并且能听懂别的组表演的内容。二是想去说：英语剧的创编鼓励学生们大胆地说，学生们克服了说英语的胆怯心理，不怕出错，敢于大胆地说出口，更加积极地参与到英语剧的排练中。三是能说好：学生敢说了，才能发现口语表达中的问题，教师通过学生反映出的不同问题，对学生的发音、语法等进行纠正，使其发音更标准，句子表达更准确。四是能创编：通过教学，学生们不再局限于课本上的内容，而是积极地将自己的想法融入剧本创编中，提升了学生的思维能力。

(三)思维能力培养的实践研究

1. 培养学生科学实证意识，促进科学思维发展

北京小学科学教研组，非常重视培养学生科学思维品质的发展。在教学活动中，充分让学生经历"提出问题——设计方案——猜测假设——验证试验——获得结论"的过程，培养学生的实证意识，促进学生探究能力的发展与提升。

(1)培养学生设计方案。在日常教学中，经常会看到这样的现象，老师讲实验的方法，学生就按照老师说的方法做，却忽略了自己的思考。长此以往，学生只停留在会做实验，但是为什么要这样做却一无所知。所以教师要主动引导学生设计实验方案，让学生在设计方案的过程中明白实验的目的，为学生实验中收集信息打好基础。

在《溶解的快与慢》一课教学中，学生看到白砂糖在水中的溶解速度很慢，短时间内变化不大，便提出问题："怎样能加快白砂糖在水中的溶解速度?"大部分学生能够根据常识说出搅拌、加热等方法，并且举出生活中的例子，比如冲一杯果汁时要不断搅拌才能让果汁更快溶解、冲一袋药时需要用热水才能让药更快溶解等。教师将学生所说的方法写在

黑板上，并问道："我们将这些方法一起试一试，你觉得怎么样？"学生发表自己的看法："我觉得糖在水中的溶解速度可能会加快，但是不知道是哪种方法使它加快的。""我们不能把这些方法一起用在一个实验中，应该要分别实验。"这样问的目的，是让学生在头脑中先形成一个清晰的轮廓，通过分别验证，使学生知道每一种实验的主要探究目标是什么。

（2）指导学生获取信息。当看到学生在课堂实验时一头雾水，不知道要收集哪些信息，不知道哪些信息有价值，获取信息的过程比较随意且没有目的性时，这就需要教师引导学生有目的地获取有价值的信息，培养其获取有效信息的能力。

在《溶解的快与慢》一课教学中，教师在黑板上罗列出学生实验的设计"相同条件"与"不同条件"，在探究"搅拌能否加快糖在水中的溶解速度"时，"相同条件"有水量、水温、糖量、糖的颗粒大小等，"不同条件"是搅拌与不搅拌。学生在实验过程中可以清晰地看到实验的条件，从而有目的地筛选出需要的信息。

在记录单的设计上，要简明扼要地突出实验的预测与结果，让学生更加有效地获取信息。

（3）引导学生利用证据来论证观点。科学源于生活，学生们对于科学概念的理解大多来自生活中的现象和常识，但是他们对于这些的解释并非都是正确的。在科学课堂上，学生通过实验看到了现象，却在发言时找不到重点，或是依旧用以前的经验来解释。这时就需要教师引导学生分析实验所得的数据，把数据转化为依据，利用证据来论证自己的观点。

《小学科学课程标准》中没有要求四年级的学生了解饱和溶液，但是本着严谨的科学精神，教师做了一些改进：在实验过程中，增加了计时器，让学生在实验时有精确的时间对照。通过这样的调整，学生的发言也有了变化："搅拌杯中的白砂糖完全溶解在水中需要 32 秒，没有搅拌的白砂糖在水中已经 2 分钟了还有颗粒存在，所以证明搅拌可以加快糖在水中的溶解速度。"

2. 基于学科核心素养提升小学生音乐审美思维

北京小学艺术教研组认真学习《国务院办公厅关于全面加强和改进学校美育工作的意见》，在"实与活"课堂教学思想引领下，落实审美教育，促进学生审美思维的发展。近年来，学校美育取得了较大发展，对提高学生审美与人文素养、促进学生全面发展发挥了重要作用。

(1)教书育人，思维养成。教师要从"学科教学"转变为"学科教育"，不断挖掘专业知识背后的学科本质、人文素养，培养学生持续自主学习、自主探究的能力。学科教师要明白自己首先是教师，其次才是教某个学科的教师。带着这样的理念和思想，教师们进行课堂教学实践，让学生在课堂教学中，激发兴趣，形成良好的学习动机，拥有愉悦的心情，友善的态度，发展思维力、判断力、表达力、表现力，挖掘知识及其背后的价值观，逐步形成审美思维能力。

(2)丰富内容，创新方式。在课堂教学中首先要面向全体学生。课堂是提高学生艺术素养的重要载体，教师应该重视每一节课的教学，大胆实践，勇于创新，不断提高教学的实效性。

在欣赏教学中，为了丰富教学内容，开阔学生视野，选择课外音乐素材加以补充，创设了"系列音乐欣赏活动"。例如，结合纪念长征设计了"长征组歌"音乐欣赏。学生以小组合作的形式，设计《长征组歌》音乐小报，内容与方式学生自主选择，教师给予帮助指导。学生设计的小报各有特色，有的以绘画方式展现出各个精彩片段；有的用铿锵有力的毛笔书写《七律·长征》。有一位学生的奶奶是一名老红军，参加过长征，同学们写下了她讲述的长征感人故事。最后评选出较好的作品，在学校展出。

欣赏教学方式的改变，激发了学生聆听音乐的兴趣，他们积极参与到课堂中来，并且拓宽了学习空间，把家庭、社会资源也融入其中。学生们在这样的学习过程中培养音乐能力，在聆听音乐与制作小报的过程中，深刻感悟音乐，可以说真正"听懂"了音乐。对音乐作品从感知到深思，从浮于表面到深刻体验，这一过程就是音乐审美思维的提升过程。

(3)实践活动，拓宽思路。教师在音乐课上，为具有音乐特长的学生创造展示的舞台。课前请学生讲述音乐家的故事，定期让学生进行器乐、歌曲、舞蹈表演等。同学们感受到了音乐作为展示自我和与人交流的手段在生活中的重要作用。教师多为学生搭建展示的平台，让更多的同学参与到音乐活动中来，发挥他们的特长，感受与伙伴合作的乐趣，体验成功的喜悦。在这一系列活动中，学生深层次地体验到了音乐的魅力，并且学会了运用音乐。

(四)生成性资源的实践研究

1. 善用"生成"，提效语文课堂

"生成性"是新课程改革倡导的一个新理念、新策略，它指引着课堂教学发展的方向。生成性资源是课堂上即时产生，在教师预想外的重要动态教学资源，真实反映了学生的学习体验。虽然转瞬而逝，但对于课堂教学来说却是一种非常宝贵的资源，对于课堂教学质量提高具有很高的价值。善用"生成"，既是对学生作为学习主体的真正尊重和有效培养，又是借以点亮课堂，提升教学质量的关键。西城区骨干教师李铜和他研究室的成员一起，关注语文教学中生成性资源的利用，梳理总结实践策略如下。

(1)课堂"生成"的基本类型辨析。阅读是学生个性化行为，语文教师要尊重并珍视学生的个性化阅读体验。文学作品占到小学语文阅读教材的85％左右。文学作品产生某种"不确定性"和"意义空白"，召唤学生把自己的经验融合到作品中去，并且探寻作品的意义。因此，基于文本的学生个性化阅读体验，也是课堂上重要的生成性资源。语文老师的预设再充分，总还有意想不到之处能被学生的灵性抓住。有时候学生突发的灵感、创意，既超出老师的预期，又具有足够的高度和亮度，是难能可贵的"生成"。

(2)善用"生成"的实践策略提炼。课堂上，更好地驾驭"生成"的基本策略可概括为倾听、连接、辐射。教师应该弹性地预设教学内容，不必把一堂课设计得满满当当，有必要也应该为"生成"留出足够的时间。

"生成"的具体内容虽然带有不可预知性，但我们能够预知"生成"肯定会发生。善于倾听，"生成"才不会与师生擦肩而过。

"生成"带有鲜明的丰富性，甚至无限性，语文老师不可能在教学设计时完全地预知所有情况，当学生的表现和教案不符时，教师应该运用"连接"策略，引领"生成"、加工"生成"。教案虽然既定，但是比教案更加稳定、更加关键的是教学背后的意图。如果说教案回答的是"怎么教"，教学意图就是"为什么这么教""这么教要达到什么效果"。语文教师应该善于从教学意图的层面和学生的"生成"进行连接。心中牢记教学意图，以此观照学生具体的"生成"，灵活地调整教案，往往会收到意外的精彩。

善用"生成"，意味着语文老师要善于把具体某个学生的"生成"由点带面辐射出去，带动更多的同学体验到学习的快乐，享受发现的乐趣，收获情智的成长。一个学生朗读得好，完全可以让他再读一遍，谈一谈自己的心得体会；也可以让同学们通过点评，揣摩这个同学为什么读得好。一个学生发言精彩，就应该请她具体深入地再谈一谈，把自己思维的轨迹分享给大家；也可以鼓励更多的同学和她展开讨论、质疑、辩论……让一人的思考，成为激活全体同学思维碰撞的火石。

2. 在课堂动态生成中激活学生思维

课堂教学的复杂性决定了课堂教学的生成性，师生生命的独特性及创造性赋予了课堂教学的生成性，社会生活的多变性也让课堂教学过程充满了生成性。课堂教学不是现成知识传授和掌握的简单过程，而是师生的生命体验和共同对话的过程。市级骨干教师董葳积极营造民主、平等、和谐的教学氛围，巧妙地启迪学生的思维，让学生乐思、善思，在动态生成中使课堂焕发生命活力。

(1)在弹性预设中创造生成点。教师要在预设中真正做到关注学生的发展，关注学生的个体差异，为每个学生提供主动活动的机会，调动思维的主动性，为发挥学生的创造性提供条件。这就要求教师更加深入钻研教材，充分考虑学情，在预设中找准可控的生成点，使学生在点拨中顿悟，思维能力得到提升。

（2）在偶发事件中捕捉生成点。预设的目标并不是不可调整的唯一行为方向，也不是行为检测的唯一标准。课堂教学具有较强的现场性，学习的状态、条件随时会有意外发生。当条件发生变化时，目标需要开放地纳入弹性灵活的成分，接纳始料未及的信息。因此，课堂教学要合理地删补、升降预设目标，从而即时生成目标。意外的发生或许打乱了教学的节奏，但许多不曾预约的思维火花也会不期而至。

（3）在质疑问难中发现生成点。问题是科学研究的出发点，是开启科学的钥匙，问题也是生长新思想、新方法、新知识的种子。因此，在课堂教学中，教师应给学生提供自由的空间，让学生在问题情境中质疑、探究、发现。要善于把握学生的问题，在质疑问难中捕捉到课堂生成点，实现学生思维的成长。

（4）在矛盾争论中激活生成点。阅读是一种个性化的再创造行为，个人的知识背景、生活经历、心境的差异，必然会对同一文本产生不同的理解，更何况是充满奇思妙想的儿童。教师在课堂上大胆放手，向学生提供参与机会，让他们的主体意识得以张扬，使他们成为促进思维发展的有效课程资源。

课堂正是学生与教师、同伴、作者思维碰撞、心灵沟通、情感融合的对话过程，在这一过程中，学生将迸发出创造的火花，喷射出涌动的灵感，使课堂充满思维的挑战与创新。

三、教学案例分析

（一）"实与活"课堂文化中的中国气质

1. 在语文教学中传承优秀中华文化

谈到语文学科的教学，谈到中国气质，必然会联想到从古至今传承下来的中华优秀传统文化。它是历史积淀下来的精华，中华优秀传统文化的复兴逐渐成为中华民族伟大复兴的一个重要表征。将优秀的传统文化融入学生的精神世界，不仅会增强学生对祖国优秀文化的认同感和自豪感，同时会不断完善学生的思维方式，使其形成积极的人生态度和价值观，达到立德树人的目的。在大力倡导核心素养培养的当下，"传统文化的理解与传承"已成为语文核心素养的重要内容之一，尊重中华民族的优秀文明成果，传承传统文化，凸显"中国气质"，是语文教学肩负的重要使命。

（1）在咬文嚼字中品味文化。古诗词语言精练，思想深远，真实地传达了中国传统文化。有的表现了中华民族的品质，有的表现了中华民族的气节，有的表现了中华民族的传统美德。古诗词是研究中国传统文化不可多得的艺术瑰宝，闪烁着祖先的智慧。全套人教版教材中涉送别诗、哲理诗、田园诗、思乡诗、爱国诗等40余首。古诗用凝练的语言，传递着古代诗人的情感，传递着中华文化。教学中教师不仅仅指导学生释义诗句、想象诗境、体悟诗情，还在研究教材的基础上挖掘文化的渗透点，指导学生在咬文嚼字中品味传统文化，感受其中的魅力。

比如《送元二使安西》一课，以往教学往往正音、释义后，仅指导学生抓住"劝君更尽一杯酒"想象画面，走进诗境，体会友人依依惜别的深情。而我们不仅如此，还引导学生关注"客舍青青柳色新"中的"柳"字。"在送别的场景中，诗人为什么要写柳树呢?"随后拓展"柳条折尽花飞尽""曲成攀折处，唯有怨别离"等送别诗句，学生发现"柳"字的读音同"留"相近，古人又有"折柳送别"的习俗，进而感悟到"柳"实际上是一个文化符号，代表着分别时依依不舍的情感。又如，教师在教学中引导学生发现，《泊船瓜洲》《静夜思》等古诗中的"明月"都代表着诗人对亲人浓浓的思念之情。学生就这样在富有文化内涵的文字品读中，尝到了传统文化的"味道"，感受传统文化的智慧与魅力。

再比如教学一年级的《端午节》一课，教师关注到中国汉字的博大精深，一个汉字一幅画，一个汉字一段情。对于活泼好动、自控力弱的一年级学生来说，教师将生动有趣的粽子情境、字理识字、生活识字等多种方法融入其中，使识字教学化难为易，激发学生的学习兴趣、保持学习热情、让课堂教学活起来，让学生思维动起来。在活泼多样的形式中引导学生扎扎实实学习生字，同时感悟中华传统文化。

（2）还原名著片段感悟文化。教学中国古典名著单元时，除教材中精选的片段，教师尝试围绕教学目的进行相关片段的拓展，引发学生认知的冲突，感受古典文学的魅力，激发学生对古典名著的阅读兴趣。如教学《凤辣子初见林黛玉》的人物描写，学生感受到王熙凤八面玲珑、逢迎善变的人物形象后，进而拓展了"凤辣子初见刘姥姥"的片段，王熙凤对刘姥姥的关心与慷慨引发了学生的认知冲突，感受到了曹雪芹塑造人物的多元性。教学《临死前的严监生》时，拓展了"吝啬鬼"替哥哥还钱，与赵氏完婚，一年之内，着实花了不少银子的原文片段，激起学生阅读古典名著的兴趣。教师结合教材内容，适时、适度拓展原文阅读，使学生漫步在古典名著的字里行间，精神世界进一步得到滋养与熏陶。

（3）古诗连读中探究文化。教材中选定的篇目本身就是一些优秀的文章，但如果仅着眼于教材中的课文进行教学，学生的文化视野明显是受局限的。传统文化的渗透需要教师立足教材，同时也要找准关联点，开发相关资源，由一篇文章的教学引发学生对此类文章的思考，扩大认知的范畴，使传统文化的渗透更有广度、有高度。

比如，古代的咏竹诗有很多，大多表达了诗人对君子品格的追求。教学人教版教材12册古诗《竹石》时，教师除了引导学生体会诗人刚正坚毅的品格，坚贞不屈的志向，还精选了唐、宋、清三个朝代不同诗人不同角度的三首咏竹诗——唐代诗人白居易借竹表达自己不与人争锋，虚怀若谷的气度；宋代王安石借竹抒发百折不挠，越挫越勇的豪气；苏轼借竹表白高雅、脱俗的情操。不同时期，不同诗人的咏竹诗组合在一起，赋予了竹更丰富的文化内涵，引导学生从不同角度去探寻竹所象征的君子品格，使学生深深感受到，在中国人心中，竹子不仅是一种植物，更是我们中华民族品格的象征，代表了中华儿女谦虚的品质和坚贞的气节。从学习教材中的一首诗，到学习一组咏竹诗，适当的拓展、提升，让学生在品读吟咏古诗中，感受到"竹子"承载的中华文化，同时也受到中华传统美德的熏陶感染。

（4）回顾拓展中积淀文化。教材单元回顾拓展的日积月累中，系统编排了古诗名句、名言警句、对子歌、农谚、对联等传统文化的内容。这些内容，对于学生学语言、学文化、学做人是十分有益的。教师充分利用这些内容进行传统文化的拓展延伸。比如，学习"日积月累"中的《卜算子·咏梅》，感受梅花不畏严寒，坚强的品格后，拓展描写竹、松的诗文，走进"岁寒三友"，受到中华传统美德的熏陶；学习对子歌，拓展《笠翁对韵（东）》的其他内容，渗透"对"的特点，感受"对"的神韵，汲取传统文化的智慧与精华。像这样，以"日积月累"中的一个点，引出相关其他内容的扩展学习，增进了学生对中华传统文化的了解。

传统文化是中国人在几千年漫长的历史发展过程中沉淀下来的文化结晶，凝结着中华民族几千年的智慧，是中华儿女宝贵的财富。在大力倡导学生学习、继承中华传统文化的今天，教师更要引导学生在语文学科的学习中扎扎实实地学，生动活泼地用。在学习中增强文化自信，在使用中传承文化自觉，做有气质的中国人。

2. 学唱红色经典，传承红色基因

在小学音乐课本中，有很多传唱已久的红色经典歌曲。如何以审美情趣、人文情怀、国家认同等理论为支撑，结合教材中的红色经典歌曲，将立德树人落到"实与活"的音乐课堂教学中；如何立足教学内容，关注学生的学，活化教学方法，引导学生层层递进地唱好经典歌曲，成为教学的关键。

在实际教学中，教师应活化教学方法，丰富教学手段，强调音乐实践，把识读乐谱的音乐教学内容融于丰富多彩的音乐实践活动之中，让学生在感知、体验中提高音乐素养。遵循听觉艺术的感知规律，养成良好的音乐学习习惯是对学生乐学善学品质的最好体现。如在《卖报歌》的演唱过程中，当学生出现"唱不准"的问题时，最根本有效的方法就是探寻旋律创作特点，从节奏或旋律音高入手，在唱会一首歌的过程中，掌握学习音乐的方法。

（1）寻求"音乐线"中的玄机。《卖报歌》是我国著名音乐家聂耳在 20

世纪 30 年代根据旧上海一个小报童的真实生活经历创作的一首歌曲。歌曲为四二拍，曲调明快流畅，基调乐观活泼，歌曲结构短小，是四个乐句的单乐段结构呈交叉式进行。歌曲开始即以简朴活泼的音调生动地勾画出天真可爱的孩童形象。让我们感受到了那个奔跑的"卖报的小行家"，第三乐句节奏突然拉宽，仿佛听到了小报童卖力的吆喝："今天的新闻真正好，七个铜板就买两份报。"

节奏是音乐的核心，是音乐的骨架。在突破节奏难点的时候，教师把乐句做"2＋2"乐节划分，把同学们分成两组，学生以两小节为单位，每组对应固定节奏，依照教师的手势进行节奏接龙游戏，节奏如图 3-2 所示。

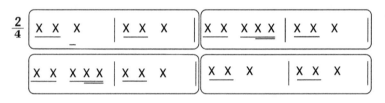

图 3-2 教师改变旋律为节奏，突破教学难点

通过接龙游戏，学生们不仅读准了节奏，同时也对歌曲的创作手法有了一定的感知和体验。教师提示学生这条节奏练习即为《卖报歌》的前两乐句，从而指导学生替换为歌词形式，唱准节奏。以此活动引导学生乐学善学，习得准确的读谱方法，养成良好的读谱习惯。

（2）音阶图上的旋律游戏。《卖报歌》为五声宫调式，具有浓郁的民族特色。全曲音域只有八度，但表现力却很丰富。教师引导学生观察并总结，《卖报歌》中都出现了哪些音？并在黑板上自下而上地标记出 1 2 3 5 6 五个音，并将中国民族五声调式以最为简单的五声音阶唱梯形式板书呈现在学生面前。随后，在教师的音高指示下，学生视唱出歌曲一、二乐句中节奏相同、旋律不同的两条。

学生们感受到了中国民族音乐质朴无华而又充满动感的魅力，无形中产生了与我国经典优秀作品的共鸣，对其人文情怀的核心素养起到了提升作用。这种结合听觉、视觉并以演唱的方式加以表现的音乐实践活动，也恰恰是对学生审美情趣培养的有效实施，是其掌握音乐基础知识和基本技能，吸纳传承优秀文化最好的途径。

(3)寻求"情感线"中的共鸣。《卖报歌》的执教对象为三年级学生，经过课前的调查可知，大部分学生对《卖报歌》的旋律较为熟悉，对于三段歌词有一些片段的记忆，尤其第一乐句的歌词能够做到开口即唱。通过谈话交流，教师进一步明确了学生对于聂耳创作《卖报歌》那个特定历史时期报童的形象、经历和艰苦生活几乎没有了解和认知。如何建立情感链接，让新时代的少年体会旧社会小朋友苦于生计的艰辛，如何用歌声表现小报童虽生活艰难但依然对未来充满希望的乐观主义精神，就成为本节课情感线的突破口。

教师剪辑了一段《报童》中的视频，让学生们通过影片了解那个时代报童的生活。虽然学生对报童斜挎书包、沿街叫卖的形象有了初步的视觉认知，但对报童的苦难生活仍不能即刻感受。在这里，教师不能大篇幅地宣讲说教，而应引导学生关注歌曲本身，聚焦《卖报歌》中歌词的"内核"——(师问)"报童什么时间去卖报?"(生答)"大风大雨里满街跑。"紧接着教师又问："吃得饱吗? 穿得暖吗?"学生在与教师的问答对话中，感受到的是报童生活的艰辛，诵读出的是歌曲中的情感。

总之，在音乐教学中增强学生的爱国情感，使他们享受音乐、享受民族音乐文化，感悟意境、感受美好。让真、善、美在每一节音乐课中浸润孩子们的心灵，把立德树人根本任务落实在每一节音乐课中，是音乐教师的己任。教师活化教学方法，用教育智慧解决课堂问题，用音乐教，让学生们在"传唱经典"中感受时代特征，让学生在唱"幸福的歌"中增强热爱祖国的情感，珍惜现在的美好生活。

(二)"实与活"课堂文化中的京韵特色

1. 在"北京的春节"中感悟北京的文化

《北京的春节》是"京味作家"老舍先生的散文名篇。文章以时间为顺序，细致地描写了北京春节的一系列风俗，字里行间透出人人欢欢喜喜过大年的心情，反映出普通老百姓热爱生活，追求美好生活的心愿。在国家课程中，能够这样鲜明地反映北京地方文化特色的教材非常宝贵，教师在执教过程中，充分调动学生的生活经验，传承和感悟北京的文化。下面，我们结合本课第二课时的教学环节，重点分析如何在语文课堂文化中突出京韵特色。

（1）回顾全文，营造文化氛围。教师通过两个核心问题，引导学生回忆上课所学，学生交流的过程不仅在知识上达到了复习巩固的作用，而且还营造了浓浓的文化氛围。第一个问题：与老舍先生一起初步感受了京味十足的北京春节，说说看，北京的春节给你留下了什么印象？学生在交流中的关键词一般为热闹、忙碌、喜庆、团圆，总结这些关键词引得学生连连点头，引发了强烈的共鸣。

第二个问题：作者是按什么顺序来写北京春节的呢？学生在汇报的过程中，回顾了北京的春节从腊月初旬开始，人们在腊八那天熬腊八粥、泡腊八蒜；腊月二十三过小年；除夕非常热闹；初一的光景截然不同；到元宵，春节的又一个高潮到了；直到正月十九，春节结束。这样的梳理，不仅厘清了课文的文理，而且再一次彰显出北京春节的隆重。

（2）品读重点，感受春节习俗。在学生汇报的基础上，教师带领学生明晰课文重点描写的日子：腊八、小年、除夕、初一、元宵，这几天集中表现了春节的习俗，作家笔墨也最多。之后，学生进行深入的细读，勾画出自己印象最深的语句，结合自己过年的感受，交流自己的学习体会。

重点一："在腊八那天，家家都熬腊八粥……农业展览会。"

学生的体会很丰富，也很深入。有的学生谈道，从"家家都"可以看出节前人们的忙碌，对春节的重视。有的学生说，"农业展览会"是说粥里的豆、米、果品非常多，多得好像聚在一起开展览会。这就说明今年人们又获得了丰收，过春节就要好好享受一年的劳动成果啊。还有的学生说："我最喜欢吃饺子，可我原来不敢吃腊八醋，总怕酸，也怕辣，但是现在读了老舍先生的文章，我发现'翡翠'写出了蒜瓣不一样的美，都有点忍不住流口水了，我也要尝试一下腊八蒜了。"学生们读到此处，竟然连味觉都被刺激出来了,他们觉得这"色味双美"的腊八蒜真的是可以让自己多吃几个饺子的。这样的教学过程,不得不说是老舍先生语言的功力所在,当然更是北京春节讲求美食的文化魅力所在。

重点二:"除夕真热闹"!

除夕是春节中最重要的时刻,学生的生活经验被极大调动。学生抓住了这些关键词:"家家赶""到处""男女老少都""万不得已""必定""除了",畅谈除夕的重要和关键。再结合自己的亲身经历,理解"守岁"的意义一是要珍惜光阴;二是年轻的人守岁,是为了父母延寿。"到处是酒肉的香味""红红的对联""各色的年画""鞭炮声日夜不绝"这些老的习俗,更是引发了学生强烈的共鸣,很多学生在课堂上手舞足蹈、眉飞色舞地介绍自己过春节参与这些年味活动的经验和体会,课堂上俨然成了热闹非凡的"小型庙会"。

重点三:不一样的正月初一。

应该说,文章中的"正月初一"与现今的风俗已有较大不同。学生在比较中更能感受到老北京的风俗。学生在交流中,重点聚焦了"全城都在休息",这样的"截然不同",不仅和前一晚除夕的热闹形成了鲜明的对比,也和今天人们的全家出动走亲访友大不一样。学生们都感受到了"悠闲""自在""幸福"。

教师也顺势引导学生交流如今人们在正月初一的活动,学生谈到人们都在利用微信、电话等各种形式给自己的长辈、亲友拜年,或是走亲访友、逛街游玩,这样的活动,虽然和过去相比有些变化,但是不变的却是人们对于亲情、友情的珍视,对于美好幸福生活的憧憬与向往。学生在比较习俗演变的过程中,更加领悟到了春节的意蕴,传承了京韵的文化。

纵观整篇课文的学习,老舍先生所描述的虽然是20世纪30年代北京人过春节的情景,但是时至今日,学生学习本文还是找到了与自己经历相似的体验,产生了很多的共鸣;这就是北京的春节,这就是北京的文化。语文教学理应传承历史和文化的精髓,在"实与活"课堂文化的指引下，充分尊重和激发学生作为北京文化的传承者的地位，京韵特色便在语文课堂中自然而然地显现出来了。

2. 赏皇家园林，传京韵文化

《圆明园的毁灭》是小学语文教材中的经典。课文自身内涵非常丰富，它将圆明园昔日的辉煌和被焚毁的情景浓缩在一篇短文中，用文字定格历史，激励中华儿女勿忘国耻，振兴中华。这篇课文是人教版五年级上册"勿忘历史"主题单元的首篇，字里行间饱含民族精神和爱国热情，圆明园遗址公园就坐落在北京西北郊，圆明园的兴衰，恰恰是北京蕴含的历史文化的浓缩。

从文章的篇章布局看，题目的重点词是"毁灭"，可全文5个自然段中只有1段写毁灭，而用3个自然段详写圆明园昔日的辉煌。这不仅是作者的匠心独运，也生动展示了皇家园林巨大的文化价值。辉煌和毁灭，形成了鲜明的反差，文章的情感起伏跌宕，给人以极大的震撼！

从段式结构看，文章每一个自然段，段式结构都特色鲜明。以第3段为例，这段话以分总结构连句成段，三个分句运用三组关联词，尽收圆明园上百处景观。从遣词造句看，文章的一字一词也都是饱含深情。以第1段为例，作者用"不可估量"和递进的句式，有力表达了圆明园的毁灭是中国文化史，乃至世界文化史上的浩劫，而全篇唯一的叹号更是将作者压抑不住的悲愤之情宣泄出来。本文第3段结构典型、富有张力，是描写宏大场面的经典段落。应该引导学生积累下来，在背诵的过程中，欣赏皇家园林的魅力，感悟京韵文化。下面结合教学重点"品读感悟体会辉煌"的教学环节，分析如何在语文课堂中传承京韵文化。

开课通过回忆文中三句高度赞美圆明园辉煌的句子导入，之后以"辉煌"串起整堂课。

课文第2、3、4段集中展现了圆明园的辉煌，三段话中，又以"收天下美景"的第3段最为经典。所以，第2段"宏大布局"通过品读"众星拱月"这处比喻略学，第4段"藏古今珍宝"通过体会关联词"上自……下至……"简学，将第3段作为重中之重，精读细学。课堂上，这段话教学主要分为三步。

第一步,对比朗读,体会写法。学生默读感受"辉煌"的词、句,采用师生对读,体会本段句式的表达效果。这种对读的形式,依据的是句式两两对比的写法。学生通过揣摩语气的对比,也就发现了写法的精妙:为什么一段话仅用 153 个字,就能写尽圆中景观的"应有尽有""无其不有"?从景观规模看,有宏伟和玲珑之分;从设计思路看,有模仿与创造之别;从建筑风格看,有民族和西洋之异。三个分句,园中景观尽在其中。

第二步,营造意境,感情朗读。通过对比朗读,学生体会到了园中景观繁多且各具特色。但是这些景观毕竟远离学生实际,缺乏生活经验和阅读经验的小学生不容易体验到景观之美。教师配乐播放圆明园美景图片,学生一边观看一边赞叹,仿佛真的置身于人间仙境圆明园中。再回读本段,学生感情充沛,淋漓尽致地表达了对祖国灿烂文化的热爱之情。

第三步,根据段式,背诵积累。有感情地朗读,把课堂情感推向高潮,这也正是语言积累的契机。本段语言条理清晰且文质兼美,就应该给足时间让学生背诵。教师利用副板书上"有……也有……"的句式指导,学生抓住句式特点进行背诵,不再是机械地记忆文字,而是在内化句式、段式的同时,将圆明园辉煌铭刻于心。

"辉煌"语段学习之后,学生被圆明园的壮美深深震撼。教师用一张圆明园现场拍摄的废墟图片为过渡,进入"毁灭"语段的教学。学生在本段学习中,运用收集整理的资料,交流对圆明园惨遭毁灭的痛惜之情,控诉侵略者的罪行。再联系辉煌语段学习的体验,辉煌和毁灭,巨大的反差,让学生对第一自然段中"不可估量"一词的分量之重有了更深刻的感悟,并体会到这个词语之中蕴含的作者的悲愤之情。一位学生朗读后动情地说:"这些侵略者毁掉的不只是一个圆明园,他们毁掉的是中华民族几世几辈的血汗和智慧啊!"

从学生的发言可以看出,学生已经把圆明园的昔日辉煌同民族尊严紧紧联系在了一起。最后围绕着"作者用大量篇幅写昔日辉煌"这个体现了年段高度的问题展开讨论并发表自己的看法:"圆明园昔日的辉煌,用了150余年的时间建造,可毁灭仅仅三天,实在令人心痛!""用很大篇幅写圆明园有多么辉煌,结果被英法联军毁于一旦,让我们更加痛恨侵略者的罪行。""作者一定特别爱国,所以把圆明园昔日的辉煌写在前面,而且用了很多笔墨。"几位学生发言的角度虽然不同,但都在总结并升华本课学习的情感体验,领悟到皇家园林是劳动人民血汗的结晶,是京韵文化的重要载体和民族智慧的象征。

《圆明园的毁灭》这篇课文,情感真挚厚重,立意深刻高远。作者将自己强烈的民族自尊、浓烈的爱国情怀融进字里行间、段式结构、篇章布局,使情感与言语高度融合,工具与人文完美统一。这是本文成为经典的重要原因。教学时,教师坚持引导学生批文以入情,牢牢把握住本课厚重的文化基因,是课堂教学成功的关键。教学各环节的最终落脚点,都聚焦到"如何用精妙的言语形式表达情感"这个关键问题上。学生在咬文嚼字、体会句式、揣摩布局等言语学习活动中,心动而情动,感悟到皇家园林的辉煌和被毁的惨烈,思想受到了教育,同时传承了京韵文化,厚植了振兴中华的家国情怀。

(三)"实与活"课堂文化中的国际视野

1. 画一只别样的鸟,创造别样的美

二年级美术教材中《我喜欢的鸟》一课,学生在教师的带领下,先兴致勃勃地欣赏各种各样的鸟,结合不同鸟的特征进行归类——有鸣禽、陆禽、游禽、攀禽等。接着观察了解鸟的身体结构——头、颈、身体、翅膀、足等部分。这些对于低年级的学生来说并不难,在生动的美术课堂上学到的不仅仅是美术的知识和绘画技巧,同时学到了相关的科学知识,所以学生很喜欢。教师尊重低年级学生的认知规律,他们更需要那些直观、形象、生动的图片或影像对视觉的冲击,以有效地激发他们学习的兴趣和效率。

课堂上,在学生们兴致勃勃地了解鸟的种类和结构后,教师进行绘

画示范，重点演示了各种动态的鸟的画法，为的是让学生们的画面更加丰富，鸟的姿态更加生动。学生们都看得很认真，教师讲得也很专注，和谐的学习氛围始终保持着。当学生开始尝试画自己喜欢的鸟时，教室的一个角落里传来一句话，"老师，我想画一只回着头的小鸟"。说这句话的正是班中平日思维活跃的小锏同学，他喜欢观察事物，总和其他人的视角不同，应该是属于与众不同的那类吧。所以听到他的话，老师一点都不意外，只是快速地考虑如何满足他的要求。这时，旁边的小伙伴却不满意地说道："老师没教这种形态的小鸟呀！"一时间，和谐的气氛被打破了，小伙伴的这句话也让他很不自然。老师看在眼里，和往常一样淡定地回答："小锏同学真是一个爱观察生活的学生，这一点特别值得大家向他学习。"继续鼓励道："通过观察他发现平日小鸟的动态除了落在枝头的、飞在空中的，还有回着头的，就像这只(图片展示)，好像回着头张望什么，这个动态特别生动，被有心的小锏同学发现了，他的发现引发了我们的思考，我们快来一起研究一下，回着头的小鸟应该如何表现呢？"

通过老师的启发，大家都认为小锏同学的想法很独特，很值得研究。于是同学们都开始动起来，用椭圆形进行拼摆，寻找回头小鸟的状态。而小锏同学此时也在积极地和同伴们进行拼摆……没过几分钟，有同学就大声喊道："老师，我们知道回着头的小鸟怎么画了！"随后其他同学也恍然大悟，原来"回着头的小鸟"只需要把头部的方向和身体的方向画在同一侧就可以了，同学们都很兴奋，老师也很高兴，就是因为在小锏同学大胆的质疑下，才有了师生间、生生间这么和谐的学习与沟通，就在这相互的研究学习中，回着头的小鸟"出炉"了。

一只回着头的小鸟，让教师更尊重低年级学生的认知规律，更欣赏他们独特的认知角度，在相互学习的基础上，得到共同提高。所以作为一名美术教师，更应该尊重和鼓励学生提出的每一个问题，用赏识的眼光欣赏他们，这样才能让孩子们拥有创新的意识和勇气。要多站在学生的角度，运用教师的智慧去启发学生的思维，促其在思索与实践中迸发出创作的灵感。

2. 借助绘本阅读，拓展英语教学视野

绘本的英文名称为"Picture book"，指的是文字与图画相辅相成的、表达特定情感、主题的读本。英文绘本具有简练生动的语言与精致优美的绘画相结合的特征，对语言和绘画的构成形式均有特定的规范和要求。绘本中的图画具有鲜明的视觉形象和飞扬的想象，而绘本中的文字贴近儿童的生活经验，能帮助儿童扩展理解力、想象力、思考力，绘本教学能够有效吸引学生的注意力和激发学生阅读的兴趣。

(1)结合日常教学内容，提高阅读实用性。在小学英语教学中，将绘本阅读融合到教学活动中，可以用简洁生动的语言协助学生构建英语知识，增强学生的语言表达能力，将日常教学内容予以横向或纵向的延伸。通过绘本阅读，还能够开展技能练习，让学生养成良好的阅读习惯，形成独立阅读的能力。学生在这样的一种学习模式下，能够增强对英语的学习信心，感受到英语所具有的魅力。同时学生在绘本阅读过程中寻找一些隐藏的细节，能够培养其想象力以及创新意识。

策略一：结合日常教学内容，深入了解相关主题。在学习京版小学英语三年级以职业为主题的单元时，学生要认识 teacher, doctor, policeman, pilot 等几种职业，其中 teacher 和 doctor 学生在日常生活中比较熟悉，而 pilot(飞行员)这个职业，因与学生的生活实际较远，学生对它的了解并不多，由此，教师选择了一本叫作"Pilot"的绘本，书中介绍了飞行员职业的标准、工作环境和工作内容，通过阅读绘本，学生对一个他们比较陌生的职业有了一定的了解和认识。这样的方式，既帮助学生丰富了见闻，开阔了视野，也更加深入地理解了教学内容。

策略二：结合日常教学内容，增强语言学习的趣味。在学习外研版小学英语三年级以运动为主题的单元时，学生了解了教材中小朋友在运动会上参与的项目 run a race, do the long jump, do the high jump 等，在此基础上，教师还选择了一本以运动会为主题的绘本 *Dick and the Olympic* 和同学们一起分享，故事讲述了小乌鸦 Dick 在动物奥运会上看到大家都参加了各种各样的运动项目，而他自己什么都不会，最后他发现原来在运动会上不仅可以参加比赛也可以作为主持人或啦啦队成员参与其中。学生们在阅读这个故事时都觉得特别有趣，被绘本精美的插图和情节吸引了，阅读让他们深入思考，启发了思维。教师在阅读后引导学生进行交流，学生的表达更加生动、形象，也使他们对所学主题有了更广泛的认识。通过绘本的阅读，开阔了学生的视野，扩大了知识面，活跃了学生思维，进而提高了学生的英语核心素养。

（2）定期开展绘本阅读课，激发阅读积极性。为了拓展学生阅读，丰富教师的教学资源，学校为不同年级的英语教师提供了相应的绘本阅读素材，比如丽声绘本系列、大猫英语绘本系列和多维英语绘本系列等，教师们也自主开发资源，网络平台、微信公众号都成为搜集绘本的途径。每学期期初，英语教研组的教师们一起分析学生的实际情况和学习需求，制订相应的绘本阅读教学计划、教学目标，把时间、内容、方式都提前安排好，以便在日常教学中实施。

在定期进行的绘本阅读课上，教师采取整体呈现的方式，比如，绘声绘色地讲述故事，运用实物、录音、多媒体展示等多种手段引出阅读材料，使学生初步感知，产生阅读兴趣。再让学生带着问题阅读，在同学的交流、教师的讲解下理解一些单词、词组的含义与用法。在学生对篇章结构、内容及知识点有了较好的掌握后，教师要引导学生进行整体学习，引导学生利用篇章提供的信息进行交际活动。

策略一：保证学生足够的自主探究时间。在课堂中，很多教师在提问后就马上叫学生回答，不给学生时间去思考。如回答不出，教师或是不断重复问题，或是忙着启发（很多情况下是暗示）。我们认为，教师应在提问后给学生一些独立思考的时间，让他们潜心读书，深入思考，当学生回答遇到困难时，教师要以期待的目光鼓励学生积极思考。这个等待的时间虽短，却正是学生思维最为紧张活跃的时刻。

策略二：培养学生提问的能力。在现实教学中我们发现，学生对教师的提问可以对答如流，但是学生用英语提问的能力却与之相距甚远。

培养学生提问的能力有助于学生养成按意群阅读的良好习惯，提高阅读的速度及效率。在教学中，教师给学生机会进行提问，其目的就是在教学中逐步培养学生提问的能力。

策略三：逐步渗透难点词、短语。在阅读教学中，将影响学生阅读的难词、短语逐个渗透到各个环节中，让学生在更加简短的语篇阅读中、在图片看说中将这些词和短语理解并掌握，而不是刻意地将它们逐个进行教学。

如在教学过程中为了引导学生理解词组 help the tourists find their way，教师先通过一段话让学生利用语境猜一猜 tourists 的含义，然后通过课件向他们展示这两位游客迷路的场景和旅游团所在位置的平面图，让学生在帮助游客的过程中掌握该词组的意义和助人的乐趣。

正确的阅读教学方法有利于学生提高阅读技能，高效的阅读能力需要培养和训练，借助绘本阅读，可以有效拓展英语教学的视野，为学生的英语素养发展助力。

(四)"实与活"课堂文化中的思维发展

1.落实数学思考，促进思维发展

数学思考的产生是需要诱因的，在教学中教师要根据教材的内容特点和学生的年龄特征，设计符合教材内容和学生认知水平的问题。激发学生好奇心，点燃学生数学思考的火花。因此课堂教学中要有效创造数学思考的空间、安排数学思考的环节。

(1)在情境中思考。《小数点移动引起小数大小变化》一课的知识技能目标是使学生掌握小数点移动引起小数大小变化的规律。小数点移动引起小数大小变化是知识上的客观存在，教学中首先要理解、掌握这种客观存在。图3-3就是规律的完整表述。

小数点向右
移动一位，相当于把原数乘 10，小数就扩大到原数的 10 倍；
移动两位，相当于把原数乘 100，小数就扩大到原数的 100 倍；
移动三位，相当于把原数乘 1000，小数就扩大到原数的 1000 倍；
⋯⋯⋯⋯⋯
小数点向左
移动一位，相当于把原数除以 10，小数就缩小到原数的 $\frac{1}{10}$；

移动两位，相当于把原数除以 100，小数就缩小到原数的 $\frac{1}{100}$；

移动三位，相当于把原数除以 1000，小数就缩小到原数的 $\frac{1}{1000}$；
⋯⋯⋯⋯⋯

图 3-3 小数点变化引起数值的变化规律

规律相对复杂。但若能明白道理，举一反三，也能变复杂为简单。教材中是用孙悟空变换金箍棒的情境引入研究，故事虽吸引学生，但孩子更容易关注情节而无视其中的数学问题。在没学这个内容之前，我们曾经亲眼见到一个男孩翻到这一页，看着故事发笑，当教师走进与他交流时，发现他更加关注的是故事本身。为突出小数点的"移"与"变"，我们做了调整，设计教具，拉动小数点，直观感知"移"与"变"的规律。移动小数点产生了不同的小数，引出研究素材。有利于学生尽快明确研究目标，在接下来的活动中围绕学习目标深入思考，如图 3-4 所示。

 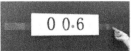 

图 3-4 拉动"小数点"教具显示数值变化

提供材料、安排环节。解决学生元认知和新知识的矛盾。在探究规律的过程中，引领学生数学思考，由关注外在形式的"移"与"变"到关注内在本质意义的"变"，创造数学思考的空间，包括教具的设计。

(2)在猜测验证中思考。教师在上课时应根据教学内容的特点，适时组织学生进行探究，有利于将教学从教师的"教"转移到学生的"学"，学生从被动接受变为主动探索、研究。《小数点移动引起小数大小变化》一课中，教师逐步深入，首先抛出问题：小数点移动，小数是怎么变化的？到底变化多少呢？启发学生关注变化的具体规律。即移动的方向决定变大变小的趋势，向左移变小，向右移变大，并鼓励学生猜想出 0.6 是 0.06 的 10 倍。

教学中设计验证的环节，先猜测 0.6 和 0.06 的关系，引导学生在验证中思考，关注本质意义的"移"与"变"。为便于学生研究，教师设计了简洁的学习材料供学生研究。

其一，加单位。运用了"元、角、分"和"分米、厘米、毫米"等模型帮助解释。其二，充分利用图形。在正方形上涂色表示出各个数，数形结合，帮助阐述理解。其三，根据小数的意义，以计数单位之间的进率联系为依托，用了"计数单位"来解释（见图 3-5）。

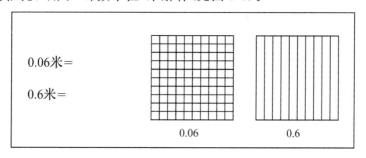

0.06米＝

0.6米＝

0.06   0.6

图 3-5　图形对照理解小数意义

实践证明，教师给学生提供自主探索的时间和空间，让学生动口、动手、动脑，能促进学生围绕目标带着问题积极思考。充分的时间，能让学生跟同伴交流自己的方法，将内在的认识和思考外化出来。

（3）在探究道理中思考。在学生初步理解"规律"后，教师设计了两个问题引导学生思考：为什么小数点的位置移动会引起小数的大小变化？而且是 10 倍、100 倍、1000 倍或十分之一、百分之一、千分之一的变化？学生带着问题思考，他们有的凝眉沉思，有的小声议论，有的有想法却又说得不是特别透彻，教师适时展示出设计的教具，学生跟教师共同配合拉动教具探究变化的原因：小数点的移动，引起数字位置的变化，数字位置的变化，引起计数单位的变化。教学的过程不是教师单方面的演示，是师生共同参与体验，最大限度地调动了学生思考的积极性，使他们知其然更知其所以然。让学生在认知的冲突中质疑、感知、思考、省悟，把知识结构提升为认知结构。

(4)在对比沟通中思考。通过对比沟通可以有效引导学生辨析“同”与“异”，沟通知识之间的联系。

活动一：推理迁移中沟通规律。前期对移与变道理的探究、理解，有效地支撑学生后续的推理，推理—探索发现规律—理解掌握规律。学生由向右移动一位推理出向右移动两位、三位的规律，由向右移动迁移推理出小数点向左移动的情况。

活动二：数位顺序表中贯通小数与整数。展示数位顺序表，引导学生观察并思考前面的两个问题。学生依托数位顺序表和已有的知识经验，厘清了引起小数大小变化的根本原因，即“位值制”和“十进制”沟通了“变化规律”与“小数意义”“计数单位”“十进制”等知识之间的联系。促进了学生对“规律”本质的认识和理解，如图 3-6 所示。

……	亿级				万级				个级					小数部分			
……	千亿位	百亿位	十亿位	亿位	千万位	百万位	十万位	万位	千位	百位	十位	个位	•	十分位	百分位	千分位	……
……	千亿	百亿	十亿	亿	千万	百万	十万	万	千	百	十	个		十分之一	百分之一	千分之一	……

图 3-6 数位表中蕴含的小数变化规律

小数和整数一样，是按照十进制来计数的，数字所在的位置不同，表示的数值大小就不同。小数点位置移动后，原来的数所在的数位发生了变化，也就使这个数字表示的数值发生了变化，进而导致整个小数的大小发生变化。又因为"相邻两个计数单位的进率是十"，所以小数点移动后，得到的数与原数之间是 10 倍、100 倍、1000 倍的关系。同样的道理，移动成小数后，整数小数点继续向右移动，也会发生 10 倍、100 倍、1000 倍的变化。

活动三：丰富的素材之间的贯通。《小数点位置移动引起小数大小变化》，开始为利于孩子探索，选用 0.006、0.06、0.6、6 这样的素材来研究。但若只从"零点几、零点零几"这样单一的表征来研究概念，学生的体验是不够的。对此，练习中选择更凸显概念"数学本质"的素材来丰富概念的表征形式，小数的扩大或缩小是数学计算的需要，还需要有 0.035、0.35、3.5、1.72、17.2、172，练习中设计了丰富的数据素材，不同的数，同样的移动方式，共同的变化规律，实现了知识之间的贯通(见图 3-7)。

小数点该怎么移？
$3.5 \times 10 =$
$3.5 \times 100 =$
$3.5 \div 100 =$
$1.72 \times 100 \div 1000 =$

图 3-7　小数点变化课堂训练习题

数学思考对学生的发展具有重要的意义，它弥散于知识、技能与解决问题之中，融合于数学教学的每一个环节中，学生的数学思考必定促使数学思维能力的提升，思维能力的提升进一步促使学生积极参与数学思考。数学教师在教学中应注重围绕新课标精神，遵循儿童认知规律、搭设促进学生数学思考的平台，引导学生思考、感悟，提升学生的数学思考能力。小学生数学能力的培养、思维的发展是否达到课程标准的要求，有赖于数学教师在数学课堂中去积极落实数学思考，发展学生数学思维。

2. 探索中国美食，发展审辩思维

《中国美食》是部编语文教材二年级下册中的一篇与美食有关的识字课。该课的教学重点是识记美食名称，发现带有"火""灬"的形声字，从而理解美食的烹饪方法。二年级的学生，已基本掌握了多种识字方法，并对几种常见的部首有了一定了解，已具备独立识字的能力。再加上本课的内容十分贴近学生的生活，很利于学生自主朗读和识字。

基于以上几点，教师在教学中，将识字的主动权交给了学生，有意识地加强了对学生思维能力的训练，让学生在解决问题的过程中发展审辩式思维的人格气质和认知技能。

（1）为生字归类，找规律。培养学生的思维能力，最重要的就是告诉他们要敢于根据自己的思考和学习经验，独立地做出判断，同时将自己的思考过程清晰地表达出来。

因此，在学生识记词语后，教师没有急于把与"火"有关的生字拿出来讲，而是将生字全部罗列在黑板上，让学生以小组讨论的方式为生字归类，自行发现其中的奥秘。在充分讨论之后，教师邀请学生到黑板上将自己的分类展示给大家，并说清自己为什么要这么分。

这一环节的设计，激发了学生自主学习的兴趣。他们热烈地讨论，积极地反馈。有的学生按照汉字的结构来分类，有的学生按照部首归类，还有的学生按照是否可以组成词语，即语境来分类。这些答案，有些在教师的预设之内，有些在预设之外。而最让教师惊喜的是有位学生在没有引导的情况下，就已经发现可以按照烹饪方法与食材，即字义来分类，顺势引出了之后的环节。上台的学生论述自己的观点，下面的学生总结归纳、补充完善，学生的自信心爆棚，新的观点不断涌现，师生之间彼此学习，相伴成长。

（2）运用旧知与经验，寻方法。为生字归类是方法，不是目的，最终是要让学生发现"火"与"灬"之间的联系，从而落实识字的教学目标。因此，教师继续让学生自己去探索。学生通过观察，又结合学过的部首知识以及生活中的经验，发现不论是"火字旁"还是"灬"，都与火有关。

于是，教师又将"凉拌菠菜"与其他几道美食相比较，学生立刻找到了识记这些生字的最佳方法——部首归类法。学生在发现和探索的过程中，积极性和自信心都被激发了出来，思维也得到了提升，在不知不觉中其审辩式思维得以萌发。

第三节 "实与活"教学文化的评价

一、精准方案——聚焦质量的评价

"有教无类"是中国传统教育中的重要思想，其中蕴含着教育公平的理念。面对 21 世纪的教育，人人都有接受教育的权利。如何进一步推进教育公平，李明新校长指出——"真正的公平在课堂"。

在学校教育中，课堂教学是培养学生核心素养的主渠道，提升课堂教学质量是发展学生核心素养的重中之重，也是当前基础教育课堂教学改革的要求和趋势。课堂教学要发挥好发展素养的作用，让每个学生有所受益，就必须以优质高效的方式开展起来。同时，向课堂教学要质量，也是学生和家长对学校发展的新诉求。

如何围绕"实与活"的教学理念，推进课堂教学评价，以促进课堂教学质量的提升，成为重要课题。在课堂教学评价的实践研究中，对质量的评估和评价是促进实践研究的方向标。对课堂教学的评价，能够有效提升课堂教学研究的层次，进而提升课堂教学的质量，是实现"教育公平""办人民满意教育"的必然要求。

经过研究，我校基于"实与活"的课堂文化研究基础，站在"素养"的角度和高度，提出"实与活"的课堂质量，主要体现在注重调动学生学习积极性，师生关系民主和谐，以思维为核心培养学科素养，教学面向全体学生等方面，并总结制定出《北京小学"实与活"课堂评价表（方案）》，有效推动了思想转化与实践改进，使"实与活"的教学文化在课堂上落地生根。

(一)实——做实学段、务实课堂、落实主体

"实与活"教学思想中的"实",体现了基础教育的本质特点。课堂评价方案主要通过"做实学段""务实课堂"和"落实主体"三方面,突出"实在基础"的教育内涵。

依据基础教育特点及课程标准,可以将小学六年划分为三个学段:一、二年级;三、四年级;五、六年级。"务实学段"就是要求教学要遵循学生身心发展的规律,体现对学生年龄特征的正确把握和对学习内容、程度等的科学认识。重点评价老师是否能够正确解读教材;设定的教学目标是否突出学科与学段的重点;教学过程是否程度适宜,不越位,能到位。

教师要围绕学段的质量标准、教学目标开展切实有效的教学。是否做到"务实课堂",重点要看教学的动态过程是否能激发学生思维,促进学生主动思考、探究;在培养素养的同时是否注重学生学习力的提升。对学生学习力的培养,不仅包括学科知识和技能,更包括学习兴趣、自主意识、学习毅力和实践创新能力等方面。

"落实主体"的评价则导向课堂教学要面向全体,从培养"记忆知识的学生"转变为培育"生动活泼、自主自信的学习者"。教师要尊重每一位学生的个体差异,着眼于学生的全面发展和终身素养的需要,满足不同学生的个性需求,创设能引导学生主动参与思维活动的教学氛围,激发学生的学习兴趣。使每一位学生通过学习,都能在原有水平上得到提升,主体获得发展。

评价方案中"实在基础"的各项评价指标,突出了课堂教学实践的朴实、扎实,学有所得,学有所长;突出课堂教学是站在育人的高度,为整个人的发展打下坚实的基础。

(二)活——用活资源、激活方法、盘活评价

"实与活"是构成"实与活教学思想"的两个方面,二者辩证统一,不可割裂,同等重要。因此,"活"在课堂教学中同样作为重要的评价内

容。评价方案通过"用活资源""激活方法"和"盘活评价"三方面呈现"活在生成"的关键路径。

李明新校长强调，教师面对的被教育者是活生生的人，是有情感、意识、思想、知识和能力的生命体。这就要求我们在教学时求"活"，用"活"的手段和策略达到"实"的核心目的。

一方面，"用活资源"主要评价教师在教学时除了用好教材外，是否能站在大教育观的角度，围绕学科核心素养，结合教学目标和学情，科学、恰当地开发和利用文字、图片、视频等资源，促进学生的有效学习。另一方面，课堂是教学的"主战场"，在这个"主战场"上，师生思维相互碰撞、激活智慧。同时也生成了宝贵的、有效的教学资源。因此，教师是否能够积极开发、有效利用这一资源，也成为评价的重要内容。

要求教师教学中求"活"，就不能用固定的程式和路子来教学，要根据教学的内容和学生的实际情况选择教学方法。哪怕是同一个教学目标、相同的教学内容，当学生发生变化时，教学方法也要随之发生变化，做到因材施教。因此，在"激活方法"的评价中，主要看教师的教学方法是否有利于激发学生的学习兴趣，能否调动学生主动参与，积极表达；教学过程是否具有生成性和开放性；教学方式是否有助于激发学生质疑问难，培养学生创新精神和实践能力。

课堂上的教师评价不仅能反映出教师的机智，多样、灵活、生动、丰富的评价方法，还能使学生明确方向、充满自信，让课堂生机勃勃。"盘活评价"中的评价指标，除了看教师是否能以及时、合理的课堂评价促进学生积极学习，帮助学生养成良好的学习习惯，还要看评价是否具有激励性、导向性、针对性和启发性，以促进学生全面发展。

《北京小学"实与活"课堂评价表（方案）》清晰地反映了"实与活"的教学思想。学校不仅用它来评价课堂，更发挥了其课堂教学的导向作用。教师们在进行教学设计时，会有意识地拿方案来对标，指导自己备课，同时在课堂教学中依此施教，将"实与活"教学思想落在实处。课后，教师们会根据方案中的评价指标进行教学反思，不断优化自己的教学。

作为教学评价的工具，老师们不是简单地进行评价量表的填写，而是将收集到的各种资料进行整理、汇总，对评价信息进行分析，在此基础上对教师教学水平进行合理的评估，使教师客观地了解自己对"实与活"课堂教学的落实情况，以便改进。

经过几年的探索，全校教师越来越深入地理解了学科素养的内涵，能够自觉运用"实与活"课堂评价表（表 3-1）进行教学设计和评价。以教学评价为指导展开教学实践，已成为广大教师的实践自觉。

课堂教学评价体系的建立和实施，充分发挥了评价的导向作用，促进教师转变教育思想，在课堂教学中发挥教师的教育创新意识，达到改进课堂教学的目的。

二、点面结合——立足发展的评价

教学评价是依据教学目标对教学过程及结果进行价值判断并为教学决策服务的活动，是对教学活动现实的或潜在的价值做出判断的过程，是促进学生成长、教师专业发展和提高课堂教学质量的重要手段。课堂教学评价除了具有诊断、激励、调节的作用，其本身也是一种教学活动。

扎扎实实促进学生全面、富有个性地发展，是"实与活"教学思想所包含的核心理念。教学评价不能用静止、片面的方式去甄别学生的好坏优劣，而要用一种动态、全面的评价方式去推动学生在原有的基础上"更上一层楼"。可以说，在某种程度上，评价是为学生发展服务的。

北京小学以课堂观察为点，以表现性评价为面，通过"实与活"课堂文化评价促进学生核心素养的形成，助力学生主体性的全面发展。

(一)精耕细作——课堂观察

课堂观察就是指研究者或观察者带着明确的目的，凭借自身感官以及有关辅助工具，直接或间接从课堂情境中收集资料，并依据资料做相应研究的一种教育科学研究方法。它的起点与归宿都是学生课堂学习的

表 3-1 《北京小学"实与活"课堂评价表》

授课教师			学科		年级	
授课内容					课型	
评课教师			学科		年级或职务	

		评价要点	权重	评分
实	做实学段	正确理解教材,教学目标定位符合学段要求,突出学科与学段重点。	5	
		教学过程注意把握程度,处理好与其他学段的关系。		
	务实课堂	内容突出本课重点,教学环节清晰、合理、有实效,落实减负。	5	
		过程设计符合学生实际水平,有助于学生主动思考。		
		注重学科能力的全面培养,学生学习力得到发展,效果明显。		
	落实主体	学生学习生动活泼,自主自信,课堂气氛融洽。	5	
		关注不同层面学生的个性化需求,注重学生思维发展的过程。		
活	用活资源	合理使用教材资源,结合教学目标和学情进行资源开发。	5	
		所选择的资源科学、恰当,能够促进学生更有效地学习。		
	激活方法	教学方法有利于激发学生的学习兴趣,调动学生的积极性和表达能力。	5	
		教学过程具有生成性和开放性,恰当处理预设与生成。		
		教学方式有助于激发学生质疑问难,注重培养学生创新精神和实践能力。		
	盘活评价	以及时、合理的课堂评价促进学生积极参与学习,并养成良好的学习习惯。	5	
		评价具有激励性、导向性、针对性和启发性,促进学生全面发展。		
总评		主要特色:　　　　　　　　主要问题:　　　　　　　　总分:		

改善。无论是教师行为的改进、课程资源的利用，还是课堂文化的创设，都是以学生课堂的有效学习为落脚点。课堂观察关注学生如何学习，会不会学习，以及学得怎样。

课堂观察总体来说是一种"精耕细作"的研究方法。它将研究问题具体化为观察点，将复杂的课堂情境拆解为一个个空间单元，透过观察点对一个个单元进行定格、扫描、记录，对结果进行分析、推论、反思，借此寻找教学中的亮点和瑕疵，并提出发扬和改进的建议。这种方法利于深入研究课堂的局部。微观的观察点与整体课堂教学效果紧密结合起来，有利于教师从整体上把握、分析学生的发展情况，务实学科核心素养的培养。

教师构建细致的评价量规，通过课堂观察学生的表现，进行教师角度的评价。同时，为更有效地"落实主体"，学生有权利、有能力成为教学评价和学习评价的主体。因此，在课堂观察中，教师积极组织学生进行自我评价、学生互评，以评价促进学生主动、全面地发展。

1. 自我评价，自主发展

自我评价是自我意识的组成部分，是个人能力结构中的一种非常重要的能力。在课堂教学中，开展自我评价是指学生根据学习目标和要求，通过主动参与学习活动，开展自我认识、自我教育、自我监控、自我提高的过程。课堂上引导学生开展自我评价，是培养学生积极的自我意识和自主学习能力的重要途径，是促进学生实现真正的自主学习，达到"教是为了不教"的境界而采用的重要手段，案例如下。

一个学生读完《鸟的天堂》中"起初四周围非常清静……"这个片段后，教师引导学生自我评价："你觉得自己读得怎么样？"学生腼腆一笑说："读得比较流利，只是声音较小。""能不能再试一次？"学生又试读了一遍，教师又问："你觉得这次读得好些了吗？""比前一次要好，只是感觉速度慢了些，还不能很好地表达出鸟的天堂里热闹、欢乐的情景。""有没有信心再试一次？""可以！"这次，学生读得声情并茂，教室里响起了热烈的掌声。

再如自主学习古诗《送元二使安西》，学生根据以下指标进行自评：

(1)认真读准每个字的读音。

(2)积极参与自学、交流，大致理解全诗的意思。

(3)根据学习单上提供的资料，想象送别时诗人王维与好友元二的对话。

(4)默写古诗。

学生根据自己的学习情况，进行自我评价，每项指标三颗星。学生的自我评价，逐步由概括、模糊的评价向具体、客观的评价发展。学生在自我评价中表现积极，主动参与学习的积极性更高。

2. 学生评价，互帮互促

学生是学习的主体，教师充分调动和发挥集体的力量，让学生参与评价，可以让他们通过评价互相促进。学生间的相互评价不仅有利于学生互相学习优点，改正不足，还可以锻炼其判断是非的能力和口语表达能力，提高思考问题、分析问题、理解问题的能力，而且有助于培养学生自信、勇敢的品质，增强学生学习的动力，不断地发展和完善自我。

学生之间朝夕相处，相互了解，他们之间的评价能够反映出学生在学习中的细微变化。借助学生之间的评价，教师可以了解学生学习过程中知识的掌握，情感态度的变化，能力的形成。

3. 小组评价，个性互补

在小组学习中，充分发挥小组内学生的主动性，开展组内的学习活动评价，可以为学生的个性释放搭建平台，既让更多的学生有了发表自己见解的机会，增进学生间的多向交流，发挥学生互补的作用，同时又培养了学生的合作意识，学生在团结、和谐的氛围中得到发展。案例如下。

在教学《观潮》"潮来时"一部分内容的时候，教师引导学生在自读自悟、集体交流的基础上把自己的体会通过朗读表现出来，其他同学认真倾听，然后评价这位同学读得好在哪里，为什么？有什么不足，怎样改进？当第一位同学朗读完毕后，其他同学争先恐后地评价。有的同学说："我有不同的看法。我觉得'白色战马齐头并进'是很有气势的,他读得还不够。""'那条白线很快拉长,变粗,横贯江面'应该读出那种动态来。"……互相评价之后,学生再朗读,整体朗读水平在原有的基础上有了较大的提升。

再比如,在教学中,教师引导学生运用课文中的写法,在叙事中,将小事中的启示直接表达出来,起到直抒胸臆的作用。学生结合情境思考,组织语言并写出自己的启示。在个人完成的基础上,学生进行小组交流。组长按照评价要求,综合小组其他成员意见,为每一位同学打星,并提出修改意见。学生在交流评价中,各抒己见,个性化的建议不断涌现。最后推荐出最好的内容交流展示,分享智慧成果(表3-2)。

表3-2 积星评价表

星级	启示与事例吻合	语句通顺连贯	略有文采
一星			
二星			
三星			

有的学科尝试"小组合作特色评价"。每节课指派一个小组(一般为4人,前后桌)负责记录本节课的情况,并通过集体合作对几项指标做出评价。

(1)开课由前节课评价小组公布评价结果,以便全班同学了解,教师稍加点评。

(2)组长分配任务,指定专人记录两项指标(小组活动个数,发言人次大约数)。

(3)课后填写情况记录及评价表(表3-3)。

从小组情况记录及评价可见,无论是评价者还是被评价者,都必须清楚地知道合作是完成学习的良好方式,以促其更好地学会合作及与人共处。对最好的合作小组的评选及对精妙、创新的发言人的评选,使学生学会欣赏,个性化认识得到进一步展现。

表 3-3　课堂小组评价表

课堂学习情况记录及评价表	
评价小组：＿＿＿＿＿＿＿	
小组活动记录及评价	发言人情况记录及评价
发言小组个数：	全班发言人次数：
他们分别是：	发言准确精妙，有创新的发言人分别是：
今日"进步之星"：	本节课谁沉默了：
今日精彩回放：	

无论是课堂上的自我评价还是合作评价，都有利于教师在教学过程中进行细致观察，对学生的学习进行动态评价。这样的课堂评价对学生的主动学习起到了推动和促进作用。

(二)注重过程——表现性评价

课堂教学的质量不只局限于学生的学业成绩，而在于发现和发展学生多方面的潜能，了解学生发展中的需求，帮助学生认识自我，建立自信。相比于甄别、选拔等，"促进"是教学评价的首要职能。北京小学的课堂教学评价体系，强调"以生为本"，促进学生优质发展。

课程改革提出"立德树人"的培养目标，要求建立"促进学生全面发展的评价体系"，以"试卷"为主体的单一教学评价方式远远不能满足学生培养的需要。表现性评价是注重过程的评价，对于以"试卷"为主的结果性评价是有益的补充和平衡，在课堂教学与评价中受到普遍的重视和推广。

在"实与活"的教学评价理念里，学生不再是被动接受知识的"容器"，而是通过读书、实践、互动而主动获得发展的"生命体"。教师"以生为本"，及时了解学生发展中的需求，通过恰当的教学评价帮助学生认识自我，建立自信，激励每一位学生在自己原有的基础上进步，做最好的自己。因此，表现性评价尤为重要，成为促进学生主体发展的重要方式。

1. 评价的观念——由甄别选择走向激励调整

传统的课堂教学评价在理念上并不否定评价功能的"提高"与"成

长"，然而，在实际操作中，更多的是为选拔和甄别服务，背离了教育评价的根本目的。表现性评价的目的在于促进学生发展，教师通过不断地激励、赏识学生，促进学生的学习表现，同时也为提高和改进课堂教学实践服务。

2. 评价的过程——由注重结果走向注重过程

传统的课堂教学评价常陷入"结果中心论"。"表现性评价"不仅关注学生学习的结果，更关注学生的参与过程、思维过程、个性发展的过程、表述过程和情感流露过程。珍视学生独特的感受、理解和体验，尊重学生的智慧生成。

比如，在阅读教学表现性评价过程中，教师充分尊重学生的个别差异，鼓励学生对教学内容自我理解、自我解读、赞赏学生的个人感受和独特见解，适时把他们的新想法、新创意、新探索引向主动学习、主动发展之中，使学习成为一个富有个性化的过程。

(1)鼓励理解过程的多样化。在传统教学中因为追求答案的唯一性，评价相对比较封闭，未能给学生提供真正的表现机会。实际上，每一个学生都是独立的，由于个体所处的角度不同也会产生不同的看法，也就是所谓的"横看成岭侧成峰"。教师应给学生充分的理解空间，尊重并鼓励学生解放思想，以自己的眼光判断、分析，真实表达出自己的思考。

(2)赏识学生表达的个性化。表现性评价走出了甄别的误区，关注学生的实际发展。重视学生在课堂中的个性化反应，使评价尊重学生的个别差异和个性特点。允许学生依照自己的兴趣、习惯做出不同形式的表达，彰显自己的个性。对于符合文本价值取向的个性化表达，予以充分肯定，使学生收获成就感。

表现性评价是一种质性的评定方法，可以更直接地考查学生综合运用知识、解决实际问题的能力，评价过程要求在尽量合乎真实的情境中对学生完成任务的过程表现或结果做出判断，它聚焦了批判性思维、协同工作、沟通、学会学习等多种能力。探索以"表现性评价"为代表的新型评价模式，更有利于学生核心素养的培养。

"教育无痕是大智慧"，我们在评价过程中正努力追求"以评价促发展"，在表现性评价中发现学生不同方面的闪光点，用成功的喜悦唤醒潜藏在孩子心中沉睡的自信和自尊。相信在课堂的沃土上会有更多的蓓蕾悄然绽放。

三、文化引领——着眼素养的评价

中国传统教育哲学有深厚的理论基础，有较为完备的理论体系，蕴藏着独特的精神气象，是传统中国人生命情怀、生存价值的精神依托与理论根据。

在"实与活"教学理念的指导下，北京小学的课堂教学评价并非仅局限于学生学业质量的发展，而是关照学生的全面素养，关注中国传统哲学对学生精神世界、修身立行的引领，塑造学生的胸怀与格局。促进学生形成正确的价值观，继承和发扬中华民族优秀传统文化的同时，教育学生做"脚踏实地做事，顶天立地做人"的中国人。

(一)修身力行——导向价值的引领

从中国传统教育哲学的发展历程看，古代基本上是以儒家教育哲学为主体的。《论语》作为儒家思想最重要的体现，语言质朴，内涵丰富，博大精深，是一部不朽之经典。它确立了以人为核心的道德思想体系，提出了孝、悌、忠、信、恭、宽、敏、勇等一系列完整道德规范。在《论语》中，有关修身养性的道德学说之核心就是以德润身，特别强调为仁由己、身体力行，以启发每个人的自觉道德精神。"修身为本"是中国传统哲学一向倡导的思想。我们每个人都要严于自律，注重修身养性，用高尚的道德标准要求自己，并以实际行动来影响、感染他人。

修身，指修养身心。修身的具体行为表现在日常生活中就是择善而从，博学于文，并约之以礼。"古之学者为己，今之学者为人"。古人学习是为了丰富完善自身的人格，落实到一言一行中而不逾越事理。为学过程中要好学不辍，仰慕圣贤的人格和智慧，细心考究他们为人的格局。

基于中国传统教育哲学，现代教育不仅要传授知识技能，更要凭借良好的价值观、德行、信念来感染、影响、教育学生。少年强则国强，在飞速发展的 21 世纪，我们要让莘莘学子深知，一个公民立足于社会靠的不仅是专业能力，更是个人的品德。

因此，北京小学在教学中积极落实"立德树人"的根本任务，教学评价导向学生的修身力行，导向树立学生正确的价值观。比如，在各学科的小组合作学习中重视学生的礼貌交流，宽容合作；科学、美术学科将使用器材时的收取习惯作为评价内容；体育课不仅评价体育技能，更把"学会吃苦"作为重要的评价指标。教学评价不仅重视知识的传授，更重视做人做事的统一。

另外，"立德树人"根本任务的提出，要求将社会主义核心价值体系融入国民教育体系之中，引导学生树立正确的世界观、人生观、价值观。其中，在基础教育阶段，培养小学生的爱国情感和民族精神尤为重要，而语文教学在进行爱国主义教育方面有着得天独厚的优势。因此，面对小学生，面对祖国的未来、国家的栋梁，就要让爱国主义在学生的心中扎根。正如北京小学的校训所言："我是中国人，我爱我的祖国。我要使我的祖国更富强，更美丽。我要脚踏实地做事，顶天立地做人。"因此，在语文教学评价中，"盘活资源"的指标要求教师拓展的资源要把牢意识形态关，要有利于激发学生的爱国情怀。比如，文本的创作与历史背景、思想感情有着密切的内在联系。《狼牙山五壮士》一课关联抗日战争的历史，《黄继光》一课介绍抗美援朝战争的背景，对于学生爱国情感的激发起到重要的推动作用。再比如，学习《开国大典》一课时，教师适时介绍解放战争的艰难历程，让学生感受到新中国的成立来之不易，从而体会开国大典隆重的场面及人们庆祝新中国成立的喜悦之情，激发学生为各族人民当家做主人感到骄傲、自豪！这样的资源的拓展是要纳入教师教学评价中的。

无论是对学生课堂学习效果的评价，还是对教师课堂教学水平的评价，北京小学都能从中国传统教育哲学的视角出发，着眼于对学生品行的塑造，注重"立德树人"根本任务的落实。

(二)格物致知——导向求知的智慧

"格物致知"是儒家的基本理论之一，它出自《大学》的开篇"大学之道"。所谓"格"就是发现、探察、研究、推求，"物"指客观物体，"致"即获得，"知"即知识，也就是想要把知识推广到极点，就必须把每一件事都追根究底，找出真正的性理。

"格物致知"的本意是：做事能够按照法则取舍，懂得何时停止追求，内心获得安静，静下心来思考问题，从而获得知识和智慧。后来朱熹提出"理"存在于万事万物中，想知"理"就需要"格物"。于是"格物致知"就变成了"研究事物而获得知识、道理"，即所谓的"格物穷理"。朱熹认为天下万物都蕴含着无穷的道理，一旦通理，便尽知天下万物万事，进而胸怀宽广，宠辱不惊，无惧无畏。

中国传统哲学告诉我们，无论是研究自然科学、人文科学还是在个人行动上，都要保留一个怀疑求真的态度，要靠实践来发现事物的真相。我们要有自己的判断力，在大环境激变的今天，我们应该体会传统文化中格物致知的真正意义，大胆探究客观事物。

北京小学的评价，导向学生在探索中认识事物，鼓励个体新的认识与思考。在教学评价中，重视引导学生在发现、探索中求知，最大限度地发挥学生的主体作用；重视导向教师从学生的实际出发，做到真教。

下面列举科学课的教学诊断评价实例。

《雨水对土地的侵蚀》一课选自教科版科学教材五年级上册《地球表面及其变化》单元，它属于"地球与宇宙"学习领域。"地球与宇宙"领域的学习内容，离学生的生活比较远，又很抽象，学生学习起来会觉得很枯燥。那么实际情况到底是不是像教师判断的那样？如果通过科学实践推动学生的认识发展，学生的认知起点又在哪里？

针对这两个疑问，教师利用前测对学生进行了第一次诊断性评价。教师给学生出示了一组图片(图3-8)。大多数学生只关注了图片中的地形是不同的，有些差异，没有关注到地形及其成因。于是教师顺应学生的发展，进行了教育干预，提出问题：你认为图片里的地形是怎样形成的呢？

图 3-8 典型地形图片

下图是几张学生的记录单（图 3-9）。

1.看到了山，是绿色的，因为山上有绿色植物，还有一条弯曲的河，黄色。 2.水流一直冲刷出来的，时间长了就形成河，像水滴石穿样。	①我看到小山，山像是沙的，而且下面的沙子有不同的颜色，间隔的，黄红橙。 ②我觉得这个地形可能是因为风把沙子吹过来，风停了，沙子慢慢下落，堆成小山。

图 3-9 学生记录单

从学生的回答中可以看出：他们尝试从外因上解释地形的形成，这又一次印证了儿童的科学观念是将自己对现象的理解建立在可以观察到的一些特点上，内部的原因他们看不到，几乎是忽略的。基于这样的分析，教师对教材进行了以下的调整（图 3-10），将外力对地形的影响放在了前面，把学生最熟悉的降雨现象放在了外力研究的第一课。

125

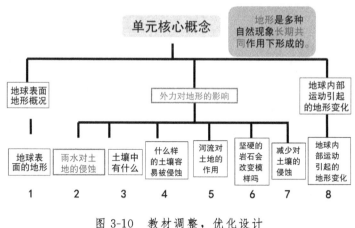

图 3-10　教材调整，优化设计

在了解了单元知识的认识起点之后，教师聚焦到《雨水对土地的侵蚀》一课，学生的认识起点又在哪里呢？于是，教师对学生进行了第二次诊断性评价，向他们提出问题：关于陆地与水，你知道什么？

从班级记录单(图 3-11)中可以看出：学生一共说出了 12 条关于"陆地和水"的知识，其中关于陆地的有 5 条（4、5、7、10、11），关于水的有 4 条（2、6、8、12），而关于陆地与水的只有 3 条（1、3、9）。通过这样的诊断性评价，教师发现：基于前期的学习，学生对陆地、水这两个单独的概念分别有了一些了解，但是，对于陆地与水的相互作用不够清晰，很少关注二者之间的关系。

通过两次诊断性评价，教师确定了单元和本课的认识起点。那么，在教学中应该通过什么样的科学实践来推动学生认识的发展呢？通过思考，教师认为"建立和使用模型"这个类型的科学实践是课中应该着重应用的。模型具有形象和直观的特点，可以激发学习兴趣，使现象直观、清晰地呈现，为认识的发展创造条件、奠定基础。这也正好符合了"学生感知科学主要是依靠主动观察科学现象"的特点。

以上的教学诊断性评价，从实践的角度说明了儿童在科学学习的过程中不断经历着理论与证据的协调，并在此过程中习得科学知识、养成科学思维。将科学实践、思维与认识三者建立联系可以促进学生概念的

图 3-11 班级记录单

建构。

不仅是科学学科，在数学、语文等学科中，教师同样运用多种评价方式，推动学生在自主发现、探究中，参与实践活动，从而接近真理。

(三)知行合———导向实践的能力

"知行"是中国传统哲学的重要范畴，其始于《尚书》与《左传》，《尚书》有"非知之艰，行之惟艰"之说，《左传》有"非知之实难，将在行之"之说。知，指认知；行，指行为、行动。

"知行合一"是中国古代哲学中认识论和实践论的命题，主要是关于道德修养、道德实践方面的。中国古代哲学家认为，不仅要认识（知），更应当实践（行），只有把知和行统一起来，才能称得上"善"。知行合一，一方面强调道德意识的自觉性，要求人在内在精神上下功夫；另一方面也重视道德的实践性，指出人要在事上磨炼，要言行一致，表里一致。

北京小学将中国传统哲学中的"知行合一"思想迁移到教学实践中，重在引导学生"学用结合"，在教学评价中，不仅注重学的过程，更关注学生的实践、应用。

比如语文学科教学中，一些古诗词，一些与中华传统节日有关的文章，都承载了优秀的中华传统文化，凝结着中华民族几千年的智慧。在大力倡导学生学习中华传统文化的过程中，用评价手段促进学生探究、体验，在亲历实践中用一言一行传承祖国文化，做到与时代相结合，古今贯通，在使用中传承，在传承中热爱。

比如，学习《杨氏之子》感受古人的智慧、语言的魅力后，创设情境，引导学生学会委婉地回答问题；学习寓言《纪昌学射》感悟到学习一项本领就要持之以恒，练好基本功后，再让学生联系生活实际说一说自己练习一项本领学好基本功的感悟；学习哲理诗《题西林壁》《游山西村》，理解"横看成岭侧成峰，远近高低各不同""山重水复疑无路，柳暗花明又一村"时，指导学生用古代的哲学思想解决现实生活中的问题；学习写景的诗句，对仗的表达，启发学生适时引入生活和写作当中，润色语言……

学习《元日》《北京的春节》，引导学生探究春节的由来、习俗，在实践中过中国年，行中国礼；学习《清明》，学生将古人的习俗与现代生活相结合，与家人踏青、祭扫，在实践中传承文化。教师设计个性化的评价单，引导学生在自评、家长评的过程中，将课堂学习向课外实践延伸。学生有计划地探究、实践、体验，这样的文化传承是意义深远的。学生在"使用"中潜移默化地吸收民族文化智慧的同时，对民族文化的理解也会更深刻，对祖国文化的热爱之情将油然而生。

再比如，道德与法治课程，教师抓住学生的"拔节孕穗期"进行点拨、教育，在评价中引导学生不仅掌握学习内容，更重视在日常生活中的应用。学习"尊重""宽容"时，设计同学间的互评表，导向日常校园生活中提升与同学的交往的实践能力。在各种评价方式中，强调道德与法治课如何从学生个体成长需要出发，实现对学生现实生活的指导。

如上所述，北京小学的教学评价注重以人为本，因材施教；注重学用相长、知行合一，着力培养学生的创新精神和实践能力，促进学生全面发展。

第四章

"四季课程"中传承中华文化

中华民族的伟大复兴需要优秀文化的传承。一个具有高尚精神信仰的民族才是一个大有希望的民族！

在《习近平总书记系列重要讲话读本》中有这样一段话，"中国共产党自成立之日起，就既是中华优秀传统文化的忠实传承者和弘扬者，又是中国先进文化的积极倡导者和发展者。要用中华民族创造的一切精神财富来以文化人、以文育人，决不可抛弃中华民族的优秀文化传统"。①

中华文化延续着我们国家和民族的精神血脉，既需要薪火相传、代代守护，也需要与时俱进、推陈出新。中华优秀传统文化是中华民族的精神命脉。要努力从中华民族世世代代形成和积累的优秀传统文化中汲取营养和智慧，延续文化基因，萃取思想精华，展现精神魅力，要以时代精神激活中华优秀传统文化的生命力。

北京小学深入挖掘中华传统文化的育人价值，以"四季节日""四季国医""四季实践""四季劳动"课程的开发与实施为载体，通过潜移默化、寓教于乐的形式，让学生走进中华民族的精神世界，感受人们对美好理想、智慧与伦理道德的追求与向往。在课程学习中，指导教育学生弘扬中华民族优秀文化，传承中华美德。

---

① 中共中央宣传部编：《习近平总书记系列重要讲话读本》，100 页，北京，学习出版社，人民出版社，2014。

第一节 "四季节日"培育中华情义

一、"四季节日"的育人价值

如何落实立德树人根本任务，怎样更有效地培育和践行社会主义核心价值观？北京小学以"传承中华优秀文化，培育中国少年"为思路，开发"四季节日"德育校本课程，时刻把为谁培养人、培养什么人、怎么培养人作为育人的核心问题。

（一）"四季节日"中的文化传承

教育部 2014 年颁发的《完善中华优秀传统文化教育指导纲要》中指出："加强对青少年学生的中华优秀传统文化教育，要以弘扬爱国主义精神为核心，以家国情怀教育、社会关爱教育和人格修养教育为重点，着力完善青少年学生的道德品质，培育理想人格，提升政治素养。"①因此，加强中华优秀传统文化教育，是培育和践行社会主义核心价值观，落实立德树人根本任务的重要基础。

中华优秀传统文化源远流长、博大精深，是中华民族的根和魂。近年来，习近平同志多次讲话谈到关于学习祖国优秀传统文化的问题，他曾在北京师范大学看望教师时表示："我很不赞成把古代经典诗词和散文从课本中去掉，'去中国化'是很悲哀的。应该把这些经典嵌在学生脑子里，成为中华民族文化的基因。"②

习总书记的讲话为我们进一步搞好基础教育工作指明了方向。首先，加强中华优秀传统文化教育是基础教育的本质要求。北京小学曾提出"让基础教育回归本真"的教育主张，这个回归包括为民族的未来打下

---

① 《〈完善中华优秀传统文化教育指导纲要〉印发》，http：//www. gov. cn/xin-wen/2014-04/01/content _ 2651154. htm，2014-04-01.

② 《习近平：我很不赞成把古代经典诗词和散文从课本中去掉》，http：//politics. people. com. cn/n/2014/0909/c1024-25628978. html，2021-09-09.

良好的基础。中华民族的良好基础就应包括我们的学生对中华民族的无限热爱、强烈的民族认同感、对民族优秀文化的理解与热爱等。北京小学"基础扎实，学有所长，中华底蕴，国际视野"的十六字培养目标中就包括"中华底蕴"的内容，体现着培养有根的中国人的重要性。中华民族要有根，中国人要有精神的底子，文化的根基，而传统文化教育正是帮助学生深扎民族根、熔铸中国魂的重要方式和方法。

中华传统节日作为中华民族悠久历史文化的组成部分，蕴含着丰富、深邃的人文内涵，是民族文化中的精华，是每一个中国人共有的精神财富。我国的传统节日内容丰富，它们的形成过程无一不与民族的悠久历史一脉相承，是一份宝贵的精神文化遗产。过中国的传统节日就是继承中华优秀传统文化的具体表现。因此，为了更好地传承中华文化，从小培养北小学子的民族意识和爱国情怀，我校立足儿童养正教育，不断探索、创新课程的新途径，在"四季特色"课程中挖掘中华传统节日的育人价值，开发设计了"四季节日"德育校本课程，力争在丰富的学习与实践中培养学生做人做事的优秀品德，在弘扬和传承祖国优秀传统文化的过程中，做自豪的中国人，让优秀传统文化成为滋养中国少年的沃土。

因此，"四季节日"课程的学习、研究与实践，是对民族精神的追求，是对人生态度的探索，更是为了民族文化的传承。

(二)"四季节日"中的文化创新

"四季节日"课程是我校校本课程中的重要组成部分，也是课程体系建设中的重要环节之一。这门课程从最初设计到内容开发，再到具体实施，始终紧扣学校培养目标，立足学校课程结构的整体建设。"四季节日"课程的实施真正将中华优秀的传统文化潜移默化地融入学生喜闻乐见的教育教学活动，深受师生、家长的认同与欢迎。"四季节日"课程不仅为学生打开了更为广阔开放的学习时空，更激发了学生主动学习的愿望，促进其综合学习、探究学习和实践学习。同时，课程的开发与实施过程也进一步提升了教师团队的课程领导力。最重要的是让全校师生明确了"传承中华文化，做自豪中国人"的价值追求。"四季节日"课程成为我校爱国主义教育和民族精神教育的重要途径和抓手，在传承文化中创新，在启蒙教育中养正，让社会主义核心价值观教育通过四季节日文化的学习与传播更加落地有声。

二、"四季节日"课程设计

由于中华传统节日与人们的日常生活联系紧密，因此课程的开发凸显京韵特色，体现生活性，同时中华传统节日大多与四季更替、节气变化相关，因此，我校把四季节日课程特点定位为：体现四季节律，融合生活教育，整合育人途径，顺季应时而上。

课程内容按四季划分，包含九个中华传统节日，即春——春耕节、清明节；夏——端午节、乞巧节；秋——中秋节、重阳节；冬——腊八节、春节、元宵节，并按照每个节日分四个板块充实内容，即节日由来、传说故事、诗文赏析、习俗实践。

三月：(春)春耕节——二年级，种植实践活动。

四月：(春)清明节——五年级，祭扫先烈实践活动。

六月：(夏)端午节——四年级，包粽子实践活动。

八月：(夏)乞巧节——一年级，巧手制作实践活动。

九月：(秋)中秋节——三年级，月饼制作及赏月实践活动。

十月：(秋)重阳节——六年级，登高远足、敬老实践活动。

十二月：(冬)腊八节——三年级，制作腊八蒜、腊八粥实践活动。

一月：(冬)春节——各年级，结合寒假冬季课程进行设计。

二月：(冬)元宵节——各年级，结合寒假冬季课程进行设计。

(一)融入德育因素的课程设计

在课程的实施与管理过程中，坚持融合原则，即与学科教学融合、与德育主题教育融合、与综合实践活动融合，在融合中渗透审美教育。九个节日，应时而上，系列推进，点面结合，主要通过综合实践课及班队会课时间进行具体实施。除通过国旗下讲话、广播宣传等方式进行节日文化的普及外，每学年每个年级重点落实一个节日的系列化课程学习与实践，在节日所在的学期中开设课程，这样一个循环下来就让全体学生在小学阶段对九个中华传统节日有了系统的认知与体验。具体为：一年级乞巧节，二年级春耕节，三年级中秋节，四年级端午节，五年级清明节，六年级重阳节，以及结合寒假冬季课程各年级分主题实施的腊八节、春节和元宵。推进的课程形式主要为班会课、主题活动及社会实践。这样的课程实施方式充分体现了德育活动的灵活性、多样性、整合性，易于操作与管理，而且重点明确突出，使教育更具实效。

(二)凸显应时而上的课程设计

每个传统节日都有自己独特的文化内涵和道德教育资源，作为德育校本课程，更应体现教育性和针对性，因此我们结合每个节日的特点和学校的育人目标，确定了每个节日的核心教育主题，充分挖掘可运用的教育资源，丰富课程实践内容，比如乞巧节的主题是勤劳灵巧，自理能行。我们在一年级重点开设此四季节日活动课，指导学生了解节日的内涵，挖掘节日文化中倡导的劳动人民勤劳的优秀品质，开展多项巧手实践活动，与一年级的养成教育目标结合，引导学生树立自理意识，培养劳动习惯。再如春耕节的主题是播种希望，收获成长。我们在校园中开发了一个小小种植园，以春耕节为起点，引导二年级学生了解节气知识与春耕播种的内在联系，指导学生人人参与种植活动，学习种植知识，记录种植日记，观察植物生长，感悟和尊重生命成长。还有像端午节的主题是自强守节、爱家爱国；清明节的主题是缅怀先人、树立志向；重阳节的主题是敬老孝亲，关爱家人；春节的主题是辞旧迎新，礼仪传承等。确立了主题，就有了课程内容的侧重选择与教育的重点目标，使四季节日课程的德育性更加彰显。

(三)链接学生生活的课程设计

课程内容的选择与课程活动的形式只有让学生乐于体验，才能更好地激发参与兴趣，从而让课程所承载的教育思想深入学生的内心。因此，我们在每个节日课程中都设计了贴近学生生活的实践体验内容。比如腊八节课程中，学生在充分学习、讨论、分享习俗知识后，在教师的指导下现场制作腊八蒜，学会搭配制作腊八粥的食材；而周末的实践作业就是在家长的帮助下采购食材，精心调制富有亲情味道的爱心腊八粥。比如端午节课程中，学校引进专业资源，开设了一系列的民俗体验活动：舞龙舞狮、划旱船、踩高跷、射铜锣、包粽子、编五彩绳等，将传统与现代元素融合，让学生在快乐的体验中增强对传统节日的热爱。特别是在春节课程中，每个年级都为学生设计了不同主题的实践活动：舌尖上的春节、生肖之趣、胡同里的中国年、年画·话年、窗棂上的艺术、年年有礼、年里寻灯、春节话福、走进吉祥物等，专题性的实践学习让学生在假期中能够深入社会生活，自主探究，发现创造，在日常的衣食住行中感悟节日文化、传承节日文化。

（四）辐射家庭教育的课程设计

四季节日课程最大的优势在于其生活性，节日文化来源于生活，更要回归生活。节日课程要更好、更全面地发挥其育人作用，就要辐射联动到家庭和社会生活中，因此家校协同教育至关重要。我们主要的做法是先邀请家长参与课程资源的开发与实施，比如推荐实践基地，担任主题课程及实践活动的讲师或志愿辅导员，在端午节课程实践中到校指导学生包粽子，在春耕节课程实践中指导学生种植等。其次是家长在家庭中担任节日课程的延续指导者和督促者，我们用精心设计的课程手册作为联系学校与家庭教育的纽带，让家长与学校达成教育共识，明确节日课程在家庭实践中的目标，让学生在校学习所获持续保持，并且在家庭生活中能加以运用，以利于良好习惯的养成。比如，重阳节课程实践中，每位学生要在家庭中落实一项敬老孝亲的小举措或小行动，并获得家长的反馈与评价。再比如春耕节课程实践中，每个学生要在家长的指导下种植护理一种小植物并得到家长的反馈与评价。又比如寒假期间的春节课程实践，家长要依据课程手册的指导帮助和督促学生完成实践任务并进行评价，等等。总之，家校协同让节日课程的教育效果辐射联动到了家庭与社会生活中，影响深远。

三、"四季节日"课程实施

(一)课程实施过程

1. 三个阶段

课程建设的实施推进包括规划、推进和总结三个阶段，并在每学年的课程更新中循环实施。

(1)规划"四季节日"课程开发方案，初拟课程纲要。

(2)推进"四季节日"课程实施，实现课程目标。

(3)总结"四季节日"课程实施情况，补充完善课程纲要。

2. 六个步骤

具体到每学年的课程推进过程，主要分为六个步骤。

步骤一：明确内容。各年级明确本学年重点要过哪一个中华传统节日，"应时而上""有备而来"，要营造浓浓的节日氛围。

步骤二：研讨规划。

（1）年级组全体教师了解课程目标，在课程目标的基础上进行研讨，使用统一格式，初步规划子课程方案。

(2)研讨课程方案，设计具体课程内容及实施方案。

步骤三：调整优化。"四季节日"课程研究小组审批子课程方案，聘请课程专家对各子课程方案进行审定，并提出修改意见，各年级教师结合指导意见进行修改和调整。

步骤四：完善筹备。

(1)教师准备：做好课程实施前各项准备工作。包括课程名称、课程简介、课程实施方式等。

(2)学生准备：了解课程内容，做好课程前的收集资料等准备。

步骤五：启动实施。"四季节日"课程在教师的指导下，在家长助教的协助下，正式启动并实施。

步骤六：评价总结。教师注重反思和积累，基于实践对课程方案进行调整、完善和总结，为课程的再次开设积累有价值的经验。

（1）评价时间——课程结束后。

（2）评价内容。

①知识积累，即在本课程的个性化学习进程中，学生某领域的视野是否得到拓宽，知识是否得到丰富，主要得到了哪些方面、何等程度的丰富等。

②合作交往，即在本课程的合作性学习进程中学生是否能够较好地参与合作学习，是否能够主动参与，表达自己的观点等。

③学习方法，即在本课程的学习过程中学生是否对获取知识的途径、学习知识的方式方法有新的了解，是否对某领域的知识点的方式方法有新的认识，学习能力是否得到提高等。

④创新实践，即在课程设计的各类实践活动中，学生是否有自己独创的想法，是否能够通过相关方式展现自己的创新想法等。

根据本次课程实施的过程，总结并提出改进建议，为本课程的再度实施提供参考和依据。例如，怎样更好地体现课程实施的层次性、系列性，研发出富有校本特色的课程教材？

（二）课程实施效果

1. 切近学生生活实际，培养家国情怀

本课程的内容贴近学生身心发展需求，学生在过中华传统节日中，感受传统节日的无穷魅力。因此在课程学习过程中表现出了浓厚的兴趣和积极的探究热情。例如，中秋节是三年级的四季节日课程，三年级教师将课程起名为"花好月圆话中秋"。课程中，学生聆听了专家的文化讲座，了解了中秋节的来历，知道了中秋节的习俗，还分享了许多有关中秋节的神话故事。课程学习中学生最兴奋的就是自己亲手制作冰皮月饼。他们以小组为单位，在教师讲解后，纷纷进行尝试，和面、包馅、压模、装盒都是独立完成。看着自己包的冰皮月饼，别提有多高兴了。学生还把自己的收获和成长用专题片的形式向全校播放，不断丰富节日的内涵。

孝老爱亲是中华传统美德，学生在过中秋节时将北小的感恩教育渗透其中。在课程中还引导学生把亲手制作的月饼作为礼物送给自己的长辈。香甜的月饼寄托着北小学子深深的感恩之情及浓浓的孝心……贴近学生生活的课程实践，有效地促进了学生的个性化发展，深受学生的喜爱。

2. 促进教师课程研发，提升课程领导力

本课程的开发与实施进一步推进了我校校本课程体系的建设，使之日趋丰富和完善。在课程建设的过程中，广大教师的课程领导力得到了显著提高。每到一个中华传统节日，教师们都有意识地了解相关知识，通过查阅资料、亲身体验等方式深入学习，对节日文化进一步了解。在此基础上去研究、设计课程方案，让每一次节日课程都有其内涵，学生在过节的过程中感受节日文化，家国情怀在潜移默化中油然而生。

可以看出，校本课程的实施过程既是学生快乐学习的过程，同时也是教师快速成长的过程，师生共同学习，感受其中的内涵与文化，让节日赋予生活更多的快乐。边学习、边思考、边实践、边改进的工作方式很好地促进了教师的实践性学习，有效锻炼了教师的课程执行力，提高了教师的课程意识，有助于教师形成较强的课程领导力。经过多年的探索，已有近百名教师参与到这门课程的开发、设计与实施之中，培养了一批课程骨干力量。

3. 完善校本课程结构，构建学校课程体系

目前，已形成了我校校本课程的序列性开发，完成了包括 10 个子课程在内的课程资源包建设(包括课程方案、课程内容、实践活动照片等)。同时在此校本课程的内部，课程目标、课程内容、课程实施、课程评价等方面均得到了全面而系统的建设，且经过近年的实践检验，均收到了很好的实践效果。切实推动了学校课程体系建设，完善了我校校本课程的结构设计。

(三)课程实施案例

下面分别从四季节日校本课程在课堂中的教学设计，以及在实践中的具体实施两个角度，以两个节日为例，做具体说明。

1. 课堂教学设计举例

课题：中华节日·中国人——腊八节

年级：三年级

教学目标：

(1)通过探究腊八节的由来，了解传统节日寄托的美好寓意；通过"讲故事""猜一猜"等环节，了解腊八节的习俗文化。

(2)通过模拟腊八粥配料，现场体验剥蒜并制作腊八蒜等实践活动，提高学生的动手实践能力，为课后实践延伸做好铺垫。

(3)通过"知习俗、乐实践"等环节，促进学生对中国传统文化的热爱，激发学生的爱国热情和民族自豪感。

教学实录：

(1)回顾课程内容，引出学习主题。

一是儿歌导入，复习四季节日课程内容。

师：同学们，你们知道一年中的四个季节分别是什么吗？

生：春、夏、秋、冬。

师：人们常说春有百花秋有月，夏有凉风冬有雪。在四季的轮回中，约定俗成，产生了许多属于我们民族自己的传统节日。老师结合我们学校四季节日课程中学习的内容，创编了一首小儿歌，让我们一起拍手读一读。

传统节日我知道

过春节，放鞭炮，团圆守岁齐欢笑。

元宵节，看花灯，正月十五真热闹。

春耕节，播种子，大地开始冒春苗。

清明节，把诗吟，踏青祭祖春色好。

端午节，赛龙舟，粽子艾香满堂飘。

乞巧节，送祝福，牛郎织女会鹊桥。

中秋节，吃月饼，十五月圆当空照。

重阳节，去登高，家中老人是一宝。

腊八节，把粥熬，过了腊八新年到。

曰春夏，曰秋冬，传统节日我知道。

二是明确日期，聚焦即将到来的腊八节。

师：在即将到来的农历十二月，我们又要迎来一个中华传统节日。

生：腊八节。

师：看看日历，这个节日在哪一天？

生1：农历十二月初八。

生2：公历 2016 年 1 月 17 日。

师：今天这节课，就让我们一起走进中华传统节日——腊八节。

上述的设计意图是通过诵读童谣的方式，使学生在饶有兴趣中回顾学校四季节日课程重点学习的内容；通过看日历，明确日期，聚焦即将到来的中华传统节日——腊八节。

(2)了解节日由来，感受美好寓意。

一是了解学情，交流课前学习的相关内容。

师：关于腊八节，同学们都想了解哪些内容呢？

生1：这个节日为什么叫腊八节？

生2：腊八节都有哪些习俗？

生3：腊八粥由来的传说故事有哪些？

生4：腊八蒜很好吃，我想知道它是怎么制作的？

……

师：下面我们就围绕着大家感兴趣的话题展开学习。你知道"腊八节"中的"腊"是什么意思吗？

生：数学课上我们学过一个小口诀：1、3、5、7、8、10、腊，31天永不差。腊月是十二月的意思。

师：他想到了数学课学习的知识。那古人为什么把十二月称之为腊月呢？同学们试着猜猜看。

生1：我知道冬天吃腊肠，腊肉，是不是因为这个原因把十二月称为腊月。

生2：我听爸爸说这个节日好像跟古代祭祀有关。

......

设计意图是交流对腊八节感兴趣的话题，激发学生进一步学习的兴趣；结合课前学习，猜猜腊八节名字的由来，使课前学习与课中学习紧密衔接，拉近学生与传统节日的距离。

二是探究由来，了解节日寄托的美好寓意。

师：其实一个节日名字的由来，也有着大大的学问呢。今天我们就先从"腊"这个字的字源说起。古时候"腊"这个字的意思是用肉来祭祀所有的神。

古书上说："腊者，猎也。"由此可以看出，"腊"就是打猎，就是用打来的猎物来祭祀，以祈求来年风调雨顺，五谷丰登，吉祥如意。

师：在远古时代，人们每年要举行春夏秋冬四次祭祀，其中冬季的这次祭祀活动规模最大，因此人们把这次祭祀活动称之为"腊祭"，称"腊祭"这一天为腊日。因此又把农历十二月称作"腊月"。南北朝时期，这种"腊祭"活动逐渐被固定在"腊月初八"这一天，因此便有了"腊八节"。

这个节日是由古代祭祀演化而来的，寄托着我们中国人对一年收获的感恩之情，对新的一年最美好生活的渴望之情！

设计意图是以"腊"字的字源理解为突破口，借助古书中的含义，用通俗易懂的语言帮助学生了解腊八节的由来，从美好寓意中引发对腊八节的美好期待。

(3)探访节日习俗，模拟动手实践。

①走进节日习俗一——腊八粥。

片段一：分享传说故事，知腊八粥由来。

师：在华夏民族漫长的文明史中，自古就奉行着"民以食为天"的思想。所以一提起腊八节的习俗，大家最熟悉的就是喝腊八粥了。同学们周末已经查找了有关腊八粥由来的传说故事，谁来给大家讲一讲？

生1：讲述"朱元璋忆苦思甜"的故事。

生2：讲述"勤俭持家"的故事。

生3：讲述"岳飞煮粥济军"的故事。

······

设计意图是学生的课堂学习不是零起点，而是有备而来，生动有趣的故事分享，大大激发了学生对腊八粥由来的兴趣，感悟腊八粥源远流长的历史。

师：不同时期人们赋予了腊八粥美好的寓意。其实，腊八粥已经有一千多年的历史了，它为什么流传至今而不衰呢？我们班亚涵的爷爷对民俗非常有研究，下面就让我们请亚涵爷爷带我们走进象征美好意义的腊八粥。

亚涵爷爷在视频中说：说到腊八节，大家自然就会想到喝腊八粥了。今天我就给大家讲一个有关腊八粥与勤俭持家的传说故事。从前，有一户农家，有老两口和小两口。老两口勤俭，小两口好吃懒做。老两口过世以后，小两口就靠吃老本过日子。几年以后，老本吃光了，他们便靠讨饭过活。一年腊月初八，他们没法乞讨，就在家里找东西吃，在炕缝里和地缝里找到了一些黄豆和谷米，便煮粥充饥。想到自己过得这么凄惨，不禁落了泪。便暗暗下了决心，改掉懒惰的毛病。过年以后，他们一起干活，日子过得也越来越好了。

腊八粥距今已经有一千多年的历史了，最早腊八粥是用红小豆和糯米熬成，后来材料逐渐增多，至今我国许多地区仍然保留着喝腊八粥的习俗。按照我国古代的习俗，每年腊月初七晚上，人们就开始淘米洗料，下锅大火烧开，小火慢慢熬。一直熬到第二天的早晨，粥熬好以后，先敬神祭祖，然后分给亲戚朋友，最后一家人才开始喝腊八粥。

腊八粥具有健脾开胃的功效，同时还有御寒的作用，是冬季滋补的佳品，腊八粥传承着中华民族的文化，希望同学们在腊八节里和爸爸妈妈试着做一次腊八粥，好吗？

设计意图是选择班中学生们熟知的亚涵爷爷带学生走进腊八粥，既亲切又吸引学生，同时短短的视频中涵盖了很多有关腊八粥的知识，帮助学生进一步了解腊八粥，走进节日文化。

片段二：动手实践，模拟腊八粥配料。

第一，认识食材，了解功效。

师：小小的一碗腊八粥还有着这么深厚的文化内涵呢！传承着我们中华民族的文化。俗话说："天天一碗营养粥，不劳郎中来奔走"，这腊八粥真是营养多多，好处多多。今天我们就在课堂上开始腊八粥的制作。

师：腊八粥一般是由米、豆、干果等组成，随着时代的发展腊八粥的配料也越来越丰富。粥里的每一样食材都有自己的营养价值。比如薏米健脾胃，豆类富含蛋白质，核桃健脑等。

综合实践课应该注重培养学生多方面能力的提升，因此在模拟之前先让学生认识各种食材，了解它们的营养价值，为挑选食材做好充分的准备。

第二，动手实践，模拟配料。

师：我们进行的模拟配料可不是随随便便做的，你要认真地选择，因为这个周末你就要和家长到超市选购这些原材料了。所以你所选择的原材料要考虑家人是否喜欢，根据家人的健康状况做一些特别的调整，可以寄托你美好的愿望。

师：一会儿就请大家将你选择的食材图片贴到"碗"里，空白的图片大家可以自己填上你最想放的食材。最后为你即将要做的这碗腊八粥起个有寓意的名字。

学生搭配的食材寄托着对家人的关爱，亲情教育渗透其中。同时这又是周末实践的"粥谱"，使得课中与课后实践活动紧密衔接。

第三，分享交流，提升情感。

小组交流，分享成果。代表交流，食材搭配。

生1：我选择了红豆、核桃、红枣、薏米、百合、莲子和梨。莲子和薏米是给爷爷奶奶的，莲子有黑发的作用，我希望他们更加年轻；妈妈工作很忙，红枣和核桃是送给她的，我打算让她补补脑；我喜欢红豆和百合，味道可好了！梨是给我爸爸的，他在国外出差，总是咳嗽，给他放一些梨，病情一定会好转。

师小结：她在挑选食材时选择爸爸妈妈、爷爷奶奶喜欢的口味，充满着浓浓的爱意。

生2：我配的粥有9种食材，分别是小米、大米、红枣、杏干、栗子、玫瑰花瓣、山药、莲子、绿豆。妈妈平时很辛苦，她喜欢吃红枣和莲子，所以我想把这两样送给妈妈；爸爸喜欢吃小米和大米，所以送给他这两样。我喜欢吃栗子、杏干和绿豆，加些山药非常有营养，再撒一些玫瑰花瓣，一定很漂亮。

师小结：我们中国人的饮食讲究色香味俱全，你的这碗粥熬出来一定非常漂亮。最重要的是这碗粥里有你对家人最美好的祝福，所以我相信这碗粥一定是最甜美的。

第四，选派代表，分享粥名。

师：下面有请各组代表介绍你所配的腊八粥的名字。

生1：我的粥有一个好听的名字叫"感恩粥"。

生2：我的粥取名为"幸福粥"。

生3：我希望和家人永远在一起，因此取名为"团圆粥"。

生4：我的粥也有一个好听的名字叫"香甜粥"。

……

师：太多美好的名字，这个周末别忘了拿着"粥谱"和你的爸爸妈妈一起去选购食材啊！

师："腊七腊八，冻掉下巴。"腊八正是一年中最寒冷的季节，然而在这么冷的时候，你能够和爸爸妈妈一起熬制一碗热气腾腾的腊八粥是多么幸福啊！小小的一碗粥让你的家庭更加的幸福甜蜜。

学生交流选择的腊八粥配料，渗透亲情教育；为粥取名，让爱与美好的期待无限放大，使学生对节日的热爱在润物无声中逐步升温。

②走进节日习俗二——腊八蒜。

师：腊八这天，在我国的北方地区，尤其是华北地区的人们还有泡"腊八蒜"的习俗。

片段一：猜一猜，知寓意。

师：你们有没有见过或吃过腊八蒜？今天我给大家带来了一瓶腊八蒜，为了让你们看得更清楚，我提前捞出了几瓣，你们看，这跟你们平时见到的蒜有什么不一样啊？

生：腊八蒜是绿色的。

师：严冬时节，家家户户都要泡腊八蒜，猜猜为什么在这个时节泡腊八蒜啊？

生1：我猜因为绿色的蒜很好看，所以我们的古人泡腊八蒜。

师：腊八蒜还称"翡翠碧玉腊八蒜"，那颜色碧绿碧绿的，可好看了。在以往科技、农业还不那么发达的时候，到了冬天，太难见到绿色的蔬菜了，就在这样一个寒冷的冬日，这样一抹淡淡的绿色，带给了我们生机勃勃、春意盎然的暖意。

生2：我在家吃过腊八蒜，酸酸的，特好吃，而且不辣，味道好极了。

师：没错，这腊八蒜，有蒜香又不辣，有解腻祛腥、助消化的作用。你看，我们的劳动人民充满着智慧，创造了这样的美食配餐。

生3：团圆吃饺子时，大家就可以吃到腊八蒜了。

师：你们看蒜的样子，这么多瓣蒜围绕在一起。腊八蒜小小的配菜，就能让一家人团坐在一起的这桌饺子宴更加有滋味。它是家人团聚的浓浓情谊，为生活增添了浓浓的情趣。

生4：我猜腊八蒜对身体有益，应该能抵御寒冷。

师：你猜得很有道理，普通大蒜性温，多食生热，且对局部有刺激，但是腊八蒜没有这些禁忌。据我了解，用醋泡过的蒜含有一种叫硫化丙烯的辣素，其杀菌能力可以达到青霉素的1/10，对病原菌和寄生虫都有良好的杀灭作用。对人的身体健康很有益。这腊八蒜可以御寒祛病，预防感冒呢！

师：过去我们中国人还常常用谐音来借寓意，腊八蒜的蒜字和"算"字同音，据说各家商号要在这天拢账，把这一年的收支算出来，可以看出盈亏，其中包括外欠和外债，都要在这天算清楚，腊八"算"就是这么回事。

因此民间常说：腊八"算"，腊八"算"，计算一年的收获与得失，为新的一年做好准备。

你们看，腊八蒜也有着美好的寓意。

"猜一猜"的环节充分调动起学生探究的积极性，而教师的顺势引导是对学生自然、历史、科学等多种知识的积极渗透，促进学生综合能力的提升。

片段二：乐动手，悟真情。

了解腊八蒜的制作过程。动手实践，快乐体验。

师：据我了解，咱们班很多同学都没有剥过蒜，今天在课堂上咱们就实践一次，每位同学先用湿巾擦手，然后剥一瓣蒜，认真地剥，一会我们轻轻地放到玻璃瓶中。

教师走到学生身边，学生将自己亲手剥的蒜放在玻璃瓶中。教师随机点评：

你们放入的是对节日的理解，放入的是对来年的期待，放入的是甜美的生活，放入的是浓浓的情谊，放入的是满满的收获，放入的是全部的爱意……

学生代表将醋倒入盛满蒜的瓶子中，全班数 1、2、3，将盖子封存。

师：我们将这瓶腊八蒜放在教室中静静观察它的变化，10 多天以后蒜就绿了。等到学校吃饺子的时候，咱们班带着泡好的这瓶腊八蒜一起吃饺子去，怎么样？

课堂中给予学生充分动手实践的空间，体验剥蒜的过程，收获对传统节日的热爱和生活技能的体验。全班封存腊八蒜，赋予班级生活最美好的期待。

（4）巧延伸，乐实践。

师：从这周末到腊八节来临前夕，请同学们把今天学到的带回家里，和爸爸妈妈制作腊八粥或腊八蒜，希望在你和家人操作的过程中，把你的学习收获讲给他们听。别忘了用视频、照片记录下来，拿到学校我们一起分享啊。

师：其实腊八节的习俗不仅仅是腊八粥、腊八蒜。我们的祖国幅员辽阔，各地都有自己的节日习俗，比如腊八豆腐，腊八面条等，猜猜这些都是哪个地方的习俗，寄托着怎样美好的寓意呢？

生1：我猜腊八面是洛阳的。

生2：我猜腊八豆腐是山西的。

师：你们想知道正确答案吗？留下一个悬念，先不告诉大家，感兴趣的同学可以回家去查一查，下周上学后由你来告诉大家。

鼓励学生将学习收获带到家庭中，在亲子交流中，感受传统节日丰富的内涵；腊八节还有哪些习俗这一问题，为学生的再学习提供了空间，激发学生了解更多习俗的兴趣。

(5)开启后续延展，激发热爱之情。

师：同学们，古书上说"腊者，接也"，因此"腊"字又寓意着新旧交替。民间有一首童谣这样说：小孩小孩你别馋，过了腊八就是年。腊八粥，喝几天，哩哩啦啦二十三。

师：腊八的开始，象征着辞旧迎新的开始。因为从腊八开始，年味儿就越来越浓了。

师：在即将到来的中华传统节日——腊八节里，别忘了和你的家人一起熬腊八粥、做腊八蒜。我想，当你和家人围坐在桌前，一起喝着热气腾腾的腊八粥，吃着味道鲜美的腊八蒜时，在这其乐融融的画面里，一定有你们对一年收获的感恩之情，有对新一年美好祝福的祈愿，还有那合家团圆的温暖，难以割舍的亲情味道……

首尾呼应，鼓励学生在家文化的熏陶中继续感悟传统节日的文化内涵。

2.课程实施举例

下面以二年级"四季节日之春耕节"系列课程实践为例，具体说明

"春耕节"的实施。

春耕节里学生播种下希望的种子，在种植中体验生命的成长，感悟大自然的神奇，从而感悟传统文化的精髓。学生在课程实践中了解了中华节日，传承中华美德，在过中华节日中收获成长，做堂堂正正的中国人。

(1)传统节日我知道——在课程启动中激发兴趣。

2018年春天，北京小学二年级的小同学迎来了中华传统节日——春耕节。在班会课上，教师们结合春耕节绘本图书，图文并茂地为学生讲述了它的由来故事。

春耕，意味着一年劳动的开始，春耕节表达了对土地，对劳动的尊重与期盼。"二月二"也被称为"春耕节""农事节""春龙节"，是汉族民间的传统节日。每年农历二月初二，传说是龙抬头的日子。庆祝这个节日，为的是祈望一年风调雨顺，五谷丰登。我们让学生在日历中画出春耕节这一天，并且告诉学生这一天在当年还恰巧是我国二十四节气中的"春分"。学生在日历中圈画出春耕节这一天，并了解了节气的相关知识，体现了课程学习的综合性与多元性。

之后，二年级师生与家长代表在学校阶梯教室召开了"四季节日之春耕节"课程启动仪式，学校邀请科学王老师为同学们讲述了种花的步骤和方法，听了她的讲解，大家跃跃欲试，想马上播撒下属于自己的小种子。

启动仪式上，专题小讲堂让同学们懂得了花朵的习性，为接下来的播种做好了充分的铺垫，学生们对这一节日的认识越来越深入，就越能体会种植的深刻意味。

(2)传统节日我实践——在种植小苗中感悟成长。

二年级的学生年龄小，怎样能让他们在春耕节里快乐地实践呢？二年级的教师们请来各班"促进教育家长委员会"的家长们一起献计献策。最终，为学生在校园中开辟一个小花园，成为全体师生共同的意愿。

于是，教师与家长投入到设计小花园的工作中。很快，校园中出现了一道亮丽的风景：小小的篱笆桩里铺满了绿绿的草坪，美丽的花架分为三层，那是学生们摆放小花盆的地方。作为春耕节课程实践的活动场所，二年级的师生们为它起了一个好听的名字——春耕园。

紧接着班级请来了农业种植专家为同学们讲解种植小技巧，在教师和家长的协助下，大家种下了期待已久的小花种。在"春天在哪里"的音乐声中，每位同学手捧美丽的小花盆，将自己精心培育的小花苗放到了漂亮的花架上，他们是那样小心翼翼，因为从埋下种子的那一刻起就期盼着小种子早点儿发芽，长出小苗。

教师将学生们分成六个小组，每天都由护花大使带领小组成员来呵护自己的小苗，他们每天都充满好奇与惊喜地走近它，看看这儿闻闻那儿，流露出喜爱与赞赏的微笑。因为大家把它们视为朝夕相处的小伙伴，生怕它被风吹倒了或是被雨水打折了。同学们记录下自己种植小苗的步骤，画下小苗的"满月照"，定时为它测量身高，数着长出的小花……这一切成了大家最愿意做的事情。

（3）传统节日我收获——在盘点收获中传承美德。

同学们就像一只只勤劳的小蜜蜂，在课程实践中收获着属于自己的成长。看着小苗一天天长高长壮，就像自己一天天长高长壮一样，既是一份希望，也是一种力量。花园里的小苗逐渐茂密起来，真是"枝间新绿一重重，小蕾深藏数点红"。种植过程中，他们用爱心呵护着比自己弱小的生命，经历着播种、发芽、出苗的生长过程；他们在课程实践中学习、积累、感悟和成长。

最后同学们用照片的形式记录下了自己与小花的合影，学生们在种植过程中感悟着成长的力量，传承着热爱劳动、珍爱生命的美德。

春耕节实践活动让我们带领着同学们乘着春天的翅膀点亮节日学堂，在四季节日的课程学习中，感悟文化精髓，传承中华美德。春耕节课程实践体现出民族传统节日的思想熏陶和文化教育功能，丰富了民族传统节日的文化内涵，在课程实践中体现出特色鲜明、气氛浓郁的节日文化。

中华优秀传统文化是中华民族的基因，植根在中国人内心，潜移默化影响着中国人的思想方式和行为方式。中华优秀传统文化积淀着中华民族最深沉的精神追求，包含着中华民族最根本的精神基因，代表着中华民族独特的精神标识，是中华民族生生不息、发展壮大的丰厚滋养。"四季节日"课程正是中华传统文化最好的传承载体。正所谓"曰春夏，曰秋冬，此四时，运不同"，传统节日的传承与实践，与我们民族源远流长的悠久历史一脉相承，是一份宝贵的文化遗产。

第二节 "四季国医"传承自然文化

一、顺四时自然之律 设计"四季国医"课程

以四季的变化规律为课程体系构建的基础，根据不同季节以及相对的不同节气设计课程，使得学生在学习的过程中，实践体验的内容与四时节令相融、相通。

(一)顺四时而学——因节而生

"四季国医"课程的设计主要抓住四季的特点与人体变化的关系，指导学生进行身心自我保健，这门课程以中国传统医学的生命观、整体观为指导，反映中国传统文化的博大精深。

中国一年气候变化的一般规律是春温、夏热、秋凉、冬寒，而自然界顺应这种规律，出现春生、夏长、秋收、冬藏的变化过程，人体生理也随四季气候的规律性变化而出现相应的适应性调节。根据不同季节以及相对的不同节气设计课程内容，增强课程学习的实效。

二十四节气是我国古代劳动人民认识世界、认识自然的智慧结晶，是流淌在我们民族血液中的文化基因，我们身边一切风物都有节气流转的痕迹。中国古人将太阳周年运动轨迹划分为 24 等份，每一等份为一个"节气"，统称二十四节气。2016 年中国申报的"二十四节气——中国人通过观察太阳周年运动而形成的时间知识体系及其实践"正式列入联

合国教科文组织人类非物质文化遗产代表作名录。在国际气象界，这一时间认知体系被誉为"中国的第五大发明"。据记载，二十四节气首次完整出现于汉代《淮南子·天文训》，其中部分名称甚至出现于先秦典籍中。

我们从二十四节气出发，以传统文化为根，翩翩行走，寻找着四季光阴的力量。以二十四节气为着力点，将其与学生身体健康结合起来，打造学生喜闻乐见的"四季国医"课程，让学生顺应时令，依从自然规律，观察、探索、思考身体与节气变化的联系，感受个人、自然、社会的内在整合，感受着古人高妙的生活智慧。

节气之所以能被系统化，主要是因为它对人体健康和农业生产有重要的指导作用。《黄帝内经》中记载，人体脏腑、气血会随节气变化出现周期性盛衰，如春温、夏热、秋凉、冬寒；一年中节气更迭，人体气脉也随之有升、浮、沉、降节律。中医理论认为，人与自然界是"天人相应""形神合一"的整体，人们机体的变化、疾病的发生与二十四节气紧密相连。据此，我们在研究中从整体观的角度进行"四季国医"课程核心内容的设定，顺四时而学。

(二)顺四时而动——随节而蹈

中医学发源于中国，有着数千年的悠久历史，是中华民族传统文化的重要组成部分，是中国传统文化的瑰宝。"四季国医"课程的建构，引导学生从小对我国的中医有所了解，了解历史上为中医药发展做出杰出贡献的人，知道今天中医、中药的成就凝聚着前人的努力与创造，感受我国中医的悠久历史，进而去关注中医，珍视中医。引导学生认识人体要顺应四时之气的变化，长久地保持健康。这是一种文化的熏陶，也是一种中医保健理念的熏陶。"四季国医"课程让学生身体、心理的成长发育更健康，让他们崇尚健康、文明的生活，感受中医的独特性和优越性。

1."四季国医"课程的总体目标

四季的变化与人体的变化有着密切的关系，课程设计要抓住四季变化和人体变化的关系，将人的身心健康、保健常识以及运动建议相结合，以中华国医的生命观、整体观反映中国传统文化的博大精深，在适宜的健康知识的学习中激发学生民族文化的自信心和爱国情怀。关注学生知、情、意、行的发展规律、身心发展的需要，通过课程促进学生综合素养的提升。

2. "四季国医"课程的具体目标

知：让学生了解浅显的中医药知识，了解中医药文化的历史发展和我国中医学取得的成就，受到文化的熏陶。

情：引导学生认识四季与人体变化的规律，根据中医学节气健康原理，形成健康观念。

意：引导学生根据不同节气关注自身健康状况，自觉进行身心健康调养，坚持用健康的理念调节生活。

行：帮助学生随着节气把握生活节奏，运用中医调养的理念，养成健康的起居、运动、饮食等好习惯。

以上目标的设定，基于两点：

第一，中医药知识对于青少年身心健康成长极有裨益。现在有些疾病，如颈椎病、失眠、肥胖等开始低龄化。青少年除了缺乏运动锻炼的时间之外，很大程度上都有不健康的生活方式。教会学生健康生活，提升学生健康素养，促进学生身心健康实乃教育的应有之义。在这方面，讲究按不同节气调和调养的中医科学，对于缓解疲劳、预防疾病、增强体质等具有得天独厚的价值。我们实施"四季国医"课程，不是为了培养小郎中，而是通过科学认知更好地理解健康，让学生学会以心理和情志统帅身体四肢，以养生来强体，在身心的和谐及人与社会的和谐中健康成长。

第二，传承国医文化对于弘扬传统文化，培养孩子们的中国情怀和文化自信具有重大意义。"蒙以养正"，民族文化传承的根基和希望在孩子。中医药文化蕴含的思维模式、认知方式、价值取向越来越得到社会大众的理解、认同和接受。中医药不单单是医学知识，还具有丰厚的人文精神和哲学内涵。中医药文化博大精深，是道与器、科学与人文、技术与哲学的完美结合。中医文化与中华传统文化深度契合，有古代仁人志士"不为良相，便为良医"的宏伟人生观，也有绵延五千年的"天人相应""阴阳平衡""道法自然""和合致中"等核心哲学智慧，是中华优秀传统文化传承和传播的重要抓手和路径。

(三)顺四时而养——应节而舞

针对学生的年龄特点和中国传统医学的特点，抓住每个季节中人的身体变化和季节对人体健康的影响，为每个季节设计相应的学习模块，让学生顺四时而养，随季节而舞。

表 4-1　四季国医课程学习模块

课程学习模块	课程实施目标	课程实施内容
季节与运动	通过课程使学生知道，从中医角度如何根据四季的特点进行相应的体育锻炼，顺时而动、因人而异、持之以恒。	四时运动巧选择 运动健康贵坚持
季节与饮食	通过课程使学生知道对于四季的不同气候(春温、夏热、暑湿、秋凉而燥以及冬寒)，食物的选择应与气候相适应，顺时而吃、结构合理、定时适量、温热适宜。	顺时而吃会选择 四时饮食会搭配
季节与起居	通过课程使学生知道要根据四时科学睡眠、劳逸结合、生活规律，顺时而行。	四时起居有学问 生活规律巧安排
季节与心理健康	通过课程使学生知道应针对不同的季节主动调节自己的心情，平和心态，培养良好情趣，远离陋习。	四时变化调心情 快乐心情我创造
季节与疾病预防	通过课程使学生知道国医重视对疾病的预防，了解不同季节如何预防疾病，学习健康自护的方法。	四时疾病知多少 主动预防疾病跑

　　"四季国医"课程的构建从一开始面对学校寄宿学生到面向全体学生；从面向高年级段学生到面向所有年段学生；从不同学生的接受能力，不同学生的需求出发进行课程构建。根据四时变化、节气不同，我们以"季节与运动""季节与饮食""季节与起居""季节与心理健康""季节与疾病预防"五个模块（表4-1），整合课程资源，同时根据不同学生的需求进行课程设计。将模块化理论应用于校本课程开发中，既有利于控制校本课程的建设成本，又有利于实现课程的定制化服务，提升课程的开发效率，促进课程的创新和可持续发展。

二、顺学生年龄之律　实施"四季国医"课程

　　四季国医课程是国医的启蒙课程，课程的内容、组织形式适合学生年龄特点，贴近学生日常生活、把课程融入学生活动、短小精悍、易懂易学。针对小学生的年龄特点，我们采用形式多样有趣、活动性参与性强的课程实施方式，激发学生学习兴趣。例如，为课程设计了文化形象标识"健康娃乐乐"（图4-1），健康娃乐乐以中国传统儿童形象为代表，头上的枫叶与北京小学水润红枫的校徽相呼应，意在通过国医文化的学习培养积极向上，关注健康的阳光心态和品质。以学生喜闻乐见的符号让每个学生认识国医，走进课程。

图 4-1　健康娃乐乐

（一）多样化的课程形式：突出实效

1. 四季国医课堂

教师、专家通过专题课堂教学、讲座带领学生共同感受国医对我们生活产生的积极影响，针对不同年级学生特点，引导学生学习一些自我保健的方法。每个季节按两课时进行，长短课相结合、讲解与学生实践相结合。可以根据不同年级的特点设置不同的课堂实施方式。

（1）专任研究教师上课。"四季国医"专题课程研究小组教师，分年段进行课程设计，跨学科进行教学。课堂针对性强，教学效果好，学生收获多。

（2）专家大课堂讲座。为了提升课程的科学性，邀请中医药大学教授、中医药研究所专家为课程把关，丰富内容。专家从专业角度为学生带来特色课程，和专家互动、与专家探讨，对学生学习积极性的调动、学习兴趣的激发，发挥了积极的推动作用。

（3）高年级学长进课堂。高年级学长在课程负责教师的指导下，以志愿小组的方式给低年级学弟学妹开设微课程。学长与低年级学生有趣的互动交流，贴近生活实际的微课堂吸引了小同学，同时高年级学长也在准备、讲解过程中，内化了国医保健知识。

2. 四季国医小博物馆

利用展板、楼道、专题教室等方式开设"四季国医"小博物馆，进行四季国医知识的宣传。精心设计展览内容，结合展览内容进行互动性问答、知识竞赛。

第一，展览突出实用性。例如"本草·茶"展览，学生不但在实践中了解了我国种茶、制茶、饮茶的历史，认识了不同品种的茶，感受了博大精深的中国茶文化，而且在老师指导下结合季节的特点，自己的年龄特点开发、制作了很多适合小学生饮用的茶，为学生的健康加油。

第二，展览突出互动性。为突出展览的效果，在展览的同时收集学生对课程的建议，开展互动问答，激发学生观展兴趣，学生们在互动交流中受到潜移默化的教育。

第三，展览突出生活性。展览的内容贴近学生生活，学生看后易懂能用。如"四季国医"绘本故事展、"我身边的中草药"展览，其内容出自学生的实践成果，使他们的亲身体验得到分享和展示，观展的同学也能从中学到知识。

3. 四季国医读本

以生动的内容、浅显的语言来表述，以通俗可操作的案例、有趣的绘本来引导学生学习国医知识、感受国医魅力。四季国医读本内容从学生中来，经过中医专家审阅，然后由有绘画特长的学生进行绘制，编辑成册，发给同学阅读，其他学生还可以对其进行补充，发表自己的看法和自己家的养生药膳、介绍健康食品等。

4. 开放性自主学习

中高年级学生开展小课题探究，整合语文、信息、品德、科学、心理等学科，通过课堂学习，引导学生主动探究，教师注意引导学生探究方向和探究资料的选择。同时带领学生走出校门，参观中医药博物馆、中药厂、中医药植物园等，在实践中感受中医文化的魅力，让学生在实践操作中亲近中草药、亲近中医文化，提高动手实践探索能力。

5. 灵活性补充学习

通过阳光儿童广播、阳光儿童小报、网络等开设国医小学堂，用讲故事的形式介绍国医知识，根据不同季节介绍健康自护知识，利用网络介绍不同季节的健康自护方式。

(二)综合性的研发团队：重在整合

国医文化内涵深刻，涵盖学科较广，我们整合多学科教师力量构建课程研发实施团队，为课程实施提供有力保证。

"四季国医"研发团队包括课程研发、课程构建、课程设计、课程实施监控、课程材料收集、课程评价反馈等。

"四季国医"实践团队包括班主任年级负责人(负责各年段课程的实践、课程评价反馈材料的收集)、科任教师(结合本学科特点和教学内容，整合国医课程内容，进行相应课程实施)、学长团队(中高年级对国医、国学文化有浓厚兴趣的学生，参与课程设计建议、负责国医小课堂、课程实施的反馈）。

"四季国医"专家团队包括课程专家、中医专家、家长团队（参与课程设计和实践、为课程构建提出建议、对课程实施进行反馈、负责培训课程教师、学生保健讲座、课程材料的准确性审核）。

（三）实践性的课程内容：聚焦需求

"四季国医"以四季变化进行课程内容的设计，紧贴学生生活实际，多方位、多角度开发课程内容，比如进行以下四季内容的设计。

表 4-2　四季国医课程设置表

课程板块	春之生	夏之长	秋之收	冬之藏
季节与饮食	1. 春季适合吃什么 2. 春季食苦能降火	1. 夏季养生食品我推荐 2. 夏季食物宜清凉	1. 秋季养生蔬菜水果的选择 2. 秋天食粥	1. 冬季饮食有讲究 2. 食补能暖身
	形式：讲座 1、2 年级各一课时	形式：讲座 3、4 年级各一课时	形式：讲座 5、6 年级各一课时	形式：讲座 3、4 年级各一课时
季节与运动	1. 适量运动巧选择 2. 春季健身手指操 3. 登高远眺益身心	1. 夏季"轻"运动 2. 健康快乐过一夏 3. 寻找适合夏季的运动游戏	1. 秋季登山的方法 2. 秋季运动的选择	1. 动一动，暖起来 2. 做好热身再运动
	形式：与体育课、春季外出整合，晨午检做健身手指操	形式：与体育课整合，指导夏季健身	形式：与体育课整合，指导秋季健身	形式：与体育课整合，指导冬季健身
季节与起居	1. 春季多备衣，保暖要积极 2. 起居有规律，睡眠质量高	1. 夏季睡眠话养生 2. 注意防暑降温	1. 秋季怎样穿衣"春捂秋冻" 2. 秋季的睡眠	1. 细节决定健康 2. 冬季睡眠要注意
	形式：广播、展板	形式：1、2 年级各一课时	形式：3、4 年级各一课时	形式：1、2 年级各一课时

续表

课程板块	春之生	夏之长	秋之收	冬之藏
季节与情志	1. 清明扫墓，悲伤有度 2. "谷雨三朝看牡丹"，赏花怡情	夏季养心——天天好心情	1. 秋季情绪的调节 2. 秋季快乐游戏	1. 遇到不愉快，学着"遗忘" 2. 积极调节不良情绪
	形式：与心理课、科学课整合 5、6年级各一课时	形式：广播、心理课整合	形式：广播、心理课整合	形式：广播、心理课整合
季节与疾病预防	1. 阳春三月好踏青，过敏也来凑热闹 2. 湿邪侵入人体	1. 夏季疾病防蚊虫 2. 夏季疾病早预防	1. 秋季防感冒 2. 秋季润燥的方法	1. 冬季预防咳嗽 2. 冬季保护皮肤
	形式：3、4年级各一课时（制作防感冒香囊）	形式：5、6年级各一课时（制作防蚊液、制作夏日清凉痱子粉）	形式：1、2年级各一课时	形式：5、6年级各一课时（制作护手霜）
实践课程	国医故事会	我身边的中草药	秋季登山、植物观察	中草药的故事展演

根据不同季节，不同的学生需求，进行相应的课程，课程的内容与学生的生活息息相关，并把传统医学的观念、知识渗透其中。这样的课程内容贴近学生生活的同时，让学生在学习过程中受到中医传统文化的熏陶。同时课程的内容应该是动态的，根据学生需求以及自然气候的特点进行相应的调整，不断丰富。通过小学六年生活，让学生能够不断学习、积累自我保健的知识，掌握自我保健的能力，提升健康生活的意识，了解中医文化与生活的密切联系。

三、顺国医文化之律　厚植中华文化自信

习近平总书记指出："中医药学包含着中华民族几千年的健康养生理念及其实践经验，是中华文明的一个瑰宝，凝聚着中国人民和中华民族的博大智慧。中医药文化底蕴深厚，是传统优秀文化的载体和钥匙，

在青少年中传播中医药文化，对于中华文化扎根于学生心中非常有益。"①"四季国医"课程的构建和实施为中国传统文化的传播开辟了有效途径，特别是将中医药内容进行课程转化，与语文、体育、科学、心理等课程相融合，以人物故事、诗歌朗诵、采药种植、自我保健、科学实验等多种形式，培养学生多方面的素质和能力。针对小学生的特点，让学生在摸一摸、闻一闻、动一动、做一做、用一用的过程中亲近中医文化、了解中草药、感受其与生活的关系，从而激起对中医文化的热爱。

(一)国医文化以"德"为根——彰显中国精神

中医学注重"德"的作用。在传统中国哲学中，四季变化是天德，生养万物是地德。中国传统医德是中国古代医学道德和医学伦理思想的总称。中国医学道德产生于久远的古代社会，到了明清时期形成了独特的医德传统。《史记》和《纲鉴》有"神农氏尝百草，始有医药"的记载。

作为中华优秀传统文化的重要载体，传统医德体现在几千年的防病治病实践中。如"仁者寿"的道德健康理念、"医乃仁术"的医德观、"大医精诚"的职业追求、动态平衡的健康维护、"治未病"的早期干预与扶正祛邪治疗法则等，不仅在防病治病中被医患认可、发扬光大，而且对其他领域产生深远的影响。

以"德"为根是中医文化的根基和灵魂，彰显了做人做事做学问的深刻道理，具有德育、智育、体育、美育等方面的育人功能。中医药文化育人资源的开发利用，可以通过宣讲中医药故事、中医文化体验等，让学生感受传统文化的力量。

(二)国医文化以"理"为基——凝聚民族智慧

国医文化的传统知识与现代社会结合后在不断创新发展。中医对人的生命、健康与疾病的认知理论独树一帜，不断与时俱进，有效地指导着人们的养生保健与防病治病，如青蒿素治疗疟疾、三氧化二砷治疗白血病的突破均源于中医药。

---

① 王君平：《为中医药创新性发展提供法治保障》，载《人民日报》，2020-07-02。

四季国医课程通过医药故事、中医药基础知识、中医药保健知识、常见中草药、当地特色中医药文化，以及生活中常见的中药材和保健穴位等内容，通过小种植、小实验、小制作、阅读竞答、舞台表演等形式，让学生走近中医文化。

(三)国医文化以"人"为本——贴近儿童生活

中医学以《黄帝内经》为理论基础，受儒家思想的影响，中医学"以和为贵"的精神取向要求人与外界的和谐相处，强调人体自身和人与环境的和谐统一。《黄帝内经》在研究人体、自然等各个方面都体现了"以人为本"的思想。

北京小学的"五养"理念强调"慢养、顺养、牧养、素养、调养"，针对学生需求、遵循学生成长的需求进行课程建构。"五养"中的"调养"就借鉴了中医的生命观、整体观理论，也是一种形象的表述。"顺养"是指要"顺木之天性"，因材施教。尊重儿童的天性，尊重儿童健康、高雅的兴趣和爱好，促其有个性地成长，鼓励其成为最好的自己。"牧养"是比喻我们培养儿童，要像草原的牧人放牧一样，把羊群带到肥美的草地，让羊尽情地吃草——我们要把儿童引到更广阔的、富有意义的知识空间，激发儿童主动学习的愿望和热情。"四季国医"课程顺应学生成长需求，尊重学生成长天性，带领学生在实践探索中学习知识、学习本领，鼓励孩子在课程中提出自己的想法，关注自己的身体、心理的情况变化。

作为北京的学生，四季国医课程开发北京中医药文化资源，带领学生学习探究北京地区中医药文化。如探索北京的老药店——同仁堂、鹤年堂、千芝堂；根据北京季节特点学习制作防感冒香囊；了解北京的中医文化场所，中医药博物馆、北京中草药主题公园"百草园"、同仁堂博物馆、地坛中医药养生文化园、药用植物研究所等；以及北京地区的传统养生知识、京味食品与健康等。

一些生活化、接地气的国医文化知识往往更容易受到学生的喜爱，而一些具有实践性的学习内容，例如中草药种植、饮食中的中医文化、季节中的穿衣指南、生活中的营养配餐等最能激起学生的兴趣。让学生了解中医药科普知识，养成观察意识，提高动手能力，培养兴趣和热爱，提升健康素养与综合素质。

第三节 "四季实践"促进综合发展

"四季综合实践课程"是基于"创造适合学生发展的教育"价值追求下的实践成果。因此，实践效果首先反映在学生发展上。"四季课程"的设计充分尊重了儿童心理需求和认知规律，有效促进了学生综合实践能力和个性特长的发展。其次，"四季课程"充分体现了学校培养目标和文化价值追求，受到教师的广泛认可。教师群体的创造力得到有效激发，课程领导力得到普遍提升。

一、学生综合实践能力获得发展

学校课程设计最大限度地服务于全体学生的发展，学生100％参与"四季综合实践课程"。包含访谈、调查、实验、参观、动手等丰富内容的实践课程深受学生欢迎，有效促进了学生综合实践能力的发展。

(一)参与综合实践的兴趣浓厚

2013年下半年是"四季综合实践课程"实践的初期，我们面向参与试点的三、四年级进行了全样本（373份）问卷调查，了解学生对"四季综合实践课程"的接受程度。结果显示，71.8％的学生"非常喜欢"，25.2％的学生"比较喜欢"（表4-3）。

表4-3 学生问卷中对"四季综合实践课程"喜爱程度的统计

内容	调查人数	非常喜欢		比较喜欢		一般		不喜欢	
		人数	百分比	人数	百分比	人数	百分比	人数	百分比
三年级	186	144	77.4％	39	21.0％	3	1.6％	0	0.0％
四年级	187	124	66.3％	55	29.4％	7	3.7％	1	0.5％
合计	373	268	71.8％	94	25.2％	10	2.7％	1	0.3％

伴随着课程的推广与优化，2018 年下半年，我校在研究制定《2018—2022 年发展规划》前期，面向学生进行了 1049 份抽样调研问卷。问卷中关于对"在北京小学学习生活中，你喜欢学校的哪些方面？"的统计结果显示，学生认可程度最高的是四季课程（97.0%）。由此可见，"四季课程"受到学生的广泛欢迎和喜爱。伴随课程的深入推进与改进，学生参与课程的兴趣稳中有升。

（二）综合素养得到有效提升

"四季综合实践课程"的内容具有鲜明的综合性特点，课程目标以培养学生的综合素质为导向。每个季节、每个年级的综合实践课程设计，都包含访谈、实验、调查、讲座、参观等丰富的课程内容，突出强调要让学生综合运用各学科知识，认识、分析和解决现实问题，提升综合素质，着力发展核心素养，特别是社会责任感、创新精神和实践能力。

例如，六年级《互联网＋生活》课程就是一次基于互联网应用的研究性学习。课程引导学生围绕互联网的"利"与"弊"选择研究角度、展开研究实践，最终呈现自己的研究成果。主要分为四个部分：第一，为了支持和促进学生的有效学习，教师借助家长资源，以主题论坛的形式开启学生对"互联网"的多角度思考，互联网与出行、互联网与购物、互联网与动画片、互联网与医疗，一位位"行业大咖"打开了孩子们的心窗，缩短了互联网与生活的距离。第二，有了"听"还不够，老师们带领学生走进影视乐园，以点带面地发现互联网的精彩应用，并通过课程手册上的多种方式来体现孩子们个性化的学习成果。第三，在这些体验式学习基础上，学生根据所需选择网络应用体验项目，有的学生选择了网上订餐＋网上购物，有的学生选择了网络学习＋网上打车……孩子们根据自己的实践需要与家长一起选择体验项目，并撰写了体验日记。这样做，既盘活了家长及社会资源，又促进了亲子活动与课程学习的良性互动。既尊重了学生的个性化选择，又为学生留足了自主发展的时间与空间。第四，课程引导学生在完善学习成果的同时收集论据、丰富学习成果，为年级主题辩论会做好了充足的准备。以上四个课程实施的阶段，层层推进，相互联系。学生参与其中，综合实践能力得到了锻炼。

综上所述，每个课程的开发都突出面向学生的个体生活和社会生活。引导学生面向完整的生活世界，教师从日常学习生活、社会生活或与大自然的接触中提出具有教育意义的活动主题，使学生获得关于自我、社会、自然的真实体验，建立学习与生活的有机联系。

(三)创新意识与能力得到发展

培养学生的创新意识和能力是"四季综合实践课程"的重要目标之一。这与《综合实践活动课程指导纲要(2017)》中对小学阶段提出的"创意物化"的目标相一致。我们在课程开发中非常注重学生的动手实践，让创意在学生的指尖跳动。用动手推动探究，用实验开启发现，用制作丰富创想。几乎在每个季节的课程设计中，都会有让学生展开创想进行设计的实践任务。例如，创编游戏、舞蹈片段；创意制作模型、设计生活问题的改进方案；创意设计展览形式等。引导学生初步掌握手工设计与制作的基本技能，学会运用信息技术，设计并制作有一定创意的数字作品。运用常见、简单的信息技术解决实际问题，服务于学习和生活。

例如，在一年级《秋天里的叶子》课程中，教师带领学生从最具秋天特色的叶子入手，发现更多、更美、更不一样的叶子，引导学生发现叶子的种类，归纳叶形特点，从中感受大自然的神奇。以"再见，大树妈妈"为主题，设计创意叶贴画，在丰富的实践体验中，发展学生的形象思维和创造思维。三年级《变化的秋天》则带领学生探索"现象"背后的"为什么"。通过走进自然博物馆的实验室探寻叶子变黄的秘密，问询动物应季节而变的智慧，捕捉灵感进行创意设计。学生设计的"水葫芦清洁器""感应收缩雨伞""敬老幼苗房间"等创意产品，广受好评。

二、教师课程领导力显著提升

伴随着课程的发展和学生的发展，教师团队的课程开发能力也得到了显著提升。教师从最初面对一周时间的绞尽脑汁的"填空式"设计，逐步发展为基于目标有逻辑的内容开发与整合。许多来校培训或参观的教师，当看到一本本由我校教师设计的课程手册时，常常对教师团队的课程开发能力赞叹不已。教师团队课程开发能力的持续提升离不开以下三个方面的探索。

（一）基于目标的课程开发

"四季综合实践课程"的开发主体是每个年级各个学科的教师。然而，每位教师都有自己的学科背景，如何帮助教师"跳出"自己的学科理解并设计综合实践课程，成为必须要思考和解决的问题。于是学校通过定期的课程培训和经验交流，不断明确"目标意识"，即"做什么事"是由"为什么而做"决定的。

每个年级的课程开发都是从确定主题开始的，它是课程目标的浓缩与体现。教师会着眼于学生的年龄特点，综合考虑本年级多学科的教材内容，依照课程设置的目标和侧重点来生发。我们更鼓励通过跨年级的贯通研讨，设计具有序列性的课程主题。例如，2017年的秋季课程中，老师们就更多地考虑了年级间的关联与层次。确定的三个课程主题分别是：一年级"秋天的叶子"、二年级"秋天的果实"、三年级"变化的秋天"。再如，四年级开发的冬季课程"京剧国韵"，接下来的春季课程则为"艺韵武林"，体现了课程主题的延续和拓展。课程主题、课程内容、课程资源的开发都能够紧紧围绕"目标"展开，是教师课程意识的重要提升。

（二）聚焦质量的课程实践

课程内容是为达到课程目标所专门设计的活动，是达成课程质量的主要途径，它具有针对性强的特点。要做到课程内容有关联、有逻辑并不容易。然而，教师课程设计的水平直接影响着学生参与课程的质量。教师不仅仅要思考"做了什么"更要思考"如何做好"。

例如，在一次秋季课程的研发过程中，三年级研发的课程主题是"玩具总动员"。经过几次头脑风暴式的研讨后，老师们提出了初步选定的课程内容（表4-4）。

表 4-4 "玩具总动员"课程内容设计(初稿)

内容	方式	说明
玩具对对碰	专题讲座	拓展认识,调动已有认知和兴趣
玩具大变身		
制作多种玩具	动手制作	实践探究,聚焦玩具进行创意设计和制作
创意玩具变变变		
玩具创意制作与布展		
天下玩博收藏馆	外出参观	拓展学习,丰富对玩具的认识,激发设计创意,习得玩具工作原理
中国科技馆科普玩具展厅		

这个内容安排呈现出了鲜明的优势:内容丰富,尤其是其中学生能够参与的实践性活动都具有一定的可操作性。然而,也存在一定的问题,即各部分内容之间缺乏逻辑关系,各板块内容呈现"拼盘式"的组合方式,其背后的目标主线不清晰,这必然导致课程实施时,参与组织的教师目标不明确,也必然会影响学生参与课程学习的效果。于是经过深入研讨和分析,老师们把课程内容安排做了调整(见表 4-5)。

表 4-5 "玩具总动员"课程内容设计(修改稿)

板块	活动内容	目标及说明
第一天:玩具动动动	1. 热身活动:玩具对对碰 2. 主题讲座:玩具的历史与发展 3. 实践体验:多种玩具制作	激发创意:认识玩具,了解玩具的历史、功能、分类以及与"我们"的关系。为学生深入研究玩具,进而为改造、创造做准备 在动手制作中了解简单的玩具原理
第二天:玩具翻斗乐	外出参观:中国科技馆科普玩具展厅 1. 高科技玩具 2. 动手制作体验	展开创想:拓宽视野,对玩具有更深入系统的认识,感受玩具与乐趣和创想之间的关系,进而激发玩具创想的兴趣与方向,初步形成创想思路
第三天:玩具创想团	1. 专题讲座:玩具大变身 2. 主题参观:玩具创意展示 3. 玩具创意宣讲团 4. 创意玩具变变变	实践创想:开发家长资源,拓展学生玩具创想的思路,进行方法指导;由我校高年级学生进行玩具创想主题宣讲,进一步激发兴趣,展开创想设计

续表

板块	活动内容	目标及说明
第四天：玩具直通车	外出参观：天下模玩收藏馆	完善创想：在参观实践中进一步丰富思路，在参观中学习新方法，拓展思路，完善小组设计，为玩具创意展做准备
第五天：玩具博览汇	1. 校内参观：玩具创意展 2. 观看电影：玩具总动员 3. 总结交流：课程评价	交流创想：以玩具创意展的方式进行组间、班级间以及年级间的交流，分享课程学习成果；借助电影展开拓展学习；完成课程评价

像这样，以活动为载体，抓住课程内容的序列化设计，是保障课程质量的重要抓手。同伴互助的深入研讨是实现这种对接的途径，也是实现教师课程管理能力提升的必经之路。

(三)突出多元的课程评价

课程评价对学生参与课程和教师课程设计具有导向作用。在每一次的四季综合实践课程中，课程评价都强调突出发展的导向，导向学生成长，尤其是兴趣、品格、交往、习惯等方面的成长。评价分为两部分，一部分是活动记录式评价，课程手册中的精彩记录及学生学习过程的积累，也是写实性评价的依据。另一部分是阶段性评价，通常安排在课程结束之后进行。通过多元主体和多元内容的评价促进学生更好地总结和反思。就评价主体而言，春季和秋季课程是教师组织实施，因此评价主体通常包括学生自评、同伴互评和教师评价；冬季和夏季课程是由教师设计，学生在家长的指导下自主完成，因此评价主体包括学生自评、家长评价及教师评价。就评价内容而言，每次课程评价的内容都与课程目标相呼应，既导向学生有目标地学习，也强化教师在课程实施过程中有目标地指导。伴随着课程研究的日渐深入，近年来还逐渐增加了学生对课程的评价，更深入地挖掘学生在课程开发中的作用。这些尝试与改变都是教师课程领导力的实践表现。

三、学校管理文化得到彰显

在多年的办学实践中，学校立足管理改革，提出了"三型"管理，以此调动广大教师参与课程改革的积极性与创造性。

在北京小学的课程体系建构中，课程开发、实施和评价的主体都是多元的。在课程建设的不同环节由不同的实施主体和协助主体参与，更好地实现共同设计开发、共同组织实施、共同评估改进。学校每学期都会在实践的基础上召开"四季课程"专题研讨会，组织教师研讨课程实践的思路与方案。对学校各类课程进行规划、选择、改编、整合、补充、拓展、新编等不同程度的建设，发挥学校的三型管理的作用，推动学校课程改革的实践与探索。

表 4-6   四季综合实践课程各环节参与主体一览表

环节	实施主体	协助主体
课程开发	教师	专家、家长、学生、其他社会力量
课程实施	教师	家长、其他社会力量
课程评价	专家、教育教学指导委员会	家长
课程管理	校行政、教师	专家、家长代表

四、实践成果得以推广和移植

关于"四季综合实践课程"的相关实践成果在 2012 年作为基础教育改革的代表被写入"国务院研究室送阅件"，2013 年关于"四季课程"研究成果的报道得到国务院副总理刘延东同志批示。我校的实践经验还为北京市教委制订 2015 年新的课程计划提供了有价值的实践支撑。

自 2012 年 10 月《北京日报》以"北京小学设综合实践周，开上'四季课程'——我市小学首尝将学期一分为二"为题的报道以来，有关"四季课程"的相关成果先后在《中小学管理》《现代教育报》《北京教育》《光明日报》、CCTV"特别关注"栏目中进行报道。所发表的研究成果在中国期刊网被下载五六百次，在维普咨询平台中被引用八九百次。

此外，在北京市课改总结大会、中国教育学会小学教育专业委员会、创新人才培养研究分会等学术年会中均做专题报告。各级各类校长培训班、骨干研究团队经常走进我校学习"四季课程"建设经验，累计接待 3000 余人次。在这些学术活动中，"四季课程"产生了广泛而积极的学术影响。

研究成果不仅在我校持续应用和深化，还在北京小学教育集团各成员校（除本校外的 4 所学校）广泛移植应用，深受学生喜爱，取得成功。还在北京印刷学院附属小学、北京大兴七小、北京市张家店中心小学等多所友谊校中推广应用。此外，近年包括杭州、重庆在内的多所外地学校均借鉴我校研究成果，开展了有关"四季课程"的探索，公开发表或发布了相关实践成果。

第四节 "四季劳动"锻造民族精神

一、四季劳动在时代背景下的定位与意义

（一）五育并举，劳动教育的价值追求

在新的时代背景下，全面加强劳动教育具有重大而深远的意义。党的十八大以来，习近平总书记高度重视劳动及劳动教育，多次就推进劳动教育、发扬劳动精神做出重要批示。2018 年 9 月，习近平总书记在全国教育大会上发表了重要讲话，提出"培养德智体美劳全面发展的社会主义建设者和接班人"，并对我国教育方针做了全面阐述。习近平总书记在教育方针中特别强调劳动教育，他指出："要在学生中弘扬劳动精神，教育引导学生崇尚劳动、尊重劳动，懂得劳动最光荣、劳动最崇高、劳动最伟大、劳动最美丽的道理，长大后能够辛勤劳动、诚实劳动、创造性劳动。"这对落实学生的全面发展教育具有重大意义。

2020 年 3 月，中共中央、国务院印发了《关于全面加强新时代大中

小学劳动教育的意见》，就全面贯彻党的教育方针，加强劳动教育进行了系统设计和全面部署。《关于全面加强新时代大中小学劳动教育的意见》中明确提出"劳动教育是中国特色社会主义教育制度的重要内容，直接决定社会主义建设者和接班人的劳动精神面貌、劳动价值取向和劳动技能水平"①，为新时代全面加强劳动教育确立了战略定位。

《关于全面加强新时代大中小学劳动教育的意见》指出："新时代加强劳动教育必须强调以习近平新时代中国特色社会主义思想为指导，落实立德树人根本任务，把劳动教育纳入人才培养全过程，贯通大中小学各学段，贯穿家庭、学校、社会各方面，与德育、智育、体育、美育相结合，把握育人导向，遵循教育规律，创新体制机制，注重教育实效，实现知行合一，促进学生形成正确的世界观、人生观、价值观。这明确了新时代劳动教育的总体要求，丰富了立德树人根本任务的时代内涵，必将推动大中小学劳动教育迈向新高度。"

全面理解、精准把握劳动教育的育人功能，是开展新时代劳动教育的重要前提。劳动教育对学生的全面发展有重要的价值，进行劳动教育是促进小学生全面发展的内在需要。马克思认为，所谓的全面发展就是"全面发展自己的一切能力"，使得"体力和智力获得充分的自由的发展和运用"②。在民国时期，蔡元培就提出德、智、体、美、劳五育并举的完整的教育思想。③ 可见，劳动教育是学生全面发展教育中的重要组成部分。突出强调了劳动教育的全方位育人功能，对青少年践行社会主义核心价值观，传承中华优秀传统文化，实现中华民族伟大复兴的中国梦具有重要意义。

---

① 《中共中央　国务院关于全面加强新时代大中小学劳动教育的意见》，载《教育科学论坛》，2020(15)。

② 《马克思恩格斯选集》(第3卷)，633页，北京，人民出版社，1995。

③ 豆建民：《蔡元培的劳动教育思想》，载《纪念〈教育史研究〉创刊二十周年论文集(2)——中国教育思想史与人物研究》，2009。

(二)生活教育，劳动教育的生命主旨

劳动教育就是一种生活教育，可以为学生未来的幸福生活打下基础。美国教育家杜威曾提出"生活教育"理念，认为教育即生活，我国教育家陶行知对此也有论述，他认为"生活即教育"，[①] 北京小学李明新校长提出"三生"教育，即珍爱生命、学会生存、热爱生活。劳动教育是一种最好的生活教育，学生在劳动中获得生活体验、从劳动中获得生活的乐趣，进而培养一种现代新生活的态度与方式，这既是今后生活的需要，也是未来生存的需要，更是让学生生命得到更好发展的需要。

北京小学的培养目标是"基础扎实、学有所长、中华底蕴、国际视野"。"基础扎实"中所谈的基础是指学生终身发展所必需的学习习惯和生活习惯以及必备的品格与能力，其中就包括劳动的意识和生活能力。"中华底蕴"中则包含了中国人的勤劳、勇敢。因为劳动激发创造，劳动创造幸福。

二、四季劳动在课程体系下的研究与发展

(一)在"行动纲要"的指导下构建劳动教育体系

热爱劳动是中华民族的传统美德。结合少先队"五爱"教育中的劳动教育目标，学校制定了《少先队员劳动教育行动纲要》《少先队员劳动教育实施方案》，为劳动教育的开展提供了行动指南。

我校《少先队员劳动教育行动纲要》如下。

1. 行动思想

我们的教育行动要以全国教育大会精神为思想指南，以《教育部 共青团中央 全国少工委关于加强中小学劳动教育的意见》和《中共中央国务院关于深化教育改革全面推进素质教育的决定》为实践依据，以立德树人为根本任务，在劳动教育与劳动实践中更好地培养少先队员的责任感、创新精神和实践能力，使他们成为社会主义的建设者和接班人。

---

① 陶行知：《生活教育与教学做合一》，载《小学教学研究》，2017(8)。

2. 行动理念

少先队员：劳动伴我成长，劳动享受快乐

教师家长：生活教育，劳动育人

3. 行动目标

(1)培养正确的劳动观念：树立尊重、崇尚、热爱劳动的思想。

(2)培养良好的劳动习惯：养成"自己的事情自己做，别人的事情帮助做，家里的事情主动做"的良好习惯。

(3)培养简单的劳动技能：结合北京小学养成教育质量目标中对劳动的相关要求，在体验中学习劳动技能。

(4)培养积极的劳动态度：在劳动实践中自觉磨炼意志，陶冶情操，体验挫折与成功，培育创新精神。

4. 行动原则

(1)教育性原则。劳动教育要突出教育性，挖掘劳动实践中的教育元素，培育劳动的情感、品质、习惯、价值观。

(2)生活性原则。劳动教育要回归生活，注重情感体验。劳动教育要注重学校、家庭、社区多方面力量的整合，多方面资源的整合。

(3)实践性原则。劳动教育要以实践为主，做到教、学、做合一，增强劳动感受。

(4)迁移性原则。劳动教育的过程，是德、智、体、美、劳的互相渗透，相互协同的过程，把劳动技能转化为劳动习惯，并内化为稳定的心理品质。

5. 行动途径

(1)坚持课程育人。教师要挖掘学科教学中的劳动教育元素，在知识的学习中形成崇尚、尊重劳动的价值取向。各年级要充分挖掘中华传统节日中的劳动教育素材，开展多项巧手实践活动，引导学生树立自理意识，培养劳动习惯。

(2)搭建志愿平台。红领巾志愿岗是少先队开展多年的服务平台。少先队要积极开展公益活动；高年级学长要主动指导低年级同学参与简单的劳动，从而提高学生的劳动意识。

（3）建立责任岗位。结合"北京小学养成教育质量目标"中对劳动教育的相关要求，结合学生的年龄特点，设立班级责任岗，确保每一位同学都有一个劳动岗位，在责任岗中培养责任心，学习简单的劳动技能。

（4）开展劳动活动。各班级要结合实际，组织有目的、有主题、丰富多彩的劳动教育活动。充分利用班队会让学生了解劳动知识，懂得劳动意义，树立劳动观念，培养劳动能力。

（5）确立家务岗位。针对学生的年龄特点，鼓励学生在家中选择一项家务劳动，并长期坚持。让劳动教育在家庭中得以延续，引导家长成为学生家务劳动的指导者和协助者。

（6）走进教育基地。充分挖掘教育资源，为学生开发适合劳动的教育基地，提供劳动体验的机会，帮助学生掌握劳动技巧，激发劳动兴趣，感受劳动带来的丰收与喜悦。

（7）参与社区服务。鼓励学生积极参与社区开展的劳动服务，利用寒暑假、节假日走进社区，树立"我是社区小主人"的意识，磨炼意志品质，练就不怕脏不怕累的精神，增强能力，提高本领。

（8）营造劳动氛围。通过校园广播、橱窗、劳动模范做报告、宣讲身边的劳动故事等方式，营造劳动教育氛围，潜移默化地使学生树立劳动最光荣，劳动最崇高的思想认识。

（9）实施有效评价。劳动教育的评价要体现多样化。表彰劳动榜样，让学生体会到劳动带来的尊重与幸福；充分发挥促委会的作用，参考家长评价，调动学生劳动的积极性。

北京小学党总支

北京小学校长办公室

北京小学少先队大队委员会

2018 年 10 月

在"劳动伴我成长，劳动享受快乐"的行动理念下，学校积极营造劳动教育的氛围，调动师生参与的积极性。利用红领巾广播对全体师生进行劳动教育动员，邀请青年团员、少先队员每周宣讲劳动故事，同时通过开学典礼、国旗下讲话等方式，大力宣传劳动教育，鼓励全校师生树立正确的劳动观念，认识到劳动教育的深远意义。

为了让学生了解榜样人物的事迹，激发热爱劳动的情感，我校精心设计了劳动教育橱窗，张贴有关劳动的名人名言，各个班级设立劳动教育专题宣传栏。浓浓的劳动教育氛围，让学生增添了行动的力量。

在已有的实践中，我校立足目标，通过对各学段学生认知规律的研究与尊重，初步构建了劳动教育目标与内容框架。即低年级注重劳动习惯的培养，中年级注重劳动技能和劳动意识的培养，高年级注重劳动意识和劳动价值观的培养。在此基础上开展课题研究，有助于学校"劳动教育体系"的建构，不断彰显学校文化内涵。这既是劳动教育质量提升的过程，也是深化学校培养目标达成的实践探索。

(二)在个性化班级建设中丰富劳动教育内涵

1. 设立劳动岗位，明确责任意识

为了强化学生的劳动态度，培养他们的责任意识，班主任将劳动目标融入班训班规中，让它成为每位学生的成长目标，在各个班级营造出"人人爱劳动"的良好班风。同时，教师结合班级实际，与学生一起把班级劳动岗位一一列出来，并和全体同学共同分配劳动岗位。岗位是由学生自己选择的，充分尊重学生的意见，学生的积极性大大提高。这样，全校每位同学都有自己的班级责任岗，比如"关窗户、擦柜子、摆桌椅、扫地"等，学生在"人人为我，我为人人"的班级氛围中增强了责任意识。

劳动教育要体现实效，一定要充分结合学生的年段特点。我校低年级的教师为学生的劳动岗位设计了特色的小胸章，"黑板美容师""讲台小护士""课桌清洁员"等形象生动的名称，让学生带着胸章去实践，荣誉感十足。这样的形式不仅明晰了每位同学的岗位内容，同时可以让学生感受劳动教育的乐趣。

结合高年级的年龄特点，为了让学生把热爱劳动的意识落实到行动上，强化劳动习惯的养成，我校还为高年级少先队志愿者搭建了参与公

益岗的平台。学校开辟公共劳动区域，为学生提供劳动教育的场所，学生在规定的时间到指定的劳动地点参加劳动服务。例如，擦拭楼道墙面、楼梯扶手、滴水亭座椅、校园橱窗，整理公共图书角、打扫篮球馆等，高年级少先队员在劳动公益岗中不断彰显"爱劳动、会劳动"的形象，劳动能力稳步提升。

2. 建立"牵手"班级，彰显学长形象

在劳动教育中发挥高年级学长的作用体现着我校的教育理念。我校高年级的同学常常以学长的身份走近低年级小同学，一对一地教他们劳动技能。例如，教一年级学生收纳的本领，召开"我是收纳小达人"联合主题队会。哥哥姐姐细致地为学弟学妹讲解文具盒、小柜子、桌洞、书包的收纳方法，并一对一地进行指导，最后还进行了一次桌洞收纳的小比赛。在零距离的指导服务中，高年级的学生切身感受到了弟弟妹妹与自己比起来是那么的弱小，需要他们的帮助和爱护。他们也感受到了自己应该成为学弟学妹的榜样，因此，回到班里，他们对自己日常收纳的要求也更加严格了。

高年级的同学还坚持进班为学弟学妹提供劳动咨询等服务，希望能够用自己的付出，切实陪伴学弟学妹的成长，为低年级的劳动教育助力。一幅幅温暖的画面中流淌着学长对学弟学妹精心的爱护，更是让劳动教育成了连接情感的纽带。

北小结合学生的年龄特点，让低年级、高年级达成不同的劳动目标。低年级完成班级的责任岗，高年级不仅要完成班级的责任岗，还要走出班级，参与校园志愿岗，为低年级的小同学进行劳动指导。这凸显出对不同学段学生劳动教育的分层目标。

良好劳动习惯的养成不仅需要班主任行动起来，还要倡导全员育人的思想，集全体教师的智慧与支持才能让劳动教育更具实效性。

三、四季劳动在校园文化下的创新与实践

(一)劳动课堂，激发劳动意识与情感

1. 全员参与，学科渗透

我校积极倡导全员育人的思想，鼓励各学科教师挖掘学科教学中的劳动教育元素。语文课中指导学生书写劳动名言，音乐课中唱响劳动歌曲，学科实践课程学习劳动技能……让学生在学习中形成崇尚、尊重劳动的价值取向。

例如，我校低年级的一位语文教师带头进行劳动童谣的编创，还激发学生和家长积极参与进来。通俗易懂、朗朗上口的劳动童谣激发了学生的兴趣，同时促进学生记住了劳动步骤，学生按照童谣里的方法进行相关劳动技能的练习。如"擦桌子"小童谣是这样创编的："小小抹布手中拿，对准桌子擦净它。按照顺序先擦擦，脏的地方反复擦。桌子边缘别忘记，最后四周再擦擦。洗净抹布又一遍，桌子干净笑哈哈。我们一起来劳动，习惯养成你我他！"生动有趣的劳动童谣激发了低年级学生的劳动兴趣，提高了他们的劳动意识，劳动能力也在悄然提高。

2. 节日课程，巧手实践

"四季节日"校本课程的实践，引导学生在过中华传统节日中培养良好的劳动习惯。例如三月春耕节的主题是：播种希望，收获成长——"做勤劳的小蜜蜂"。我们在校园中开发了一块小小的种植园，学生用自己的双手播种下一颗颗花种，指导学生参与种植活动，学习种植知识，记录种植日记，坚持浇水、照料，学生在劳动中感悟和尊重生命的成长。五月端午节，学生亲手制作香包，学习包粽子，在劳动中感受传统节日的无尽魅力。七月乞巧节，开展巧手实践活动，展示劳动成果。腊八节，学生与家长选购食材，开展泡腊八蒜、制作腊八粥的活动，在实践中分享劳动成果，感悟劳动在节日中的无穷魅力……通过开展多项巧手实践活动，引导学生树立劳动意识，学习劳动技能，培养良好的劳动习惯。

3. 班级活动，宣传榜样

在个性化班级教育理念下，我校还倡导各个班级开展丰富多彩的班级劳动教育活动。例如，有的班级开展了以"热爱劳动"为主题的班队会，分享古代、近代名人的劳动故事，通过我参与、我体验等形式，感受劳动的艰辛与快乐；有的班级还开展了"生活自理小能手""劳动最光荣""收拾书包比赛""整理餐具""穿衣服大比拼"等劳动技能类主题活动，符合小学生的特点，让他们在比赛中熟练劳动技能，培养劳动能力。为了让学生走进身边的榜样人物，我们还特别邀请全国劳动模范为学生做主题报告，例如，邀请被评为北京市最美志愿者的蔡秀兰奶奶。她从事志愿服务 17 年，志愿服务时长 2.7 万多小时。蔡奶奶通过自己的双手，用自己的劳动让家庭和社会变得更美好，听着她的人生经历，感受着劳动带给人们的智慧、健康与快乐。再如开展"学习身边人，点评身边事"的演讲活动，宣传学校中的劳动榜样。学生深受教育，从榜样的身上学习热爱劳动的良好习惯与优秀品质。

(二)劳动实践，培养劳动技能与习惯

家庭是学生成长的第一课堂，家长是学生的第一任教师。劳动习惯的培养要注重延续性，家庭中的劳动教育对学生良好品德的形成，对培养学生热爱劳动和热爱劳动人民的情感，养成良好的劳动习惯，培养学生对家庭、对亲人的责任心，提高生活自理能力有重大意义。

为了帮助家长认识到劳动对学生成长的重要性，我校积极与家长形成教育合力，通过调查问卷等方式，了解每位学生在家庭中的劳动情况，通过《致家长的一封信》、家校沙龙等方式，与家长达成教育理念的共识，取得家长的支持，让劳动教育深入学生的生活。

1. 家务岗位，重在坚持

针对学生的年龄特点，鼓励学生在家中选择一项家务劳动并长期坚持，在劳动教育中磨炼意志品质，收获坚持的好习惯。2018 年寒假，我校设计了"劳动记录成长手册"，要求学生记录每天劳动的时间和内容。有的学生精心照料花草；有的每天扫地、擦地；有的坚持饭前摆放

碗筷，还有的按照语文书中学习的《春节童谣》烹饪美食，为过年做好准备。通过学生们假期劳动实践的汇报，很多家长感言，明显地感觉学生们长大了，更懂事了。

这样的实践活动，不仅提高了学生各方面的劳动技能，而且增强了劳动意识，最主要的是他们感受到了付出劳动后所收获的那份快乐。我们还提议家长对学生在家中的劳动情况给予及时的鼓励，教育家长要努力做到给学生机会，让学生充分体验；家长要有耐心，接受学生从不会到会的过程；交给学生一定的劳动任务，使他们可以胜任并坚持下去。

2. 社区实践，提高本领

社区同样是学生进行劳动实践的大舞台。我们鼓励学生积极参与社区开展的劳动服务，在家长的协助下，利用寒暑假、节假日走进社区，帮助敬老院的老人打扫房间，一起动手实践做"艾窝窝"，表演节目，为老人送去欢乐；学生们还通过自己的劳动去温暖他人：下雪后主动拿着扫帚到楼下清扫积雪；去海滩捡垃圾、救治受伤的小海龟；大年三十将自己亲手包的、煮的饺子送给还在忙碌的快递员叔叔等。在劳动中，树立"我是社区小主人""我是劳动小达人"的意识，磨炼意志品质，在温暖的爱心中练就不怕脏不怕累的精神，增强能力，提高本领。

3. 走进基地，参与服务

劳动基地能扩大劳动平台，增添学生的阅历。因此我校为学生开发适合劳动的教育基地，提供劳动体验的机会，帮助学生掌握劳动技巧，激发劳动兴趣。例如，开展"五谷知秋""幸福农场"等主题的劳动体验活动，学生在田间地头观察、认识五谷蔬菜，走进农民生活，体会粮食蔬菜来之不易。丰富多彩的体验，让学生开阔了视野，感受劳动带来的丰收与喜悦。

4. 居家"抗疫"，增长技能

居家"抗疫"期间，整合教育资源，坚持"线上指导，线下实践，偶用网络，重在调动，重构集体，鼓励交流"等原则，开展有针对性的劳动教育。我们认为，在学生居家学习的特殊场域和时期，正是开展劳动教育的重要契机。

结合学生的年龄特点，我们将劳动教育划分为不同的主题，系列推进。每周一个主题，周日发布新一周的劳动教育的主题及指导意见。为了避免学生长时间使用电脑，更好地保护视力，学生只需要使用网络下载本周的劳动教育导学方案，就可以在线下按照教师的要求完成一周的劳动教育课程。

例如第二周的主题是："我是收纳小达人"。活动要求是：1. 整理不常用的小文具，放到收纳盒中，（可贴好标签）方便使用时查找。2. 常用的文具可以集中收纳在桌面的笔筒里，随用随取。3. 整理书柜，将相同类型的书放在一处，书脊朝外，方便取用。4. 整理卧室，将学习用品和生活用具归类摆放和收纳，打造简约、精致的学习生活环境。

结合年龄特点，低年级学生可以在家长的陪伴下完成其中一项内容，中年级学生可以完成其中的两至三项内容，高年级学生提倡完成全部劳动任务。

线上我们为学生提供了一周劳动的学习目标和要求，学生结合指导意见，有针对性地开展一周的劳动教育活动。每一次主题的发布，都是在教育研究小组的教师们深思熟虑、精心设计的基础上开展、推进的，遵循了教育规律，使得线上劳动教育指导有目标，有方法，不盲从。

(三)劳动评价，感受劳动精神与快乐

劳动对学生的成长有着不可忽视的作用，手脑并用的劳动训练是发展思维的良好手段，在劳动中让学生理解生活的意义，从而培养良好的劳动习惯。注重教育效果，离不开切实有效的教育评价，适合学生并深受学生喜爱的评价方式是激励学生成长的催化剂。

1. 校级表彰，鲜明榜样

通过身边劳动榜样的带动，可以激发学生的劳动热情，努力争当影响他人的榜样。劳动教育的评价要体现多样化。在我校组织的"学生年度荣誉奖"颁奖典礼中，其中一个重要的奖项就是"劳动与公益奖"，奖励常年坚持劳动，坚持为大家服务的学生，让学生体会到劳动带来的荣誉与幸福；每年的"五一"劳动节，学校隆重召开"劳动榜样"表彰大会，树立身边的榜样，激发学生劳动的热情。

2. 家校评价，突出实效

劳动教育要有要求、有落实、有总结、有评价，突出实效性。因此，我校每个班级都结合实际，指导学生做好劳动过程中的自评与互评，及时反思不足，强化目的，促进劳动习惯的养成。我校还充分发挥促进教育家长委员会的作用，开展个性化的班级评价，体现家校评价的统一，让劳动教育评价更加多元。比如在"巧手洗衣"的劳动教育实践中，学生根据教师指导进行劳动实践，同时在劳动记录卡中记录自己学会的新技能，最后邀请家长为自己的劳动进行评价，家长对学生的指导与鼓励，能够帮助学生感受到学会一种新的技能带来的快乐，并享受于其中；同时鼓励班级积极开展"勤劳的小蜜蜂""劳动小达人"等评选活动，树立身边的榜样，调动学生劳动的积极性。

3. 线上分享，营造氛围

假期中，我们为学生搭建劳动成果分享的平台。低年级的学生开展了"叠叠乐"的劳动实践，学生将自己叠好的被子，折叠整齐的衣服与同学分享。学生在相互学习中成长，或是将自己劳动时的照片分享在班级群里，邀请同学点赞，为自己鼓劲儿；或是将自己的劳动收获、体会与班级小伙伴进行交流、分享等。良好的氛围，促进了学生劳动意识、劳动能力的提高。

4. 依托问卷，关注成长

为了了解学生的劳动情况，我们设计了劳动成长问卷，学生通过自我评价、自我总结的方式盘点近期劳动的整体表现，及时总结自己做得好的地方，反思还有哪些成长的空间。例如在成长问卷中，邀请学生对自己近一个月的劳动表现打星级，请学生总结自己掌握的新的劳动技能，自己还有哪些进步的空间等。

成长问卷让我们了解了我校绝大多数学生劳动的情况，同时也让学生通过自我评价、自我反思认识到自己的收获与不足，为接下来的劳动习惯的养成明确方向。

苏霍姆林斯基说过："爱劳动首先是学生情感生活的范畴，只有当劳动给学生带来快乐的时候他才渴望劳动。劳动的快乐越深刻，学生就越珍惜自己的荣誉，越清楚地在劳动中看到自己的努力，自己的荣誉。劳动的快乐是强大的教育力量，这种力量能使学生认识到自己是集体中的一员。"可见劳动意识和劳动能力是一个人最为宝贵的素质。习近平总书记强调：少年儿童培育和践行社会主义核心价值观，要从自己做起、从身边做起、从小事做起，一点一滴积累，养成好思想、好品德。我校通过开展"生活教育，劳动育人"为主题的劳动教育实践活动，来培养学生的劳动意识和社会责任感，增强学生的劳动和生活技能。

劳动创造了一切。让我们把劳动教育进行到底，让学生体验劳动的艰辛，劳动的快乐。

第五章

"四季课程"里的生命生长

"四季课程"这一具有中国气质的学校课程，自实施以来取得了显著的效果。我们可以看到每一名学生在学习课程的过程中所经历的、感受的、领悟的一切都促进了其生命的成长。也就是说，通过"四季课程"这一载体，使学生这一生命体存在的特性和活动的能力经过不断的完善和提高，走向成熟。这就是"四季课程"里生命成长的意义。

　　本章将围绕"四季课程"在课堂、在校园、在班级、在家庭这四个方面阐述"四季课程"的实效性。其中"四季课程"在课堂，聚焦的是"学力质量"中的非智力因素在学生课程学习中的重要作用；"四季课程"在校园，是以学校所开展的仪式教育、主题教育和特色教育这些教育活动促进学生品德、人格、特长等方面的成长；"四季课程"在班级，则强调了在班级中培养学生的规则意识、集体意识、价值意识，进而凸显课程的班本特色；"四季课程"在家庭，紧紧围绕家校共育这一理念，形成相互协作支持的文化教育合力，让学生在目标一致、关系融洽的环境中快乐成长。由此显现出"四季课程"所具有的实效性。

第一节 "四季课程"在课堂

"四季课程"在课堂，不单是学生按照一定的要求，通过在"四季课程"中的努力使学习能力达到一定的水平或程度，更是普遍意义上的"学力质量"的提升。在这一节里我们所强调的"学力质量"是要突出非智力因素的培养，突出习惯养成方面的质量，突出课程带给学生的学习动力、学习毅力和学习能力方面的成长。那么，不同学科，就会显现出不同的素养；不同课堂，就会展现不同的精彩；不同学生，也会有不同的发展。这就体现出"学力质量"中隐性要素在学生生命成长中的重要作用。

一、不同学科，显不同素养

为了落实 2016 年 9 月发布的"中国学生核心素养"，普通高中率先制定了各学科的核心素养。比如，语文学科的四大核心素养，即语言建构与运用、思维发展与提升、审美鉴赏与创造、文化传承与理解；数学学科课程标准明确了六大核心素养，即数学抽象、逻辑推理、数学建模、直观想象、数学运算和数据分析；英语学科核心素养包括语言能力、思维品质、文化品格和学习能力四个维度。无论哪个学科哪种素养都遵循着各素养之间相互联系、相互补充、相互促进的规律。

在小学阶段，学生从一年级到六年级要学习的科目有十多门，不同的学科所培养的素养也不尽相同。我校在深入研究学科素养内涵的基础上，结合"四季课程"的实施，让学生从学科知识、学科思维、学科实践中获取对世界的认识、思考和探索的能力。这也就是学生生命成长的素养性表达。

(一)学科知识，让学生学会认识世界

每一个孩子开始认识这个世界的时候，除了用眼睛看、听父母讲，玩具、图画书等也成为孩子认识世界的桥梁。随着年龄的增长，孩子在

六岁的时候进入小学按照语文、数学、英语、科学等科目开始规范学习。不同学科让已经成为小学生的孩子通过课本上传递的知识来认识这个世界。

这个世界是什么？带着这个看起来简单其实是一个很严肃的哲学问题，学生们打开了知识的大门。

一年级语文课本识字 1 中展现了 6 个汉字：天、地、人、你、我、他，这就是在引导学生认识世界、了解世界。第一组 3 个汉字"天地人"中"天"覆盖万物，"地"负载万物，"人"则生在天地之间；第二组的"你我他"是生活中常用的人称代词，不仅反映了中华文化对"人"的重视，还表现出人与人之间的平等交往。学生从认识这 6 个字开始，对世界的认识也就由感性认识转化为理性认识，在两者相互交织、相互渗透的过程中一步步加深对世界的认识。

在数学课本中学生先认识了长方形、正方形、三角形、长方体、正方体等这样的平面图形和立体图形，而后要借助对日常生活的观察、操作，学习平面图形的运动(平移、对称、旋转)，使学生感受到图形在生活中的应用，体会到数学与现实生活的密切联系，让学生在欣赏数学美的同时，感受运动是世间万物的基本特征，是物质存在的基本形式。

学生学习科学知识也是为了认识这个世界。比如，当他们已经掌握了一些常见植物生长需要和形态方面的知识后，亲自种植一种植物。在种植的过程中，学生会观察到植物在生长过程中所发生的变化，研究根、茎、叶等器官在植物生长中的作用。通过观察植物一生的生长变化，学生理解了植物的生命周期现象。在获得知识的过程中，学生感受到植物世界的多姿多彩，还培养了爱护花草树木的情感。

从知道"天地人"组成的这个世界，到理解"运动"这一世界的基本特征，再到观察"植物"这个生命体的生长过程……学生们就是这样在学习学科知识的过程中逐步认识这个世界的。

"学科学习"让学生侧重于从知识体系认识这个世界，而"四季课程"则带领学生从关系的角度来认识这个世界。即构建人与自身、人与人、人与社会、人与自然的关系。

回顾这些年来学校开展的"四季课程"，有许多鲜活的课程实例体现了学生对于世界的认识。

《正在消失的朋友》是 2019—2010 学年第一学期六年级的秋季课程。学生通过了解地球上生活的成千上万的动物朋友，随着生态环境的变迁，很多正逐渐消失在历史的长河中……在聚焦正在消失的动物朋友的过程中，学生们从人与自身、人与人、人与社会、人与自然的关系中再次认识了世界。首先，学生们聆听专家讲座之后，要为自己确定一个研究方向：动物灭绝的原因有哪些？人类采取了哪些保护动物的措施？我们能为保护动物做什么贡献？……这些研究方向各不相同，体现的就是人自身的思想、情感、兴趣等方面的自我认知。其次，学生以小组为单位绘制海报，大家分工合作，善写的人写字，善画的人画图，善讲的人解说海报内容，各展所长，在沟通交流中体现人与人相互需要、相互依存的关系。再次，学生们到南海子湿地公园与麋鹿亲密接触，感受人与自然界的一切是一体的。最后，学生们展开想象，创编了在一千年以后的地球上，动物朋友和人类之间发生的感人故事。《猫救人》讲述的是一个人在地震发生时被埋在了废墟底下无法逃脱，他养的猫跑出去带回来各种食物给他吃，最后他靠着这些东西坚持到被救援人员救出废墟；《我的家园》讲了人们最初大范围捕杀鲸鱼，导致鲸鱼濒临灭绝，海底食物链被破坏，海洋几乎到了"静寂"的地步。人们认识到危机的存在，开始保护鲸鱼，不再大量捕杀海洋动物，海洋又变得"热闹"起来……这些创意剧虽然剧情不同，表演各异，但都揭示了人与社会的关系，那就是人的活动改造了社会，而社会又不断地影响着人的生活。

不同的年级不同的课程一次次地带领学生们加深对世界的认识。在《悦读"阅"有趣》的课程手册中制订个人的读书计划，这是人对自身规划管理能力的培养；在《年的味道》主题课程学习中，走亲访友去拜年，这不仅是中国的传统习俗，更是人与人的交流传递美好情感的方式；在《秋天的果实》课程中，走进田野，步入果园，观察果实，探寻果实的奥秘，学生与大自然亲密接触，感受到天地人和的美好；在《绿色创想》课程结束的时候，重建地球村，将可利用的物品再回收，这是学生们在为社会的环保事业做出自己的贡献……

"四季课程"将学科知识融合在一起，使学生的写作、计算、绘画、表演等各方面能力都得到了提高。同时让他们在实践中开阔了眼界，体验了生活，在与人合作中分享了快乐，学生们因此认识了真实的世界，领悟到了人与世界之间不可分割的密切关系。

(二)学科思维，让学生学会思考世界

这个世界为什么是这样的？这是我们认识世界的第二个问题，也就是对这个世界要思考，要求因。思考是思索、考虑，其实就是进行分析、综合、推理、判断等思维活动。无论我们是认知世界，还是要探索改造世界，都需要思维活动。

思维，是近些年来被越来越多地提及的词语。从哲学的角度来说，思维就是人类特有的一种精神活动，是人类所具有的高级认识活动。

学科思维，主要是指某一学科的对象、思想、方法、特征、追求及其内在关系，其核心是由此形成的学科思维方式。教师进行学科教学，便是培养学生相应的学科思维，使学生形成该学科特有的思维方式，进而发展其学力，提高其学习能力与知识水平。

在我们的认知中，数学学科不仅需要学生掌握基础知识和基本技能，更要求学生用数学的眼光观看生活，用数学的思维思考生活。

六年级上册《圆的面积》一课中，李老师设计了这样一道练习：买两个6寸的比萨和1个12寸的比萨哪个更值一些？（图5-1）

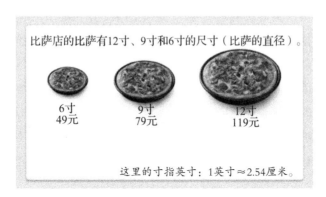

比萨店的比萨有12寸、9寸和6寸的尺寸（比萨的直径）。

6寸
49元

9寸
79元

12寸
119元

这里的寸指英寸：1英寸≈2.54厘米。

图 5-1 怎么买更合算？

题目一出现，班里的学生几乎异口同声地说买 2 个 6 寸的更值，因为便宜。短暂的沉默后，大家又推翻了自己的结论，有学生说："表面上看 6＋6＝12，是一样的，但我们通过计算发现不一样，两个小比萨是：$3×3×π×2＝18π$，大的却是：$6×6×π＝36π$，大的比萨更值。""有补充的吗？"李老师追问道。这时小郭同学站起来说："这个比萨是一个近似的圆柱体，它们的高是一样的，我们只比较底面积也就是圆的面积就可以了，这样说理就更严谨了。""对，就是这样！"大家随声附和道。"你们都是这样认为吗？"李老师再次追问。教室马上安静下来，大家用眼神进行无声的沟通，这时，平时不爱发言的小穆同学小声地说："如果是我，我知道 12 寸的比萨更值，但是我吃不了，浪费了不是更可惜。"对呀，我们还要考虑其他因素，这样会更全面！在他的启发下，马上有学生补充道，还要看看比萨上的馅料放得多少，看看哪个更值；不能片面地看这个问题，要综合考虑情况……

一石激起千层浪，这节数学课，大家除了运用数学知识解决生活中的问题，更能全面地、严谨地解释现象，辩证地看待问题，这正体现出"对问题的灵活应用"这一数学学科的思维特点。

这种具有学科特点的思维方式，不仅在数学学科上可以体现出来，也会在学生学习其他学科的过程中彰显出来。

我校科学学科能力目标中就有这样的表述，"善于交流反思，能够基于事实证据和科学推理对不同的观点和结论提出质疑、批判，提出创造性见解或创新设计"，这就是学科核心素养中的"科学思维"。

在五年级《沉与浮》单元学习中会观察到各种不同的物体在水中呈现出沉浮不同的现象，学生对影响物体沉浮的原因（重量、体积、材质）进行预测和讨论；寻找合适的材料反复进行对比实验得到事实性证据；最后，学生将物体和它们的沉浮情况进行比较得出结论，修正自己最初的想法。

除此之外，还有一种叫作"思维导图"的图像思维工具，它是一种有效的思维模式，是表达发散性思维的有效图形思维工具，它简单却又很有效。这种将思维形象化的方法特别适合小学生，因此语文、数学、英语、科学、音乐等都会借助思维导图这一辅助工具进行学习。

我们可以从下面的图 5-2、图 5-3、图 5-4 中看到其图文并重的技巧，把各级主题的关系用相互隶属与相关的层级表现出来，把主题关键词与图像、颜色等建立记忆连接，这正体现了思维导图所具有的强大功能。

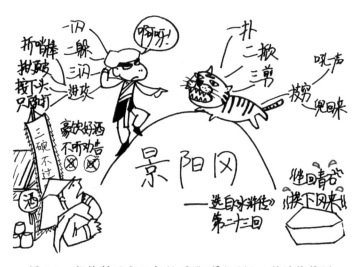

图 5-2　部编版语文五年级下册《景阳冈》一课思维导图

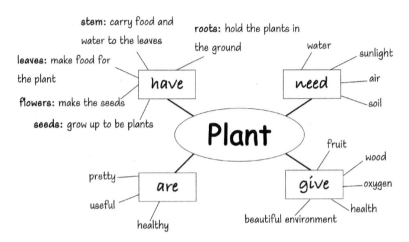

图 5-3 北京版英语五年级下册《What do flowers do?》一课思维导图

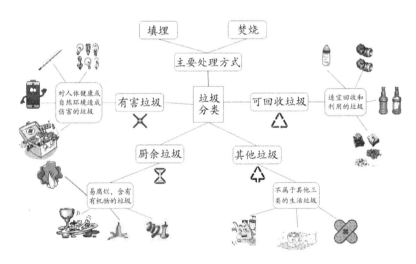

图 5-4 科学六年级下册《垃圾分类》思维导图

思维导图将思维可视化，可以成倍地提高学习效率，增进了理解和记忆能力，把学习者的主要精力集中在关键的知识点上，还极大地激发了我们的右脑。

不同的学科有不同的思维训练。一个问题的探讨，一个现象的研究，一本书的阅读……这一系列的学习过程，都是在思考这个世界为什么是这个样子的，进而在"四季课程"这样的学习中进行运用。

2014—2015学年第一学期的五年级秋季课程《校园之绿色创想》活动中我们号召学生们："在丰富多彩的实践活动中了解更多有关校园环保的科学知识，为学校的环境保护提出自己合理的建议与独特的创想。"课程安排了很多活动，有专家讲座；成立"绿色创意"研究小组，进行分组调查、数据分析；通过一些科学实验，完成绿色创意设计；撰写倡议书、调查报告等，还召开了校园绿色创想发布会。短短的五天时间，学生们对于"绿色""环保""创意"等知识、意识、实践有了深刻的思考。土地沙漠化、噪声污染、资源浪费等环境问题就在我们身边，特别是学生们调查分析了学校的噪声情况和师生纸张的使用之后，意识到环保必须从我做起。当同学们亲手将废弃的瓶子做成花篮，把无用的纸筒组装成自行车之后，大家树立起了"变废为宝"的意识，用自己的双手为校园增添了一抹绿色。

一次课程让学生开始思考这个世界为什么会充满灰暗的雾霾——那是因为人类对自然的破坏，要想让这个世界到处都有充满生机的绿色，每个人都要行动起来，保护身边环境。

思考这个世界是什么样子的，就是要从本质上认识这个世界。当我们的学生从学科思维训练中获得了思维的方法，就可以一步步地从书本上、现实中认识这个世界的本质，同时在提出问题、思考答案的过程中体会到思考的乐趣。

(三)学科实践，让学生学会探索世界

实践是人能动地改造物质世界的对象性活动，是人类存在的基本方式。学生作为学习生存、生活的特殊群体，除了要学习知识经验以外，还要通过学科实践这一载体弥补学科不足，解决"学科知识因缺少实践"而虚化的问题，解决"生活经验因缺少体验"弱化的问题，从而达到探索世界的目的。这不仅是学习方式的变革，还可以通过学科实践活动塑造学生完善的人格。

当六年级学生在科学课上分组之后，通过实验分析建筑中结构的作用，在"搭建高塔"任务时，学着像工程师一样工作：交流想法并尝试绘制草图；对自己或他人的想法提出改进建议并说明理由；利用简单的报纸、胶带等材料搭建模型；对不稳定、高度不够、不美观等问题进行相应的测试和调整；在有限的时间和条件中不断改进完善；简单评估工程效果。这种学科实践虽是模仿，但是在学生尝试体验新角色之后，他们所表现出的行为就不仅仅是学生，还是专业工作者、合作者。这种实践就体现了学科实践的主体性、探究性、应用性、综合性等。

学科实践在"四季课程"这一载体中还体现了课程的连续性。在2018—2019学年第一学期的寒假，四年级的冬季课程是《京韵国粹》，学生在课程实践中了解了"京剧"这一国粹艺术之后，因为年龄特点，对剧中的"武打"场面很感兴趣。教师在调研之后，设计了第二学期的春季课程《戏韵武林》。如果说学生在《京韵国粹》的课程中对于京剧的发展历史、道具服饰、角色行当等有了整体的认识，那么在《戏韵武林》的课程中，就是抓住一个点进行了延伸性的学习与实践。他们走进戏校、武校，看到了演员与习武之人的辛苦付出，之后的创编武术操则体现了学生们在实践中的提升。化一个问题为另一个问题，化未知为已知，化复杂为简单，将多学科融合的全课程理念融入课程实践活动中，就会使得这样的实践课一举多得。

游学活动是体现学校具有国际视野的一项课程。以赴澳游学为例，学生根据自身实际情况提出申请获准后，与澳方小伙伴建立联系，经过培训后，开始游学活动。有的时候是先赴澳大利亚学习再迎接澳大利亚的学生来中国学习，有时会先迎澳再赴澳，无论顺序如何都是学生们走进另一个国家、另一所学校、另一个家庭的实践机会。学生们在澳大利亚学习了具有澳方特点的内容，如回旋镖的历史与玩法，与考拉亲密接触，体验冲浪的刺激。这一切为学生带来了难以忘怀的经历。当学生在澳大利亚家庭生活的时候，其乐融融的家庭氛围让他们与小伙伴的友谊更进一步。游学活动不仅开阔了学生的视野，提高了他们的英语口语表达能力，还锻炼了学生生活自理、学习自主的能力，以及与人交往的能力。这正体现了实践课程全面培养学生核心素养的价值。

总之，开展学科实践活动是要求，更是培养学生核心素养的重要渠道。我们都知道，实践是检验真理的唯一标准。学科实践则是学生探索世界的重要途径，也是他们发现问题，解决问题的必要方法。

二、不同课堂，展不同精彩

课堂既是教师向学生传授知识和技能的地方，也是学生学习知识与技能的场所。它主要包括教师的讲解和学生的问答，因此也有教师是主导、学生是主体的说法。在这里我们所谈的课堂主要是展现学生不同精彩的课堂，这些课堂上的精彩其实就是学生在课堂上通过质疑、合作、探究等方式所展现出来的生命的活力。

(一)课堂学习目标，是"要求"更是"方向"

每一节课都有一定的学习目标，这个目标的制定是以学生为本，以课标为依据，以教材为凭借，它是课堂的出发点和归宿。一般会按照"知识与技能""过程与方法""情感态度价值观"三个维度来制定。在制定课堂学习目标的时候要着眼于学生，着眼于学习方式，着眼于学习结果等。因此，我们制订的课堂学习目标是"要求"更是"方向"。在这里"要求"指的是具体的目标，"方向"是追求的目标，是我们所期望的成果。

我们可以通过以下几门学科的学习目标来认识它既是"要求"更是"方向"。

在课堂学习目标一(科学)《蚂蚁》中，科学知识设定为：学生基于观察，说出蚂蚁的身体结构，如头部有眼和触角，胸部有6条腿，腹部比较大等。学生能说出蚂蚁可以通过触角来感知环境。科学探究设定为：学生基于观察和简单的实验，能够用画图和语言的方式描述观察到的现象，通过分析、综合、比较，归纳出蚂蚁的身体结构以及通过触角感知环境。科学态度设定为：学生在活动中愿意倾听他人的表达，愿意与他人分享信息。

在这个课堂学习目标中"观察"是出现频率最高的词语，学生基于观察活动，提出感兴趣的问题。它既是学习的要求，也为学生指明了学习的方向。学习科学知识，"观察"是最基本的能力之一，因为只有通过亲眼看，才真实可信。

在课堂学习目标二(美术)《快乐的人》中，知识与技能设定为：通过动态概括结构线，使学生了解可以应用于线造型的各种材质，发现线材的美感并进行艺术创造。过程与方法设定为：发现生活中的线材，利用彩色电线制作出人物，辅以柔软的皱纹纸，彩色细铁丝以及区别针缠绕、装饰，尝试新颖有趣的造型方法。情感、态度、价值观设定为：培养学生关注生活的习惯，培养学生勇于创新的精神。

这堂课要用线材制作出快乐的人物，这不仅需要对线材、颜色、手法等的了解，更需要对生活的关注：关注人在什么时候是快乐的，快乐的肢体动态是什么样的……关注生活为的是完成一次美术课的作业，同时可以在关注生活的过程中发现生活中的美好，这就为学生指引了学习的方向。

在课堂学习目标三(语文)《匆匆》中，我们要求学生们能有感情地朗读课文，背诵课文；能了解课文内容，体会作者对时光流逝的感受；能抓住关键句段，感悟作者表达情感的方法，并仿照第3自然段，表达自己对时光流逝的感触。

朱自清先生的这篇散文是一篇文质兼美的文章，其核心意思就是表达了他对于"时光匆匆流逝"的无限感慨。朗读——背诵——理解——仿写，这一连串的学习目标，不仅仅是要求，更是告诉学生们光阴似箭，要珍惜时间。这里的目标是激发情感的共鸣，是引发感悟的助力。

课堂学习目标落实在纸上是一条条明确的话语，落实在课堂上则是一个个循序渐进的环节，落实在学生身上就成了指明方向的追求。学生在观察中思考，在思考中领悟，在领悟中实践，使课堂学习达到预期的效果。

(二)课堂学习方式，变"学会"为"会学"

从古至今，我们的学习方式大都是老师讲，学生听；即便是有了班级授课制，也多是灌输式地教，接受式地学；学生靠单纯、机械地吸收来学习一些知识与技能。至于是否学会了，那就要看学生自身的资质与态度了。

授人以鱼更要授人以渔，变"学会"为"会学"已经成为如今课堂学习方式的重要特征。当学生会质疑，会探究，会合作，会创造性地学习时，他们就掌握了主动学习的方法。

"培养学生的问题意识，让学生成为问题研究的提出者"是北京小学数学老师张爱红提出来的观点。在张老师的教学实践中，无论在课前预习、课上学习还是课后拓展中，都是学生们可以提出问题的时候，而这些问题让学生成为学习的主动者。以下是案例。

在教学六年级《自行车中的数学》这一内容前，我们考虑到这一知识有难度，请同学们先行预习，思考自行车里藏着哪些数学问题。通过观察体验，学生们提出了不同层次的有价值的问题。比如，车轮转一周，前进多少米？前齿轮20个齿转3圈，后齿轮10个齿会转多少圈？前后齿轮的齿数与它们的转数有什么关系？

在预习中有的同学提出了一些让人意想不到的微观问题，有的则提出了一些非常有价值的关键性问题。在课堂学习时，我们就从学生提出的问题出发，作为课堂学习的起点。学生的学习不仅因为解决了自己的问题而使其学习更加主动，同时在解决这些角度不一、难度参差不齐的问题时，问题在交织中逐渐清晰，思维在碰撞中得以提升。

《倒数的认识》一课中，在探究如何求一个数的倒数时，张老师设计了这样一个活动：她首先拿出8个数贴在黑板上，请学生从中挑选出哪两个数互为倒数。（图 5-5）

$$\boxed{\begin{array}{cccccc} \dfrac{3}{5} & 6 & \dfrac{2}{7} & \dfrac{5}{3} & \dfrac{1}{6} & \dfrac{7}{2} \\ 2 & 0.2 & & & & \end{array}}$$

图 5-5　选一选，哪两个数互为倒数？

同学们热情高涨，张老师特意找了一名基础较弱的学生。如所预料，这名同学顺利地挑出三组之后，接下来的第四组 2 和 0.2 到底是不是互为倒数，就有些迟疑了，但最终还是将它们放在了一起。

此时，议论声飞起。有一名学生站起来说："2×0.2＝0.4，不等于1，因此这两个数不是互为倒数。"张老师紧跟其后，提出问题："那 2 和0.2 有倒数吗？是不是所有的数都有倒数呢？"

一石激起千层浪，这个问题一下子激发了同学们的好奇心，大家的疑问也如泉水般涌了出来。

"1 的倒数是几？""0 没有倒数吧？""带分数是不是也没有倒数？"……

在这一活动中，张老师巧设认知冲突，这一冲突恰如其分地引发学生一连串新的疑问，而这些疑问顺其自然地成为学生进一步研究的新问题。学生在独立思考中用自己独特的视角审视问题、分析问题和解决问题，进而完成知识自然建构。这不仅有利于学生思维的发展，同时也达到了教师不教而教，学生因思乐学的理想状态。

又如，在学习《圆柱、圆锥》单元时，课堂上用实验的方法推出圆锥的体积，当学生提出"除了实验的方法，能不能从数学的角度证明出圆锥的体积为什么是圆柱体积的 1/3"时，教师大胆地将这个问题的研究又抛给了学生。

在拓展中引发疑问，学习在问题中延伸。问题延伸，可以帮助学生做出同类的思考，谁还可以这样？为什么这样？正是这些延伸出的新问题，引领着学生学会发现问题、提出问题、分析问题、解决问题，带领学生的思维走向深刻，提升了学生的问题意识和能力。

培养学生的问题意识，让学生成为问题研究的提出者，有利于开启学生的智慧，有利于激发学生的主体性，有利于培养学生的创新精神和创新能力。这正是课堂学习方式的生命活力。

再如语文部编版教材六年级上册"有目的的阅读"单元的第一篇课文《竹节人》，唐亮老师采取了下面的合作学习方式。

在《竹节人》课后学习提示中一共有三个阅读任务，不同的阅读任务就要有不同的阅读策略。其中第一个任务"写玩具制作指南，并教别人玩这种玩具"，需要从课文中提取关键信息来完成。由于生活在北方的孩子对于这种游戏很陌生，所以唐老师安排学生自愿结合，两人一组完成这份《竹节人制作指南＋玩法攻略》。

学生们经过阅读课文中相关的部分，从中提取了相关的信息，而后合作完成了一份各具特色的指南＋攻略，最后进行了全班交流。

一是图文并茂（图 5-6）。

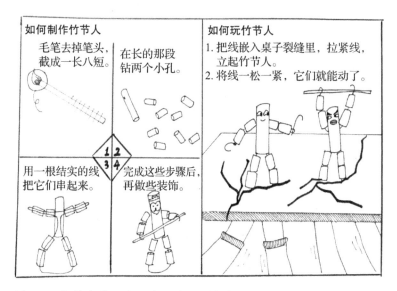

图 5-6　部编小学语文六年级上册《竹节人》制作指南＋玩法攻略一

有图有文字，这样的方法其实是学生们很熟知的形式，他们日常见到的一些玩具的介绍都是如此，学以致用，体现了学生的理解与运用能力。

二是富有个性（图 5-7、图 5-8）。

在图文并茂的基础上，学生完成的这样两组"制作指南＋玩法攻略"显然融入了自身对于这个游戏的个性化理解与表达方式。由此可见，学生们对竹节人的喜爱已经跃然纸上了。

第一个阅读任务最直接、最生动，最能激发学生完成任务的兴趣。

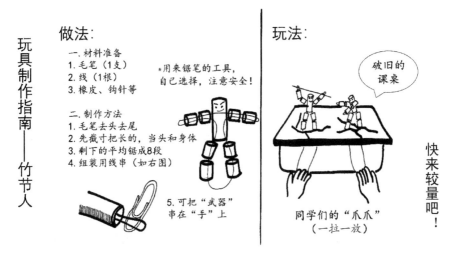

图 5-7 部编小学语文六年级上册《竹节人》制作指南＋玩法攻略二

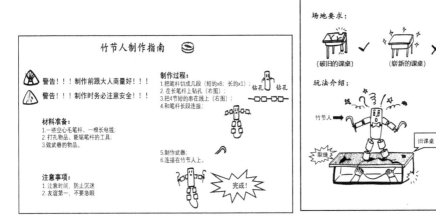

图 5-8 部编小学语文六年级上册《竹节人》制作指南＋玩法攻略三

事实证明，放手让学生合作完成，达到了最好的效果，那就是既读懂了课文，又体会了竹节人的有趣，还将自己对于课文的理解换了一种方式表达出来，合作学习，读写结合……这样完成学习任务真是一举多得。

如果说学会的学生不一定会学，但是会学的学生一定能够学会。从上述案例中，我们看到学生在质疑中探究，在合作中创造性学习，这就是"会学"的方法，这就是最好的课堂学习方式。

（三）课堂学习过程，是"起点"不是"终点"

老师们常对学生说一句话："结束是新的开始"，这句话也适用于课堂学习的过程。在课堂学习的过程中，学生在目标的引导下，积极主动去学习，获取了知识与技能，训练了思维，提高了认识水平……那么一节课结束了，我们不仅可以画上句号，还可以画上冒号。这个冒号代表的是继续学习的起点。

学生在学习数学《分百小互化》内容时，因为老师教学过程设计巧妙，学生学习的积极性很高，特别是讲到小数如何化分数这个环节，大家的想法特别多。课代表小季高高地举起手："老师，我同意大家的做法，但是我还知道循环小数如何化分数。"于是他滔滔不绝地把方法说了一遍，但是班里的其他同学仿佛在听天书，这让小季同学很失望。没想到一下课，小季就向老师提出要找时间再给大家讲一讲，于是商定利用早自习的时间给大家讲解。小季进行了认真的"备课"，把循环小数化分数的不同情况全部列举出来，还精心设计了板书和练习。在周五早自习的时候他像个小老师一样给大家进行了讲解。在这之后，班里学生学习数学的热情被点燃了！在小季的带领下，更多的同学利用课余时间研究数学，利用数学早读时间和大家分享数学学习的好方法，他们主动寻找数学课中一些感兴趣的内容进行深入研究和思考，如学习数与形后介绍杨辉三角的知识；学习多边形面积后介绍勾股定理；学习循环小数后，介绍无限不循环小数，以及无理数的产生……学生们感受着数学带给他们的乐趣。同时，他们也理解了课堂学习只是开始，它可以指出学习的方向，让他们不断前进……

学习是无止境的，一节课引发了学生的学习兴趣，那么接下来的学习既可以是知识的继续探究，也可以是生活的导引。

再如一节英语课。以课文内容为依据，结合"当你遇到焦虑的事情该怎么办"的话题，同学们进行了头脑风暴（图5-9）。

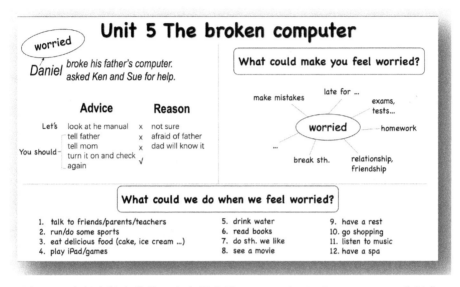

图 5-9 北师大版小学英语六年级上册 Unit 5 The broken computer 的板书

学生结合自己的实际情况，组织语言，用英文进行交流，不但提高了英语的口语表达能力，特别是将"缓解焦虑"的办法一一呈现出来，包括向家长、老师、朋友倾诉，做运动，吃些甜品，看书，听音乐，做按摩放松……这些办法都是来自学生的亲身经历，对于每一个人都很有意义。

在不久之后的一次测试中，有名男生的成绩很不理想，他因此紧张不安。中午午休时，他选择了与同学踢了 20 分钟足球，回来后虽然大汗淋漓，但脸上洋溢着笑容，早上的焦虑已经通过做自己喜欢的运动调节好了。

一次头脑风暴，一些缓解焦虑的好办法，让这节英语课的学习不仅仅是学会了单词和句型，还让学生学会了缓解心理压力的办法。这就再一次证实了课堂的学习过程是学习的起点，是生活的起点。

三、不同学生，有不同发展

北京小学自 1949 年建校至今已 70 余年，千千万万的学生从这希望的摇篮里走出来。这些学生无论是成名成家还是社会上普通的劳动者，都会在不同的领域有所发展。回顾这些学生在北小六年的小学生活，正是坚守了"脚踏实地做事，顶天立地做人"的校训，通过努力成为最好的自己。在这个过程中，兴趣、习惯、意志是成就每一名学生发展最重要的因素。

（一）兴趣，让学生找到发展的动力

我们都知道"兴趣是最好的老师"。为了培养学生的兴趣，学校开设了各种各样的兴趣小组，各学科有学科课程，不同年级还有年级课程……丰富的资源为学生们提供了多种选择。每周某一天的下午，学生们都会主动学习各自选定的课程；在每天放学后，学生们都会来到自己心仪的小组，享受兴趣带来的快乐。

虽然对于很多学生来说，兴趣就是兴趣，但是有些学生也会把兴趣转化为一种追求，这种追求最终转化为一生的目标。

在某年级 5 班，有四个小伙子特别引人注目，他们是乐乐、小朗、秋实、小菖。这是因为这四个男孩子都特别喜欢科技。

乐乐，机器人创意达人，从一年级就开始学习机器人，后来参加了学校的机器人小组。为了提高编程水平，他还学习电脑、英语，使得制作机器人的能力大大提高。通过努力，他获得了年度荣誉奖。

小朗，机器人制作达人，是学校机器人小组的主力成员，在北京市科委与教委主办的"体验科技北京，畅想世界城市"的金点子征集活动中获得小学组一等奖。乐学善思的他在科学老师的悉心辅导下刻苦努力，坚持不懈，获得北京市教委主办的首届北京学生机器人智能大赛二等奖、西城区青少年机器人大赛一等奖。

班中的科技小子还有荣获遥控纸飞机冠军的"科技风云人物"——秋实。2 分 16 秒的好成绩是他坚持不懈反复试验的成果。他也是我校航模队的一员，现在能够熟练制作许多航模，还能够在原有基础上精心改装，使自己的航模飞得更高。

最后，还有一位重量级人物，他就是我校航模队的队长小菖。他对

飞机特别感兴趣，不但爱学习有关飞机的知识，还爱收藏各种飞机模型，对任何一款模型都爱不释手。而他最爱的还是自己设计飞机，改装飞机，测试飞机。有一次，他还把自制的三角翼滑翔机拿到学校试飞。小学毕业后，对于科技的喜爱一直影响着这个小伙子。

兴趣，不光是最好的老师，还是激励人前进的动力。在北小，每个学年都会举办科技节，让每一名学生与科技亲密接触；在北小，每一学年都有运动会，让所有的学生都在运动中找到快乐；在北小，每个学年都会更换楼道内的美术作品，举办学生画展……

正是在这些兴趣小组的引导下，让很多学生将兴趣转化成了发展的动力。一名学生多年以后这样回忆：

从小时候开始，美术就一直伴随着我。最初是因为爸爸特别爱画画，所以我也被潜移默化地影响了，家里各式各样的绘本以及电视里动画片中的角色和场景都吸引着那时的我。随便的涂鸦乱画让我感到画画很好玩。上了北京小学后，因为学校有兴趣班，所以我自然报名参加了美术班，一画就是六年，每次老师展示我的绘画作品都让我觉得特别骄傲。在那时候，我的心里就有了一个愿望：长大以后一定要选择一个与绘画有关的工作。后来因为想继续学习美术，我考上了中央工艺美术学院附中，在专业的艺术氛围里，有了更专业的老师指导，也认识了很多同样热爱画画的同学，这使得我的美术水平进步得越来越快。高考后，我顺利考上了中央美术学院的信息设计专业。这也让我正式进入了平面设计这个专业的领域，成为一名平面设计师。

在万千北小学子中，究竟有多少人会因为小学的一种兴趣成为个人发展的动力，或许很难统计出来，像喜欢数学的思成成了精算师，喜欢阅读写作的一清成了戏剧编剧，喜欢绘本的梓欢成了一名插画师，喜欢舞蹈的雪旌从上海戏剧学院毕业从事音乐剧表演，喜欢音乐的正正从中央音乐学院毕业成了青年指挥家……即便不将兴趣变为职业，也可以成为自己一生的爱好：当初的首席小提琴手英伦同学依旧会把小提琴带在身边，闲暇时拉上一曲；喜欢蝴蝶标本的小澈，至今还保持着标本收集的爱好；喜欢航模的天淇，则变身为飞机摄影师……

这就是兴趣的魅力与魔力吧，它在一个人童年的时候播撒下的种子，总会开花结果的。北小的学生不仅人人有兴趣，还能够满怀兴趣地去学习，让兴趣化为一种前进的动力，推动着自己去实现梦想。

(二)习惯，为学生奠定发展的基础

好习惯成就好人生，这是被大家都认同的观点。"培养好习惯"就是小学阶段最重要的任务之一。

作为一所公办寄宿制学校，学校以"四自教育"为载体，即生活自理、行为自尊、学习自主、健康自强。有目标、有计划、有策略地培养学生的生活习惯、行为习惯、学习习惯和健身习惯，已经成为北小寄宿教育的特点。

为学生规定严格的作息时间，早上 6：30 起床，洗漱锻炼，吃早餐，而后开始一天的学习生活；17：30 吃晚饭，上晚课；20：00 回宿舍洗漱；20：30 熄灯听广播，然后入睡。正是这样有规律的作息，让学生的时间观念很强，生活能力得到了锻炼。不少家长感慨："在北小的六年寄宿生活，孩子的自理能力特别强。每次与朋友们相约旅行，北小出来的孩子干什么都比别人家的孩子快。"看似简单的生活能力不是与生俱来的，这是在寄宿教育过程中，在生活老师的指导下逐步养成的。

除此之外，学校还制定了各年级的习惯养成目标，这些目标指导着学生们的行为、学习、健身等方面。如果说习惯都是些小事，那么培养习惯绝不是一件小事。就以"人走桌面净"为例，这是每一位老师常抓不懈的养成教育。入学时，老师手把手地教；学长们走进友谊班一次次地示范；班级设立检查评比制度；召开班会重温"那些已经养成的习惯还在吗?"……好习惯是可以让人受益终生的，但是面对 6～12 岁的小学生，培养习惯的过程是从传授方法，指导实践，到反复训练，成为自觉才算完成。

有些习惯的培养还需要创建合适的氛围才能养成，其中"阅读习惯"的养成就需要环境的助力。北小有摇篮书屋，大队部门口、教学楼大厅

都设有"书吧"，每个班级都有书架，这些地方的图书都可以随手翻看。正是有了这样的阅读环境，阅读成了北小学生的习惯。那些长大的学生因儿时的习惯，成人之后依旧将读书当成生活的一部分。各种各样的书放在床头、桌角、背包里，有时间就翻看几页，手头有笔还可以勾勾画画。学生还自嘲地说，这属于读书留痕的后遗症。在小学养成的好习惯，真的影响了学生的一生。

在"四自教育"中还有"健康自强"这一条，北小的操场上、游泳馆里、篮球馆里、体操馆里总是欢声笑语最多的地方。体育课、午间休息、小组活动时，每一名学生都会投入各种体育活动当中，彰显了"我运动，我快乐"的宗旨。

特别是每年春季课程都是围绕"运动"开展的：运动的春天、趣动小球、玩转足球、篮球嘉年华、武动春天、悦走悦美……学生们在这些课程里对中国传统的民俗运动、武术派别、球类运动等有了较为全面的了解与体验，在与足球名宿的对抗中，在向武术门派传人的学习中，在对健步锻炼的行人调研中，学生们更加喜爱运动，愿意养成健身的好习惯，让好身体成就好人生。

叶圣陶先生曾说过："好习惯养成了，一辈子受用；坏习惯养成了，一辈子吃亏，想改也不容易了。"好习惯是助推器，是助人腾飞的动力；坏习惯是枷锁，是难以挣脱的羁绊。要养成良好的习惯，就要从我做起，从现在做起，从点滴做起！北小学生正是有了这些好习惯，才让自己的发展有了坚实而牢固的基础。

(三)意志，使学生拥有发展的支柱

意志是决定达到某种目的而产生的心理状态，往往由语言和行动表现出来。一个人要想实现自己的目标，是需要克服各种困难的，因而意志往往会用"意志力"来表达，它也就成为一种品质。

小学生虽然年龄小，但是随着不断学习、体验，意志也会在面对各种问题、各种挑战的时候成为他们精神生活中不可或缺的力量。也就是说，意志力是学生求得发展的支柱。

对于6～12岁的小学生，什么是意志力呢？他们的回答是：克制、勇敢、坚强、坚持。什么时候需要意志力呢？小学生的回答更加真实而且富有儿童特点：想看电视又不能看的时候需要克制，摔倒后磕破腿流血了需要勇敢，练琴总出错被批评时需要坚强，长跑跑不动的时候需要咬牙坚持……这些出现在小学生学习与生活中的小事情，恰恰就是培养其意志力的时候。如果每一次所需要的克制、勇敢、坚强和坚持都得到了锻炼，那么就拥有了意志力。

有这样一个学生，从五岁起就开始学习舞蹈，许多年过去了，她对舞蹈的记忆大概就是那双舞鞋了。她在日记中这样写道：

那双鞋，虽然只陪伴了我一年多一点，但在那双鞋上，留下了我学习舞蹈最为深刻的印记。那段时间我们一直在排练群舞《灯妞》，因为参加个人比赛，我还要练独舞《如梦年华》。两个舞蹈，两个记忆，两个梦。练习之前的基本功训练很苦，经常有人因受不了大强度的训练而哭鼻子。虽说我们只是一个儿童艺术团，跟舞蹈学院没法比，但在业余的层面上看，已经专业得够可以的了。

随着表演的日子愈来愈近，我们的训练次数也越来越多。

有一天，我突然发现袜子露出来了——鞋被磨破了。两只脚，四个大洞。这双鞋，彻底报废了。

那天晚上，我捧着那双鞋流泪了。不知道为什么，看着四个洞，感觉很心痛。这双鞋，臭臭的，那都是我练出来的。这时，一串泪珠落了下来。我突然感觉它仿佛是一只大船，承载了我的汗水、梦想……两个舞蹈，两个记忆，两个梦。老师嘴里不住地喊着"翘翘，踢腿要擦地""翘翘，翻前桥腿要伸直""翘翘，平转要立脚尖""翘翘，舞蹈要用眼睛说话""翘翘……"一点一滴，我都装在了这只船中，尽管，它漏了。

思扬说，一双鞋，磨破不容易，我像你这么大的时候，两三年才破一双。哦，我的天！我用一年多磨破了一双鞋。然而，这四个洞，也将是我学习七年舞蹈的一个句号。

七年中，我学会了坚强，因为压腿再疼，我也不会哭了。七年中，我学会了为自己的梦想付出一切。在这双鞋的洞里面，我看到的不是空洞，而是我的梦。

提起舞蹈，我就想起了那双破了的鞋……

这是那个学生在小学六年级的时候写下的一篇日记，她说七年的学舞经历让她学会了坚强，她的坚强正一点一点地渗透到那双磨破的舞鞋中，而她也因此变得勇敢坚强，这坚强就是意志力。

前面曾经提到一位青年指挥家正正，从他的个人简介中我们捕捉到的信息是：

男，23岁，青年指挥家，2012年4月以全国第一名的成绩考入中央音乐学院附中。2015年以全国第一名的成绩考入中央音乐学院指挥系。入学后，各学科考试成绩名列前茅，并于2016年荣获中央音乐学院优秀学生奖学金。2018年12月11日，执棒"2018中国室内乐歌剧创作推动计划"并指挥中央音乐学院交响乐团圆满完成歌剧《刺姬》首演，获一致好评……

在这个光环之下却有许多不为人知的故事。正正出生在一个普通家庭，四岁开始学习钢琴，为了弹好一支支曲子他经常忘我地练习，因为是住校生，时常还会错过了学校的晚饭时间……这一切都不曾影响他对于钢琴的热爱。进入中央音乐学院学习音乐是他从小就立下的志愿，小学毕业的时候，他第一次去考央院附中，遗憾的是没有考上。这对于他的打击很大，同时也使他意识到人外有人，天外有天。在经历了短暂的失落之后，正正再次鼓起勇气，坚信自己只要目标明确，肯于付出，就一定会实现自己的梦想。这才有了分别以全国第一名的优异成绩考入中央音乐学院附中和中央音乐学院这样的成绩。而今他不仅经常以钢琴演奏家的身份登台表演，还以青年指挥家的身份继续追求自己喜欢的音乐。正正的意志力是多么强大呀！他的决心引导着他实现了自己的音乐梦。

早在两千多年前，孟子就说过："天将降大任于斯人也，必先苦其心志，劳其筋骨，饿其体肤，行拂乱其所为，所以动心忍性，曾益其所不能。"这就是在说意志力对于一个人的重要意义。如果我们想要实现自己的理想与愿望，就需要明确的目标、坚强的意志和勇敢无畏的精神。有了这些，就没有什么实现不了的。

第二节 "四季课程"在校园

校园是学生学校生活的另一个代名词，也是一个人从小到大经历的时间最长、最为稳定的学习生活环境。"四季课程"在校园这一节的内容是从另一个视角走进北京小学，了解这所被称为"希望的摇篮"的学校，和每一个学生所创造出来的充满浓厚校园文化的氛围。本节将从仪式教育是引领精神的教育、主题教育是明确内涵的教育、特色教育是彰显风格的教育这三方面来讲述学校的各种教育活动，以此说明在四季课程理念下的校园生活是丰富多彩、充满活力的。

一、仪式教育是引领精神的教育

仪式教育，是指为了促使人成为人，在特定场合举行的具有专门程序形式的教育活动。这种仪式教育体现了学校、年级、班级的文化内涵，促进了学生品德的培养和人格的塑造。

从6岁的儿童在9月1日踏入小学大门那一刻起，开学典礼、升旗仪式、入队仪式、结业式、毕业典礼等各种充满仪式感的教育活动就会伴随他们度过六年的小学时光。在这六年里所经历的各种仪式教育让所有人在体验中获得成长，这就是仪式教育最重要的意义。

(一)仪式教育是一种"全"教育

首先，我们必须要认识到仪式教育是一种"全"教育。这里的"全"指的是全员参与、全程经历、全面实施，这正是仪式教育最具感染力、影响力、凝聚力的特点。

1. 全员参与，产生共情

学校会开展各种各样全体学生、老师都要参加的活动，其中以每学期的"开学典礼"最为典型。小学六年，每名学生要经历 12 次意义不同的开学典礼，每一次的开学典礼也会有不同的主题："为中华崛起而学习""读家风 弘校风 扬国风""传统美德我践行""承礼仪 育美德 养习惯""学习榜样 做更好的自己""新守则 新目标 新进步""心有目标 天天向上"……这些主题往往就是新学期的教育重点。在主题为"好习惯奠基好人生"的开学典礼上，学生们聆听校长的谆谆教导：养成交往、健身、学习、自律的好习惯，对于一个人来说就是为自己的人生奠定了坚实的基础。接下来全体学生通过观看对亚运会百米飞人苏炳添、中国男篮、女篮、女排的介绍，懂得了辉煌成绩源于他们坚强的意志力与持之以恒的精神。在观看科技团队参加全国比赛勇夺佳绩的录像后，学生们明白了大赛不仅是对他们动手能力的考验，更是科学精神、心理素质的培养和历练。在欣赏金帆合唱团表演后，领悟到成绩背后是同学们始终坚持训练，不怕吃苦，以及对艺术的无尽热爱。最后，开学典礼在全校学生诵读经典和全体教师的铮铮誓言中接近尾声。所有学生在清脆的上课铃声中，开启了新的学期。

短短几十分钟的开学典礼，所有的师生在浓厚的校园文化的浸润下，对于"好习惯"有了一步步的深入了解与理解。在这样的教育氛围中所产生的共同情感，就是感受到每一个人的成功都是需要好习惯做基础，都是需要付出汗水和努力的。这种共情其实就是一种精神的引领，其感染力就是对学生人生的启迪。

2. 全程经历，感受影响

每一次学校的仪式教育都是精心设计、环环相扣、过程完整的教育活动，参加仪式活动的每一个成员都会在这个过程中受到影响，它会产生使人聚合到一起的力量，这就是影响力。

每周一，学校都会举行升旗仪式，一个学年有几十次。这是最常规的一种仪式教育活动："出国旗旗手行礼——出党团队旗——升国旗奏国歌敬礼——唱国歌——国旗下宣誓——唱校歌——国旗下演讲"，这个过程是每个学生都非常熟悉的。正是因为升旗仪式是常规教育，也就是经常进行的规定教育，所以这样的"规定模式"是需要固化的。再加上所有学生身着校服，排着整齐的队伍在国旗广场列队参加，这就让升旗仪式显得更加隆重。出旗时的注目礼、升旗时的队礼，还有国歌声与誓言声……这一切都是对学生进行政治启蒙教育的基础，不可或缺。

在这个常规仪式教育中，北小还进行了深度教育创新。其中"出旗"环节之后，增加了由学校的党员教师代表、团员教师代表和少先队大队旗手，分别执党旗、团旗、队旗，经国旗广场面向国旗肃立的仪式。通过此仪式，可以将理性的、抽象的国家意识、政党意识转化为有形可见的仪式教育。让学生们在这种隐性教育的影响下产生一种"党团队"自然衔接的红色情怀和组织认同感。

3. 全面实施，自成体系

仪式教育其实是有层级的，一般可分为学校、年级、班级这样三个层级。学校的仪式教育具有统领、导向的作用；年级的仪式教育则侧重年级特点；班级的仪式教育更注重体现班级文化的育人特色。这样的体系让仪式教育更具凝聚力。

上文提到的升旗仪式中的国旗下演讲，除了学校领导、青年老师、学生代表的讲话，还会在第二学期安排六年级毕业班的学生进行演讲，这是学校毕业教育的一种形式。演讲题目如《回忆·记忆》《友爱相伴，真情永远》《我们最好的老师》《千里之行始于足下》《理想在拼搏中闪光》《向母校致敬》……当六年级毕业生满怀激情地讲述自己在北小六年的经历与收获时，就为自己树立了良好的毕业生形象，所有在场的学生都会受到感恩教育、励志教育。

年级也会结合相应的年级活动召开具有仪式感的教育活动：一年级入学、二年级入队、六年级生日会等，特别是在每次课程启动的时候，我们会召开课程启动仪式。比如2017—2018学年四年级夏季课程"仲夏阅读汇"的启动仪式上，结合读书漂流活动进行了以下环节：讲解什么是漂流瓶，设计漂流瓶贴纸，图书怎么漂流，现场体验一次图书漂流的方式。这样开启的夏季课程充满了仪式感，学生们不仅提高了阅读的兴致，还懂得了好书分享的快乐。这样的年级启动仪式既规范又富有儿童情趣。

每一个班级也会结合本班的文化特色进行具有仪式感的活动：学雷锋日、小干部就职、期末颁奖礼……这些活动让学生增强了责任感、使命感、荣誉感。特别是六年级的时候，班级的最后一次班会更是充满了浓浓的情谊："别了""铭记六六""永远的一班""别样三班永不散""珍惜拥有 心怀感恩"……这样的告别仪式一般是由学生自己设计并召开的，因此更显得真诚、热烈而且充满深厚的感情。这就达到了仪式教育最好的效果。

(二)仪式教育是一种"体验"教育

仪式教育还是"体验"教育。所谓"体验"就是亲身实践所获得的感受，"体验教育"就是让学生在实践中认知、明理和发展。也就是仪式教育让学生产生意义感、庄重感、场面感、融入感和成就感。

1. 意义感：传递价值观念

每一次仪式活动都有教育意义，这个意义就是要让每一个受教育者明白作为一个人需要对自己、他人、集体承担责任和义务，这样才可以成为有用的人。

当一年级的新生在入学仪式上由学长牵手走进校园，站在国旗广场上，佩戴好校徽，向老师行尊师礼之后，手捧着学校赠送的第一个学本《弟子规》走进自己的班级时，"我是一名小学生"的意义就由此诞生了。"学生"是每个孩子的第一个社会身份，虽然这个身份是以学习为主，但是学生从此刻开始就要做有责任、有义务的人了。

二年级加入少先队，这是每一名小学生要完成的第二次身份转换，成为有组织的人。在 2018 年 9 月底召开的主题为"拥抱新时代 争当好队员"二年级入队建队仪式上，二年级的同学、家长共聚一堂，在短片中回顾入学以来的成长瞬间，听学校领导郑重地宣读新队员名单，由爸爸妈妈为自己戴上的红领巾，收到入队的礼物与祝福，在大队辅导员的带领下庄严宣誓，由这一刻起就正式成为一名光荣的少先队员了。红领巾不仅告诉他们又长大了一岁，还时刻提醒他们有了一个新的名字叫"少先队员"，还拥有一个强大的集体叫"少先队组织"。队员们走进了少先队组织，通过隆重的仪式感受到了作为少先队员的归属感和自豪感。

2. 庄重感：蕴含敬畏之心

仪式教育的庄重感是因为学生在参与仪式过程中所产生的敬畏之心，这种由内而外所蕴含的力量，能使人在平静中获得一种沉稳和自信。

当一名小学生戴上红领巾，当一名旗手接过队旗，当一名队员佩戴上队干部的标志，他们由心底生出的庄重感就是责任！

在每年的学校少代会上，各中队原任大队委、新任中队长、新任大队委及各年级辅导员作为少先队的代表，他们庄重严肃，在出旗敬礼唱队歌等仪式过后，少代会的主要议程开始了：1. 辅导员及原任大队委为新任大队干部佩戴标志。2. 宣布新任大队委竞职内容和要求。3. 大队委候选人进行竞职演讲。4. 大队辅导员老师总结讲话。5. 现场投票、唱票、宣布结果。6. 为原任大队干部颁发优秀队干部证书，聘请校级"小干部顾问"。最后，呼号，退旗敬礼，少代会结束。整个过程严谨、规范，彰显了少先队的组织性，每一位参会代表都认真、专注，这是他们的光荣与责任，为少先队员们选出带头人的那一票就是沉甸甸的责任！

3. 场面感：创设育人环境

场面，原本是电影术语，后来引申为现实生活中一定场合下的情景。仪式教育的场面感指的是创设出来的育人环境。这个环境会让参与者接受仪式环境的暗示，产生在场的参与感。

10月13日是中国少年先锋队建队日，这是少先队员的节日，我校坚持开展少先队礼仪月活动。为增强队员的组织意识，培养队员良好的礼仪习惯，展示队员朝气蓬勃的精神风貌，学校在建队日期间开展"我们的队伍向太阳"少先队检阅仪式。各级领导在台前进行检阅，各中队高举队旗，齐呼口号，场面壮观，群情激昂。整齐的着装、有力的步伐展现了各中队团结一致、健康向上的精神风貌。

这样的场面让参与者与情境进行了交流与对话，让他们的心灵受到震撼和感染，集体凝聚力进一步加强，这就是环境育人的魅力。

4. 融入感：获得群体认同

说到融入感，对于小学生是指个体能够感觉到自己在群体中是适应的、协调的，而群体对个体则是认同的、包容的。

在仪式教育中这种融入感是最难形成的，因此教育者在设计这样的教育活动时要更细致、更灵活。一个简单班级服务岗的设立，班主任老师就精心设计了这样一次班会。

一、知"志愿服务"

主持1：《班级服务岗，等你来加入》主题班会开始。

主持2：每天放学，都会在校门口看到身着统一志愿者服装的爷爷奶奶协助维持秩序、维护安全，他们就是志愿者（配合出示相关照片）。

主持1：此外，每天还有许多家长来担任志愿者，咱班也有好几位家长参加了职员岗位的活动，下面让我们通过录像听听叔叔阿姨们是怎么说吧！（视频播放家长代表做志愿服务的内心感言）

主持2：同学们，你们知道志愿服务的精神包括什么吗？联合国第七任秘书长安南在"2001国际志愿者年"启动仪式上的讲话中指出："志愿精神的核心是服务、团结的理想和共同使这个世界变得更加美好的信念。从这个意义上说，志愿精神是联合国精神的最终体现。"这句话指出了志愿精神的本质，表达了人们对志愿服务的由衷赞美。

二、做"志愿服务"

主持1：听了刚才的介绍，你一定对志愿服务的精神有了更深刻的体会。其实，我们每个人都可以根据自己的实际情况做志愿服务。咱们班就有许多志愿岗位等着大家去发现。下面请大家以小组为单位讨论，把你发现的志愿岗位写到海报纸上。一会儿，我们来交流。

（同学们集思广益，把发现整理在海报纸上并全班交流）

主持2：同学们，刚才我们发现了许多可以做服务的岗位，这说明我们都有一双会发现的眼睛；如果这些岗位都有专门的同学负责，相信咱班会更加优秀！下面请班主任韩老师宣布第一批志愿岗位并选出第一批志愿者！

（经过竞选，选出第一批志愿者，并颁发聘书）

三、延"志愿服务"

主持1：同学们，"志愿"这两个字都是心字底，也就是出于自愿，心甘情愿的意思。但是，做好志愿服务可不只是心里想做就行了，还需要具备相应的技能。我倡议，所有同学都在家里承担力所能及的家务劳动，逐步培养劳动意识和提高劳动能力，并每周交流在家劳动心得。

主持2：相信"志愿精神"会在咱们班生根发芽，长成一棵参天大树！

合："班级服务岗，等你来加入"主题班会，到此结束！

这次充满仪式感的班会让班级服务岗变老师指派为学生主动认领，"硅谷英才""护花使者""空气质量官"等名称被印在大红聘书上，郑重地颁发给班级的志愿者们。这样的仪式教育让学生融入集体之中，学生个体得到班集体的支持，班集体获得了个体的认同。

5. 成就感：激发进取活力

我们每个人都会为自己所做的满意的事情感到愉快或成功，这就是成就感。在一些特定的仪式教育中，学生所获得的满足感、愉悦感会成为激发他们不断进取的活力。

为树立小干部的责任意识，我校每年都隆重举行"肩负责任 铸就梦想"少先队大队干部任职仪式，每学期各中队会举行新任中队干部就职仪式。

仪式上，辅导员老师及原任委员代表亲自为新任队干部佩戴标志。新一届队干部表示：决不辜负队员的信任与期望，热爱少先队，做辅导员的得力助手，为北京小学少先队工作贡献自己的力量。所有新任队干部在队旗下郑重宣誓：责任当先，履行义务，全心全意为少先队员服务。通过任职仪式小干部的形象更加鲜明，使得他们感受到荣誉的同时也具有了责任感，为今后更好地为队员、为中队、为学校服务奠定了基础。

在每学年最后一次升旗仪式上，学校少先队都要举行国旗班交接仪式。在高高飘扬的国旗下，在鲜红的党、团、队旗下，"传爱国责任，为梦想启航"国旗班交接仪式震撼着少先队员的心灵。当鲜艳的五星红旗传递到新任旗手手中时，他接过的不仅仅是国旗，更多的是责任与使命。仪式上，新任国旗班的队员，向全校师生郑重承诺：发扬国旗班不怕吃苦、乐于奉献的精神，爱护国旗，忠于职守，以饱满的精神状态完成每一次升旗任务，用自己的实际行动展现北小国旗班的风采，为飘扬的五星红旗增添新的光彩。

少先队干部、国旗班队员，这些充满荣誉色彩的身份，让学生对自己有了更高的标准；就职仪式、交接仪式，这样庄严而隆重的过程，让学生意识到自己的责任更重。

(三)仪式教育是一种"成长"教育

"成长"是一个动词，意思是长大长成。"成长"也是一个过程，从生命的开始一直到结束，一个人一生都在成长。学生阶段是一个人成长的黄金时期，我们进行的仪式教育是一种"成长"教育，也是一种过程教育。它由外而内、由内而外、由浅入深地影响、渗透、引导着学生们的成长。

1. 由外而内启迪学生心灵

我们知道仪式具有鲜明的外在形式，其本身就是一种教育方式。我们要用形式去教育，而不是用形式主义去教育。只有将无形的教育寓于教育形式之中，才是成功的教育。

学校在六年级第一学期的期末，也是一年的最后那几天，总会召开"12岁生日会"。12岁生日会，是学生在小学阶段，继入队仪式后第二个最为庄重、严肃，具有仪式感的重大活动。12岁，孩子们迎来了人生的第一个年轮，是成长中具有里程碑意义的一年，学校通过这一活动让孩子们懂得感恩，感受成长。这一活动也成为毕业教育中最为重要而亮丽的一笔。每一届的生日会中都会有固定的具有仪式感的环节："12年成长回顾"，可能是照片，可能是短片，也可能是成长日记……虽然呈现形式不同，但都是为了让学生回顾自己的成长经历，感受到自己长大了，懂得在这份成长中，有多少人在默默地付出。学生此时此刻的存在感异常强烈，他们存在于每个家庭之中，存在于每个班级之中……这12年的成长记录就是他们慢慢长大的事实。特别是"和父母互读书信"这一环节，让学生和家长分别写好一封给对方的信，在生日会现场当场拆开捧读。爸爸妈妈的信中，回顾孩子成长的经历，有殷殷的嘱托和希望，以及对孩子未来成长之路的指引；而孩子们写给爸爸妈妈的信中，表达最多的则是感恩、感谢。互读书信的那一刻，时间仿佛都静止了，奔流的泪水和紧紧的拥抱就是最好的教育。

毕业教育的内涵是感恩与成长，但这绝不是靠单纯的说教就能达成教育目的的，我们要给学生创造特殊的场合和氛围，把他们内心的情感调动出来，耳濡目染地领悟感恩的深刻意义。"让感恩如影随形，让快乐因我而生"这句话来自学生真实的感悟，此时此刻，感恩已经成为他们的一种责任。

2. 由内而外规范学生言行

当仪式教育入心之后，自然就能导行。在不同的年龄、不同的阶段，需要用不同的教育活动继续规范学生的言行，促进他们的成长。

从教师先行来看，"我进步 我成长"的班会教师让学生通过讲述学习自主、发展特长、遵守纪律、感恩父母这四方面的进步故事，领到象征成长的"智慧花"卡片，收获了成长的快乐；班会"静悄悄的文明"，教师通过引导学生探寻低年级楼道中声音的来源，使学生在比较中感受安静轻声良好行为习惯的魅力，用生活中的场景再现固化好习惯，促学生养成楼内安静、教室轻声的良好习惯；还有"好习惯伴我成长"班会，教师让学生先回顾自己培养好习惯的过程，总结出拥有好习惯的办法，再通过交流以及老师送给学生的三样礼物，最终使学生懂得要为能拥有好习惯而努力。

从学生问题入手来看，"我离标兵有多远"从一节真实的自习课录像入手，引导学生自己查找在遵守规则方面存在的问题，在了解标兵班的优秀表现后，找准差距，激发学生改变外在行为的动力。"责任岗，你还在吗?"通过直面高年级班级生活中的问题，剖析原因，追根溯源，寻求解决方案，使学生明了，自己的责任要尽责，班级的事情主动做。"'美德美行'过去时、进行时"班会，当班级的"美德美行精彩储值箱"因受到同学的冷落而备感失落之时，班主任老师借助一封信表达了对这项班级活动停滞的自责，以此唤醒学生们将班级美德美行进行到底的决心与行动。

从学生主动进取来看，"我的学习我做主"通过一次测试成绩，学生在分析他人成功经验之后领悟到自己才是学习真正的主人；"文明在行动，创城我先行"就是由倡导"创城行动"开始，通过开展"文明行为卡"打卡行动践行社会文明；"新学期的我"通过给未来的"我写信"这种特殊的仪式活动，让学生自我鼓励、自我挑战，从学生的话语中可以感受到他们的内心充满了对自己的希望，更可以感受到学生的内心世界正在变得坚强，他们能够正确认识自己，在肯定自己的过程中完成超越自己的价值追求。

无论从什么角度设计实施的仪式教育都会触及学生的心灵，进而使学生改变自己，这种能让学生由内而外自觉地规范自身言行的教育就是成功的教育。

3. 由浅入深引领学生精神追求

仪式教育还需要结合学生的年龄特点，由浅入深，循序渐进地引领学生的精神追求，也就是形成一种向上向好的决心和行动。

为了加入少先队，被戏称为"小豆包"的一年级小学生们积极寻找校园中少先队员的身影，进一步认识到了少先队员就在身边，"红领巾"就是榜样。通过展示"小豆包"们一年来开展队前教育的收获和成长经历，进一步激发队员们对少先队组织的热爱。在学长哥哥姐姐的带动下，队

215

员们都认真制定自己的小目标，都决心向身边榜样学习，用新目标时刻激励自己，争做榜样，争当先锋，听党的话，做好队员，用实际行动续写《"小豆包"的红色成长日记》。

一个学期接近尾声，是结束更是开始，一次主题为"结束是新的开始"的个性化结业式上，学生们回顾了这一个学期的种种表现，感到时间过得很快，成绩只属于过去，未来还需要从零开始。当所有的学生面对用不同颜色的粉笔写下的主题时，他们说出了自己的想法："结束"是用白色粉笔写的，很简单的颜色，意味着结束的一切其实都是很简单的；"是"的意思是肯定，蓝色是天空和大海的颜色，"是"和破折号用蓝色，意味着结束以后的天地更加广阔；"新的"选了黄色的粉笔，意思是充满热情，面对新的一切，会很好奇、很新鲜，自然也会充满热情地面对；用红色写"开始"，是一种鼓励，就是要用心去努力才会实现自己的目标。

六年的小学生涯即将结束，"毕业典礼"是一个特别的时间点，它不仅代表着学生结束了六年的学习生活，知识水平达到了一定的程度，同时也意味着学生们将告别童年，走向更加成熟的青少年时代。因此我们需要用一个仪式来保留学生生涯中这个特别的瞬间，让学生们在未来的一年或是一生中都是可回味的，想到就能开心，就能暖心，就能充满信心。这就是毕业典礼的意义。

一直以来，北京小学的毕业典礼不搞形式化，而是通过庄重的仪式使孩子们记住两件事情：一个是成长，记住自己一路走来，长大成人了；一个是感恩，感恩一路走来，所有关心、帮助、爱护过自己的人。因为一个人只有知道自己日趋成熟才能担负起更多责任，迎接更多挑战；一个人只有知道感恩他人，才能融入社会，造福社会。所以，在毕业典礼中，我们通过一个个有仪式感的小环节来唤醒学生内心中对成长的重视。成长是什么呢？我们常常说起，但它又很难定义。所以，我们要让学生们在毕业典礼中看到成长，赋予它一种象征。

比如学生们一年级入学时，学长都会将一枚校徽别在他们胸前，并在国旗下进行第一次宣誓，这样佩戴有标志物的仪式使学生们明确意识到"我是一名小学生，我是一名北京小学的学生"。在毕业典礼上，我们让学生摘下校徽，佩戴毕业纪念徽章，进行最后一次国旗下宣誓，不仅是通过仪式让学生回顾过去，为他们的小学生涯画上一个象征的句号；更是用仪式定格此时，让学生感受小学生涯的珍贵，感受自己的成长。这样的仪式感能唤醒他们对内心的尊重，从而让他们尊重和珍惜未来的生活。

在仪式中，我们不仅要让学生感受到成长，还有感恩。比如每一个学生亲自参与布置的毕业通道上，大家看到彩旗飘飘，一面又一面，是学生们满满的祝福。还有为母校送礼物的环节，大家看到的每份礼物都是独一无二的，每一面彩旗都代表了一位毕业生的心。

无论是独立制作彩旗还是合作绘制礼物，都带给学生一种强烈的仪式感，就如同听音乐会时必须着正装或是礼服一样，给学生一种自我暗示，暗示自己必须认真对待自己的成长，并用自己的所能感恩学校。

另外，在毕业典礼中，还有很郑重的捐赠校服的仪式，这也是学校的一个传统，目的就是使学生能够将这种无私的爱，以现在力所能及的方式回报于社会。

毕业典礼是仪式感很强的一种教育形式，它不仅意味着学生要与过去告别，也在通过这一契机让学生去迎接一个全新的开始。

经历了这样的毕业典礼，经历了这样的毕业季的小学生，在他们人生的第一个年轮中的收获与感悟一定是丰富的、深刻的。这样的学生一定是勇敢的、坚强的、自信的、豁达的，他们可以怀揣着自己的梦想，踏出坚实的脚步，去实现自己的追求。

成为少先队员，开启新的一个学期，迎接更美好的中学时代……一路走来，北小学子在这个过程中获得了精神上的成长，为成为更好的自己打下了坚实的基础。

二、主题教育是明确内涵的教育

主题教育，是指为了培养学生，结合育人目标、校园生活等方面，围绕确定的主题开展的教育活动。这种主题教育反映了学生成长过程中所蕴含的成长意义，体现了学校的教育理念、方法与途径。

几十年来，北小一直秉承"脚踏实地做事，顶天立地做人"这一校训，开展目标鲜明、形式多样、效果显著的主题教育活动。学生们在这样多姿多彩的主题教育活动中获得启迪，健康快乐地成长。

(一)主题教育是目标鲜明的教育

学校的主题教育主要是围绕着道德规范教育、思想教育、政治教育三个方面展开的，如养成教育、爱国主义教育、入队教育等，每一个主题教育都会有明确的目标引领。

小学阶段最根本的教育是习惯养成教育，围绕这个主题，学校开展了一系列主题活动："文明伴我行""人人养成好习惯，处处盛开文明花""储蓄良好品行，争做四好少年""践行北京精神，建设文明北小""学规范 守规则"……

年级在落实学校养成教育的过程中，结合年级特点开展活动。比如结合学校"三静校园"活动，以"进楼静"为突破口树立年级品牌，班班争做年级榜样；结合"美德美行"教育开展年级美德美行储值活动；结合"战疫榜样行，人人都践行"活动开展年级线上榜样展示活动……

这样的习惯养成教育在班级则聚焦到不同的点上。"乐享游戏"是二年级学生牵手高年级学长开展的主题活动，班级结合春季课程的内容，在学长的带领下学会遵守游戏规则，文明游戏，还在学长的帮助下创编游戏，进一步享受游戏带给课余生活的乐趣。"文雅少年，幸福成长"活动源起于低年级学《弟子规》的展示活动，班级通过表演课本剧认识到文雅行为是应该代代传承的，接下来就以"尊师月""孝亲月""力行月"这些活动将中华文雅之行内化于学生心中，外化于学生行动中。"精彩六班"则是高年级班级将习惯养成的方方面面落实到班级建设中，精彩的课堂有我，精彩的活动有我，精彩的言行有我……在活动中同学之间还为彼此点赞。这些精彩其实就是各种各样的好习惯，会让学生们一生受益。

爱国主义教育是思想教育中最根本的教育，北京小学又是与祖国同龄、与首都同名的学校，爱国主义教育一直植根于学校的教育体系中。中华人民共和国成立 60 周年时我们以"为祖国而歌，为学校添彩"开展了主题教育活动。在中华人民共和国成立 70 周年时我校组织学生参加了国庆之夜天安门广场千人大合唱的联欢活动。学生在参与活动的过程中就接受了爱国主义教育。

在班级教育中，班主任老师特别注意培养学生的爱国之情，有国才有家。比如班主任朱玥老师就在班级中开展了系列爱国主义教育。她利用社会资源，紧跟时代发展，组织学生观看系列纪录片——《辉煌中国》，学生们一边看一边发出惊叹。无论是桥梁港口的建设，还是仓储物流的智能发展，或是扶贫攻坚的一次次胜利，在一个个直观的画面中，在一个个精准的数据中，学生们看到了中国人的志气与勇气，看到了中国的发展与强大。接着，朱老师又组织了亲子阅读会，从"人民日报"公众号中挑选文章推荐家长和学生一起亲子阅读，其中一篇名为《汉字究竟有多牛》的文章引起了同学们极大的兴趣，汉字文化源远流长，家长与学生纷纷就这篇文章发表自己的感受。一位同学在文章的最后写道："伟大而神奇的汉字，还有数不尽的奥秘等着我们去探索。看完这篇文章后，我对汉字绝不仅仅是喜爱，而且心存敬畏！"在学生即将 12 岁之际，班级又继续开展了"十二岁，相约国旗下"的系列活动，朱老师要求孩子们在 12 岁小学毕业前，一定要在天安门广场亲眼看一次升旗仪式。在天安门城楼前，在天安门国旗下，留下一张 12 岁的照片。在日记中写下自己参加天安门升旗仪式的感受。于是，学生们互相约定着，在家长的带领下，利用周末时间早早起床奔向天安门广场。那一次观升旗，给孩子们留下了毕生难忘的记忆。尤其是在元旦那天，同学们相聚在这里，迎来新年的朝霞。同学们还约定，二十年后再来看升旗，看看我们为祖国的发展做了什么……

爱国主义教育让学生们的人生有了目标。正如一位参与过观升旗活动的学生家长在毕业典礼时所说：爱国主义教育给孩子们涂上了生命的底色！

为了让学生具有朴素的政治思想，我校特别重视入队教育，一般会在一年级第二学期，即每年的四月份开始形式多样的主题教育活动，比如"我爱红领巾，快乐伴成长""红领巾向我微笑""薪火相传，我们是共产主义接班人""知晓队仪式，争做好队员""队旗飘飘 故事传扬""用行动为红领巾添彩"……使每一个学生不仅了解了少先队的历史，还为自己是一名少先队员而骄傲，愿意为红领巾增光而努力。

习惯养成得益于抓住小学教育的根本，具有爱国之情得益于层层深入的主题系列教育活动，热爱红领巾得益于年复一年各具特色的入队教育，所有达成的目标都得益于主题鲜明的活动，是它们让教育更有实效性。

(二)主题教育是形式多样的教育

形式是主题教育活动的手段，应结合学生的年龄特点采取不同形式的主题教育活动。特别是小学生，6～12岁又分为低、中、高三个年段，形式多样的主题教育活动可以使学生更乐于接受。

以入学教育为例，班主任闫格老师面对一群刚入学的六岁孩子，想到了"笋芽"，这是竹子刚长出的嫩芽，这与这个阶段的学生的特点很相近。这种笋芽在土里的时候不怎么生长，破土而出之后会以飞快的速度生长。面对刚入学的孩子，要让他们知道上小学不是来玩的，到学校是来学习的，只有每天都积累了知识，把基础知识都学会了，把基础打好了，未来才会有更大的进步。当学生上课坐姿不好一趴一靠时，班主任老师就会让学生们像小笋芽那样坐得笔直笔直的。笋芽长大之后就是竹子了，坐得直就寓意着竹子坚韧不拔的品格。在学生犯错误的时候，比如翻别人的位子，拿别人的东西，用笋芽、竹子的含义教育他们，要做正能量的人，要懂得爱护别人，帮助别人。笋芽、竹子都是成片生长的，就借助这个引申出集体主义、团结协作的寓意。当同学之间出现矛盾，有分歧的时候用这个寓意引导他们可以一起抵御狂风雨雪……从"笋芽"的特点到教育的意义，这种联系的建立对于刚入学的孩子来说生动形象，易于理解和接受，有助于他们很快适应小学生活。

以毕业主题教育活动为例，"走向少年"是 2019—2020 届六年级的一个系列活动。首先，通过游戏"找不同"，让学生感受自己身上的种种变化，在此基础上认知少年的基本特点。然后在榜样的引领下，使学生懂得自我教育和自我激励。接下来，通过名人少年立志的故事，使其明晰少年作为人生重要的学习阶段应该树立远大志向。再具体指导他们学会规划、管理时间、自主学习……一步步成为合格的北小毕业生。

再让我们以"阅读经典，滋养童心"主题教育活动为例。首先学校的"四季课程"中的夏季课程就是围绕"阅读"制订的，暑假放假时间长，是学生们集中阅读的好时间。学校就以"阅读"为核心，开启了丰富的关于读书的夏季课程："绘本 童年""童心阅自然""悦读'阅'有趣""会走的书""书伴我行""书库寻宝记""有书相伴的夏日""仲夏阅读汇""阅读之旅""走遍天下书为侣"……这就为全校学生创设了一种大的阅读氛围，从一年级到六年级，每一名学生在这样的氛围影响下都成了阅读小达人。

为了让阅读的形式更加多样，年级、班级还开发了不同的形式。阅读对于一年级学生来说是至关重要的，但是考虑到疫情期间学生们居家学习使用电子产品的时间增多，一年级的班主任们推出了"温暖小耳朵，听班主任讲故事"的听书活动。班主任们为学生精选了中国神话故事、寓言故事、经典影视故事，有"九色鹿、宝莲灯、曹冲称象"等，让学生们边听边走进中国文化的世界。为了提高同学们听书的乐趣，还鼓励他们在听故事之后自愿交流感受。每周三次更新的小故事，成了一年级小同学最期待的内容。

"经典诵读接力棒"是从班主任陈艾媛老师为学生们诵读《呼兰河传》的片段开始的，学生们非常喜欢这种方式，想参与其中，老师就以"猜一猜"的形式（"猜一猜"先猜这个片段是哪个同学读的，而后再猜所读的是名著中的哪一个人物）让学生们把这个经典诵读的接力棒传了下去。《俗世奇人》《小兵张嘎》、四大名著……名著中的精彩片段成了学生们每天期待的美好时刻。

"悦读时光"系列活动是高年级阅读活动的一种形式。首先在五年级班中开办了一个主题的专栏，率先展出的是同学们摘录的好书中的精彩片段，接下来是读书笔记、读后感，到了六年级就成立了名著阅读小组，每隔两周推出一本名家名著，有作家生平、创作背景、好的章节、自己的感受。与此同时，每天利用"书香时刻"进行人人诵经典的交流活动。

"'书'途同归"活动中，班主任韩万征老师将自己感受到的读书对思维以及行为的影响与学生分享，当韩老师把《刻意练习》一书讲给同学们听的时候，一开始还担心他们觉得枯燥，没想到大家非常喜欢，纷纷找来读。后来，班级召开了读书分享会。渐渐地，学生们不满足于听老师讲了，他们开始了海量阅读，积极参加讲书擂台赛的活动。此外，韩老师还把好书推荐给家长，家长也参与到班级讲书活动中。书，成为家校联结的纽带。在学生、家长讲书的时候，教师的角色变成了"听众"。

爸爸妈妈参与的"好书推荐"活动是阅读系列活动中最吸引学生的一个环节。在班主任刘慧娟老师的组织下，每位家长为学生们推荐一本最适合孩子的书，借助家长大讲堂这个平台，家长走进班级，不光为学生讲了《高效能人士的7个习惯》《朱子家训》《沈石溪的动物小说》这些优秀作品，还以朱熹、鲁迅等名人为例讲了读书方法。这样的活动使"亲子阅读"再上一层楼。

无论读书、听书还是讲书，殊途同归——家长、学生和老师都获得了成长。有人说，读什么书，就会成为什么样的人。在书的滋养下，每一个人都会变得更好。

主题活动的形式的确是多种多样的，无论什么形式，其实都是为了实现教育的主题。这样的主题教育才会落到实处，才会见到效果。

（三）主题教育是效果显著的教育

任何活动都是要看效果的，特别是主题教育的效果是判定活动成败，活动影响程度和活动教育力度最直接的因素。

从"感恩教育"这个主题来看，从一年级到六年级都会开展感恩父母、感恩老师、感恩母校的教育。

感恩父母是我们每个人从懂事起就开始要做的事。低年级老师会让学生们在父母的生日为自己的爸爸妈妈画上一幅画，送上一份祝福，让他们学会表达对父母的爱；中年级教师设计了家务劳动打卡记录，鼓励学生们承担家务劳动，分担父母的压力；高年级的时候，要求学生们在"亲子时光"中与爸爸妈妈聊聊天，照顾生病的家人，成为家庭的小主人。有了这样的言行，才是落到实处的感恩父母的教育。

感恩老师，是一年年教师节庆祝活动的问候，是节日里表演的一首歌、一支舞、一段相声、一个魔术，还是以小队为单位的敬师行动。一个小队帮助一位老师，送一杯水，发一次作业，打扫办公室，在毕业前充满真情地讲述"小事大爱"中的难忘师恩。

感恩母校，自然会感恩朝夕相处的伙伴，正是这些同窗伙伴陪伴、帮助自己成长；感恩母校，当然还要感恩天天生活的集体，开窗锁门，做好值日，爱护班中的公物，为集体争得荣誉……这一切就体现在每一张感恩卡上，在每一个感恩果上，在每一棵感恩树上。感恩母校，还是爱护学校的每张桌椅，是志愿者流动的责任岗，是整理好失物招领处的物品，是摆好大厅书吧里的图书，是擦掉楼道小桌上的笔痕，是领着小同学午间休息时有序游戏，是教即将入队的小队员学会戴上红领巾，是为友谊班换一期壁报。在校园的每一个地方，不仅有小红帽志愿者的身影，还有学长们大手拉小手的快乐。

这样点点滴滴的小事情汇成了感恩教育这个大故事，学生们用自己的行动书写这些故事，他们在故事中成长，在故事中领悟。感恩是一种美德，更是每个人用一生践行的壮举。

主题教育的效果还可以从北小坚持推选的习惯养成标兵班、示范班的活动中看到因为每个班级都是精彩的。全校一共八十多个班级，每个班级都不相同，充满个性，各具风采。从一个个示范班的命名中我们就可以一睹班级特色：文明有礼示范班、团结进取示范班、友爱互助示范班、安静就餐示范班、静心阅读示范班、课堂参与示范班、积极思考示范班、自主学习示范班、积极锻炼示范班……还有一些班级在各个方面表现都很出色，也就成了习惯养成标兵班。这样的班级文化特色就更加鲜明了。

"心有榜样"是国家主席习近平向小学生提出的希望。赵伟老师和她的学生一起走过了三年，他们设计过"班级闪亮星"系列板报，以先进的同学为榜样；他们开设"家长诗词讲堂"，以父母为榜样。升入六年级后，赵老师让同学们回顾自己的努力故事，绘制成思维导图，总结其中的方法并分享，让自己成为自己的榜样，成为大家的榜样。在"成长的力量"主题班会上，学生们介绍得兴致盎然，因为他们从自己的经历中发现了自己成长的痕迹，感受到了成长带给自己的力量。这样的主题活动能够让一个集体中的每一个学生担起责任，拥有快乐，享受精彩，成为北京小学倡导的最好的自己。

"珍惜拥有"是某班的班训，以"自律、精彩"为班级的目标。通过开展"小队在前进""百日约定""与榜样同行我更精彩"等一系列活动使学生的自觉性、自我管理能力都得到了提高。在交往方面，针对不同学生遇到的不同问题，围绕话题"朋友是什么"展开讨论，学习交友的方法，使得师生关系、生生关系更加融洽，班级因此变得更加团结友爱。通过"有你有我，3班会更好"的活动凝聚班集体的力量。通过组织全班学生探讨"我看干部如何尽责"，让他们学会思考，学会面对，学会尽责。通过开展主题活动，学生变得更加自律，更加懂事，严格要求自己的班级正风正气正在形成，彼此的关系也越来越和谐，积极进取逐渐成为集体的风采。像这样的习惯养成标兵班自然就成为市区的先进班集体。

这就是北京小学的主题教育，目标鲜明有方向，形式多样有活力，效果显著有价值。学生在这样的主题教育培养下可以更快更好地成长。

三、特色教育是彰显风格的教育

特色教育，是指为了促使学生的身心发展，根据学校的自身优势与特点，形成独特的教育模式。这种特色教育能够表现出学校特有的文化内涵，使学生成为有个性、有特长的人。

在北小，悠久的历史，浓郁的文化，先进的设施，优质的师资，再加上充满生命活力的学生，使学校特色教育风格富有校本化、个性化和创造性。

(一)特色教育是突出校本化的教育

校本化是学校结合学校的特色来创办相关的教育体系。北小的礼堂、舞蹈排练厅、合唱排练厅、科技廊、小创客空间、篮球馆、体操馆、游泳馆、大小操场……这些场馆场地为校本化的特色教育提供了必备的条件。由此开展的艺术教育、科技教育、体育教育自然丰富多彩，硕果累累。

北京小学的"金帆"教育已走过13年。在"以美育德，以美育人"的理念指导下，我校金帆合唱团与舞蹈团作为首都艺术品牌形象深入人心，金帆艺术团的师生用艺术的形式传播美的追求，彰显金帆情怀。学校通过丰富多彩的实践活动，铸造金帆艺术团独特的文化品格，展示艺术教育的成果，提高学生的艺术实践能力。

目前，舞蹈团与合唱团分为三层管理，第一层定位于启蒙，在一、二年级开设了"苗苗班"和"芽芽班"。第二层定位于后备，即预备队，主要是三、四年级学生，经常参加社区演出，丰富舞台表演经验，不断提高表演水平。第三层定位于骨干，即舞蹈团、合唱团表演队。学生主要来自五、六年级，经过梯队培训成为骨干力量。由于艺术团采取了三级管理制度，学生参与的积极性高，活动实效性强，后备力量充足。

"台上一分钟，台下十年功"。北小金帆艺术团员日复一日、年复一年地刻苦训练，为学校取得了一个又一个荣誉。近三年来，舞蹈团创作的经典作品有：藏族舞蹈《天路彩虹》、傣族舞蹈《彩雀丰翎》、鄂伦春族舞蹈《鄂伦春童话》、维吾尔族舞蹈《舞起幸福鼓》《志行千里北京娃》等；合唱团与青年作曲家合作"委约作品"(委约作品指的是由作曲家专门为学校创作的合唱作品)，为突出京味文化特色，创编了《水牛儿》《蜗牛》等优秀合唱作品，多次在市区中小学生文艺汇演中受到好评并获得金奖。

2018 年 12 月 14 日，北京小学金帆合唱团、金帆舞蹈团 98 名学生经过两个月的刻苦排练参加了在人民大会堂举行的"庆祝改革开放 40 周年文艺晚会"。当学生们以饱满的精神在舞台上展现响亮的歌声，优美的舞姿时，习近平总书记等党和国家领导人以及在场的观众报以热烈的掌声。我们圆满完成了此次任务。

2019 年 10 月 1 日，北京小学金帆合唱团参加了在天安门广场举行的庆祝中华人民共和国成立 70 周年国庆联欢活动中"千人合唱"的表演，学生们充满激情的表演得到各级领导的称赞，通过三个月的艰苦奋斗，再次圆满完成了任务。

本着对艺术的不懈追求、对金帆艺术团的向往，北京小学的师生们在艺术的天地中不断实践不断创新，培养出许多高素质、高品位的学生。

作为北京市科技示范校，以"遨游科技海洋，放飞创新梦想"为主题的"创新杯"科技节从 2011 年开始，到 2019 年已经举办过八届了，每一次的科技节通过不同的形式开展活动。

从 2017 年开始，李校长特地将每年的"国际儿童日"这一天确立为北京小学科技节，寓意同学们畅游科技海洋，享受童年的幸福与快乐。2018 年科技节开幕式上，李校长以"蓝色点亮梦想"为主题，鼓励学生们以科技作为翅膀，飞向属于自己的天空和海洋，实现自己的梦想。开幕式上李校长还为我校赴马来西亚参加"2018 吉隆坡工程与科学展(KLESF)国际挑战赛"的心语同学颁奖，她的创新作品"保鲜热饭午餐盒"在比赛中获得银奖，这是此次比赛北京小学生获得的最高奖项。科技节上，六年级学长牵手一年级小同学体验科技活动的魅力，完成他们的科技节心愿。精彩的科技创意时装 T 台秀展示了各年级同学对科技的热爱。科技游园会中，30 个科技互动项目由六年级具有科技特长的学生设计，有趣的"大象鼻子"、魔力风车、人体灯、魔方棋等受到同学们的欢迎。

创客大厅的飞行模拟器、大国小工匠、VR体验、车模竞速、乐高机器人搭建更是让同学们着迷。一整天的科技节活动在同学们欢乐的体验中渐渐落下帷幕，但同学们对于科技创想的热情没有就此止步。他们遨游在科技海洋之中，放飞自己创新的梦想，努力成为一个热爱科技的孩子。

这是面向所有学生的科技普及活动，除此之外，还有面向不同年龄特点的特色科技活动。"快乐科学动动动"就是专门为三年级学生开设的为期四个月的校本课程。这个课程开展了一系列贴近学生生活的科学探究活动或丰富有趣的科技制作活动。以2018—2019学年第一学期广外分校三年级的活动为例，活动有多个主题板块，如创意交通工具：极速飞车——反冲动力小车、风力小车、橡皮筋动力赛车；探秘力学机械：力大无穷——自制气液压活塞挖掘机、液压机械手、投石机；电能应用生活：电能的转换——创意红绿灯、自制七彩变色LED小台灯、手提吸尘器；神奇的磁力：运动系列——电磁秋千、磁悬浮笔、磁力跷跷板；等等。校本课程激发了学生对科学的兴趣，锻炼了学生的动手能力，培养了学生的创新精神，提高了学生的科学素养。

"冰雪嘉年华"活动是我校近两年开展的体育特色教育活动。这是源于2015年7月31日中国赢得了2022年第24届冬奥会的举办权之后，北京大力推进全民参与、体验冰雪项目的活动。北京小学申报了首批"冰雪运动特色校"，并于2017年授牌。

为了普及冬奥知识，学校聘请了奥运宣讲团来校进行相关的讲座，聘请校外体育俱乐部普及高山滑雪。为了让同学们了解冰雪运动，我校部分同学走进世界女子冰壶大赛的现场，观看高水平冰壶的精彩赛事；走进世界青少年冰球比赛的赛场，感受冰球运动员激情四射的魅力身姿；陆地冰球和越野轮式滑雪也走进了学生的课堂……

有了对冬奥知识的了解，有了观看比赛的经历，有了冰雪项目进课堂，学生们对于冬奥冰雪项目就更加感兴趣了。学校从2018年开始每年冬季举办"冰雪嘉年华"的活动。学生们按年级分班级先后体验了雪垒大战、VR滑雪机、卧雪爬冰、迷你桌板球等项目，每完成一项可以得到一枚"冰雪小达人"的奖章。学生们在严寒中展现出刚强勇毅的性格，在冰雪项目中快乐地成长。

特色教育是为了促进学生身心的发展，在艺术教育、科技教育、体育教育这些辉煌的成绩背后，我们还可以看到北小学生乐观向上的心态和积极进取的行动，这得益于我校"阳光儿童心理"课程的落实。

针对北小寄宿制的实际特点，学校开发了心理健康类校本课程。经过多年的探索，形成了以地方心理课程内容为基础，名为"阳光儿童心理"的课程。这是对地方课程的校本化实施。主要包括两部分内容，第一部分是面向北京小学全体学生（包括寄宿和走读学生）开设的"小学生心理素质培养"课程，主要通过日间课程开设实施。另一部分是针对寄宿学生的特殊心理需求而开设的"彩虹心桥"心理课程，主要通过晚间课程开设完成。这样的课程安排既面向全体学生又突出寄宿制学校的特点，收到了很好的效果。

学校除了在一至六年级根据西城区地方教材《小学生心理素质培养》开设了心理课，心理老师还专门对一至四各个年级分别进行了不同主题的"心理讲堂"活动，通过各种形式促进学生的心理健康发展。心理教师随时与年级负责人和班主任沟通，观察了解学生动态，及时发现学生存在的各种心理问题，消除隐患，及时录制心理微课作为全体辅导的一种方式，班主任可以根据各班实际情况和时间自行安排。

在心理咨询与心理宣传方面，学校也做了大量的工作。比如：1. 开设知心屋进行心理咨询。每周一到周五中午知心屋有心理老师值班，分别为低年级、中年级和高年级不同学段的学生开设特定服务日，同时还针对不同的性别设计了男孩日和女孩日，为有需要的同学提供咨询。2. 进行个案辅导。在心理教室为学生配备了沙盘设备、心理减压设备、心理游戏设备等，心理教师运用各种心理学知识和方法技术，为学生进行心理辅导。3. 建立心理志愿团队。午休时间，阳光心理志愿团队充分发挥作用，本校、分校的两个心理活动室活动更加丰富多彩，学生选择自己喜欢的活动放松心情，舒缓情绪。4.举办心理专题讲座。根据不同年段开展各种专题心理讲座，开设《玫瑰女生课堂》《生命教育课程》《提升注意力的专项训练》《自信迎接中学时代》等心理晚课。

在心理宣传方面，加大了力度，知心屋门口的宣传栏定期会更换内容，每一期的心理广播内容都是先通过对学生的访谈或调研之后，有针对性地进行心理健康的宣传，更加贴近学生，更加富有实效。学校还利用微信公众号，以育子小故事的方式向学生、家长宣传学校教育与家庭教育相结合的小妙招，这更加拓宽了心理教育的领域，使得学校的教育生态更加健康稳定。

正因有各种各样的场馆设施，正因有这些专业老师的指导，正因有学有所长的学生，才让特色教育的校本化熠熠生辉。

(二)特色教育是突出个性化的教育

特色教育的校本化不仅具有普及性，更重要的是为学生们搭设了个人成长的平台。学校为了使学生们的兴趣特长得到更好的发展，每天课后的兴趣小组就达到二百多个：音乐剧、戏剧社、京剧、绘画、墨香、小小建筑师、机器人搭建、小牛顿科学、3D创意笔、航模、船模、车模、足球兴趣队、篮球专业队、游泳队、英语配音、魔幻数学、朗诵社、中国结、插花……在这些内容丰富的小组中，学生们更加充分地享受着兴趣爱好带给自己的快乐。

随着学生年级的升高，到了四至六年级，还开设了具有年级特点的课程：四年级的多彩生活自助园课程，发挥了任课教师的自身特长：摄影室、相声荟、书法苑、编织组、环球旅行、健康大风车……每周利用半天的时间由学生自选内容，进行为期一年的学习。五年级以"文化北京"为主题，开设了北京老字号、话北京话、皇家园林、故宫掠影、四合院、四季国医、京味游戏共七个专题，每个专题四节课，学生可以在五年级这一年的时间通过学习了解北京的传统文化。六年级则是以红领巾社团的方式，发挥高年级学生自身的能力特长，自己组建社团，聘请指导老师，制订计划，每两周开展一次活动。"甜意食代、飓风足球、机器人联盟、绿色创意、风云棋牌社、剧院魅影、模型世界……"社团活动是学生最喜欢的活动形式，因为这种方式充分地发挥了他们自己的主动性、积极性，效果非常好！

北小的学生正是有了这些学习的时间与空间，他们的兴趣在学习过程中就变成了特长，而这些特长也在不同的阶段收获了更多的成功。

在各种全国、市区的竞赛中，学生个人取得了突出的成绩：在历届市区艺术节中，学生们在声乐、钢琴、打击乐、舞蹈、书法、绘画、朗诵等各个项目中都取得了佳绩。好的成绩就是一种肯定，可以鼓励这些学生以此作为人生的发展目标。

金帆舞蹈团的学生有的考上了北京舞蹈学院附中；金帆艺术团的学生有的考入了中央音乐学院，有的在美国伯克利音乐学院学习打击乐，有的在美国纽约曼哈顿音乐学院学习，已经成为青年歌唱家。还有些学生进入了中央戏剧学院、中央美术学院、中国传媒大学、北京电影学院、上海戏剧学院……他们成了活跃在国内外艺术领域中的新生代力量。

科技活动方面，学生在探究中感受科学的魅力，在各种科技竞赛中，学生们获得多项市级一、二等奖，其中科技创新4人获得一等奖的好成绩，在西城区工程类创新科技项目推选进市赛的5个项目中，我校占了3个项目！机器人FLL项目在西城区68支参赛队中获得一等奖第一名，成为西城区小学组唯一一支推选进市赛的代表队，在北京市98支参赛队中获得一等奖第一名的好成绩，并在全国机器人大赛中获得佳绩。

在近些年开展的冰雪项目中，北京小学海豹冰球队在2016年西城区中小学冰球联赛中获得了第六名，2017年获得了第二名；2018年获得了北京市中小学生校际冰球联赛丁组的第一名，同年还获得了北京市第三届中小学生冬季运动会3打3冰球小学乙组的第二名；2019年5月获得了西城区冰球联赛荣誉甲组第三名，2019年11月代表西城区参加第四届北京市中小学冬运会获得小学乙组3对3冰球比赛第四名。在这些参赛队员中或许将来就会有人成为冬奥赛场上的中国队队员。

(三)特色教育是突出创造性的教育

如果问一名北京小学的学生："你觉得在北京小学最想获得的荣誉是什么?"这名学生一定会回答："北京小学年度荣誉奖!"这是北小自2010年开始设立的北小最高荣誉,是学校为鼓励在文学艺术、体育竞赛、科学创造、自主钻研、劳动与公益、四自标兵等方面有突出表现的学生和团队而设立的。这就是北京小学特色教育所体现出来的创造性,年度荣誉奖就是李校长提出来的"做最好的自己",这是北小人的目标与追求,它激励着一批又一批北小学子发展健康个性,磨砺坚强意志,不断超越自我。

在每一届颁奖典礼上,学校都会邀请各个方面的成功榜样为获奖的同学颁奖,获奖学生现场的精彩展示和立志故事深深感染了在场的每一位观众。

其中有些精彩的片段,值得再一次回顾:

片段一:为语言文学、书法绘画艺术奖项获奖者颁奖

生1:我们伟大的祖国历史悠久,有着灿烂的文明。在文学艺术、书法绘画等方面创造了令世界惊叹的辉煌艺术成就。下面,有请国家一级演员宋春丽老师为语言文学、书法绘画艺术奖项获奖者宣读颁奖词及获奖名单,请五(6)班璟瑀同学现场伴奏。

(嘉宾颁奖音乐起,嘉宾上台)

【现场响起了热烈的掌声,学生们看到表演艺术家宋春丽老师来为获奖者颁奖非常激动。】

生2:下面有请中国教育学会书法教育专业委员会理事长郭振有老师、曹灿艺术文化中心主任王丹老师和宋老师一起为获得书法、绘画奖项的同学颁奖。

(学生领奖音乐起)

【获奖同学在引领下走到台上,从郭振有老师、王丹老师手中接过奖杯和证书,每一个人的脸上都洋溢着灿烂的笑容。年度荣誉奖是他们

一年来用自己的努力换来的成功!】

师:同学们,六(6)班的诗雯同学连续获得三届年度荣誉奖书法奖项,诗雯,请你到前边来!有什么感想跟大家交流的吗?

诗雯:在毕业之年再一次获得年度荣誉奖,我特别高兴!感恩北小一直鼓励我们追求自己的爱好,成就梦想,我特意为学校70周年校庆写了一幅字送给我最爱的北京小学!

(司仪把字送上来打开)

我想说:作为北小的学子不论将来我走到哪儿,都会永远铭记我们的校训,同学们让我们一起大声说出来:脚踏实地做事,顶天立地做人!

师:说得真好!我们的校训将永远铭记在每一位北小人的心中,谢谢你!

郭老师,您在书法方面有很深的造诣,令人钦佩!您觉得诗雯写得怎么样?

您能对热爱书法的孩子们说几句鼓励的话吗?

郭:(略)

师:谢谢您的鼓励,愿孩子们继续在艺术的殿堂中坚持自己的梦想。祝贺获奖的同学们,请回。下面请获得语言文学奖项的同学上台领奖。

生1:祝贺获奖的同学们,下面请获得语言文学奖项第二组的同学上台领奖。

生1:最是书香能致远,腹有诗书气自华。祝贺获奖的同学们,请回。

生2:同学们,接下来,我要向大家揭晓第一位神秘嘉宾,让我们用热烈的掌声有请中央戏剧学院副教授蒋博宁老师到台前与我们见面。同学们,蒋老师可与北小有着不解之缘呢。你们知道吗?蒋老师曾经是北小的学生,是我们的学长呢!

蒋老师,听说您在北京小学读书的时候,特别喜欢朗诵,我还知

道，您当时的朗诵老师就是我们的李校长呢！是这样吗？（蒋说几句）

生2：您一定忘不了当年在艺术节朗诵时表演的《红旗的一角》吧？25年后的今天，就让我们静静地聆听，与蒋博宁学长和六(5)中队朗诵小组一起重温那段永恒的经典。

（音乐起）

蒋博宁与六(5)班学生代表朗诵——《红旗的一角》

片段二：为科学创造、自主钻研奖项获奖者颁奖

（播放科技视频）

生1：祖国的70年，科技发展突飞猛进。

生2：北小的70年，科技创新硕果累累。

生1：少年强则国强，让我们为这些科技小达人点赞。下面欢迎中国宋庆龄科技文化中心主任郭新保老师上台宣读科学创造、自主钻研奖项颁奖词和获奖学生名单。（嘉宾颁奖音乐起，嘉宾上台）

生2：有请西城教育科学研究院院长邰亚臣老师和郭老师一起为获奖同学颁奖，请获奖同学上台领奖！（学生领奖音乐起，学生上台）

师：谢谢郭老师（请回）。邰院长请留步，今天您能亲自给孩子们颁奖，对他们是莫大的激励，您给孩子们说几句鼓励的话吧！

师：在科技发展日新月异的今天，祖国的繁荣昌盛离不开同学们勇于探索的精神，祝福同学们在梦想的风帆中远航，祝贺获奖的孩子们！请回。

生1：亲爱的同学们，接下来我要向大家揭晓今天的又一位神秘嘉宾，他就是刚刚在郭老师宣读颁奖词时伴奏的正宸哥哥，让我们掌声欢迎他到台前来！

同学们，正宸哥哥也是我们的学长呢！现在是中央音乐学院指挥系的学生，听说您当初也是合唱团的团员？

张：是啊，离开北小十年了，今天见到这么多熟悉的老师，特别开心，老师们好！（鞠躬）

生1：今天看到学弟学妹获得了年度荣誉奖，你想对他们说点什么？

张：祝贺学弟学妹获得年度荣誉奖，我上学时，还没有设立这个奖项，有点遗憾。

但学校和老师们一直鼓励我坚持自己的音乐梦想直到今天，现在我还记得音乐会上为合唱团伴奏的画面，真的很怀念！希望学弟学妹坚持自己的梦想，期待你们再创佳绩。

生1：谢谢哥哥的鼓励！同学们，想不想听哥哥现场为大家演奏一段？

张：好！今年是中华人民共和国成立70周年，我就为大家演奏一曲《黄河船夫曲》。

生1：让我们掌声欢迎！

（现场演奏）

师：感谢正宸激情澎湃的演奏，作为当年的班主任见到你也很高兴，今天你的到来就是给学弟学妹最大的鼓励。离开北小十年了，你上学时还没有设立年度荣誉奖，觉得有点遗憾吗？那今天母校就送给你一个惊喜，在第九届颁奖典礼上，学校隆重为你颁发年度荣誉奖证书及奖杯，愿你继续放飞梦想，母校为你骄傲！有请李校长为正宸同学隆重颁奖。

（音乐起，现场颁奖）

【李校长为这位当年合唱团的成员颁奖，正宸郑重地接过这份北小特有的年度荣誉奖的奖杯和证书。这是对他曾经为北小做出的贡献，更是对他今后的艺术之路的鼓舞。】

张：太意外了，感谢我的母校，感谢老师们，我会继续努力，让我们一起加油！

师：让我们把最热烈的掌声送给正宸，也谢谢李校长，期待更多的同学向学长学习，通过不懈的努力，实现自己的梦想。

颁奖典礼上一个个短片一段段表演，不仅可以看到学生们在各个领域里执着追求、勇于拼搏所取得的骄人成绩，更可以看到为了成为"最好的自己"每一位学生都在脚踏实地努力，再努力。

这样的活动，激励了学生们心中的目标更加高远，有一位同样学钢琴的学生在听了正宸哥哥的演奏之后说："我要像正宸哥哥那样，弹出自信，弹出让人震撼的乐章，将来考取中央音乐学院继续追寻我的艺术梦！"

年度荣誉奖是北京小学学生的最高荣誉，为学生设立此奖的李校长在典礼上说：我们坚持年度荣誉奖，就是坚持一种追求，我们追求同学们全面、健康而富有个性的发展，坚持追求做最好的自己。坚持需要明确的进步目标，需要浓厚的兴趣，需要克服困难的勇气，需要不断地树立自信，需要强烈的求知欲望，需要永远保持一颗服务他人的公益之心。他希望全体同学一旦确定了正确的方向，就要坚持。坚持就是进步，坚持就是成长，坚持就是胜利！

"年度荣誉奖"就是北京小学为学生发展设立的，这就是学校特色教育最具创造性的特点。从无到有，从少到多，到 2020 年，获得北京小学年度荣誉奖的已达近千人次。这个奖项会一直鼓励在追梦路上努力奔跑、不畏艰辛、砥砺前行的追梦人，那就是北京小学的学生。

第三节 "四季课程"在班级

班级是学校教学的基本单位，北京小学在班级教育中一直将《北京市中小学养成教育三年行动计划》与深化中华优秀传统文化教育相结合，聚焦学校培养目标，强化习惯养成教育，根据不同阶段学生的认知特点和成长规律，切实落实"五养"理念。在教育实践中，老师们发挥班级智慧，通过经典诵习、四季节日等传统文化课程及主题班队会、社会实践活动、家长讲堂等多种途径，扎实落实北京小学美育和劳动教育工作行动规划，不断提高养成教育的针对性和实效性。

班本特色：以个性化的班级教育为本所表现出来的属于班级独特的风格。也就是将较宏观的教育目标与富有个性的班级教育、学生发展需求紧密结合，引导学生在班集体中建立规则意识、形成集体意识，进而增进个体价值意识的过程中所表现出来的属于班级的独特风格。

正如"每个学生都是独一无二的个体"，每个班级也都是"独一无二"的。因此，在班级建设中，每个班级都会面临独特的机遇和独特的问题。班主任在推进班级建设时都会遇到"如何以统一的课程为载体，破解班级个性化建设目标"的实际问题。具体表现为：如何用好有限的班级专属时间，将较宏观的教育目标与班级学生发展需求紧密结合？如何准确把握班主任的角色定位，在"权威性"和"自主性"之间追求平衡，并保持平衡发展？如何加强班级的凝聚力，引导学生个体在班集体中建立规则、形成集体，进而增进个体价值感……

在这样的现状下，北京小学的"四季课程"不仅给老师们提供了新鲜的教育资源，更是帮助老师们在班主任工作中转变了教育理念，开拓了教育视野，获得了更多学科教师、家长的教育支持，帮助更多学生搭建起了成长的平台。可以说，将"四季课程"与班级教育很好地融合在一起，有利于班主任做好班级基础建设，保证班级生活的有序，同时可以充分发挥学生的主体作用，引导学生个性化发展。班主任老师和学生一起完成班集体的自主建构，创造性地开展班主任工作。

下面围绕班级建设"规则意识""集体意识""价值意识"三大要素，阐述老师们的具体做法。

一、助力深化班级"规则意识"

(一)在实践中"懂规则"

案例：童蒙养正，在经典诵习课程中引导学生"懂规则"

低年级的班主任，在迎接学生走进全新的校园生活的过程中，利用学校开发设计的"经典诵习"课程，将中华经典中契合现代教育的内容与好习惯养成紧密结合，会帮助学生在传承中华优秀传统文化的同时，懂得一项项规则的含义和标准，进而养成良好习惯和美好品德。有了这个课程做依托，班主任老师可以在实践中将中华传统文化经典融入班级教育，让学生们在诵习经典中，立君子品，怀家国情，做有德人。

1. 从"诵习"到"导行"，着眼习惯养成

"少成若天性，习惯成自然"，抓住"童蒙养正"关键期，树立良好的习惯与品行，会让学生受益终身。每次接一年级，教师都会和学生们一起从校领导手中庄重地接过《弟子规》读本，一起在琅琅书声中了解经典，在创编表演中感悟规则内涵，在一点一滴中指导言行。

当他们第一次走进课堂，教师告诉他们"读书法，有三到。心眼手，信皆要"；当他们第一次在食堂就餐，教师告诉他们"对饮食，勿拣择。食适可，勿过则"；当看到楼道快跑的学生，教师告诉他"缓揭帘，勿有声。宽转弯，勿触棱"……

一句句朗朗上口的弟子规，成为学生们理解规则的"小帮手"；一个个弘扬礼仪的小故事，成为教师个案转变的"金钥匙"。

生动的故事最能走进学生们的心中，当暴躁的小翔扬起打向同学的手，教师与他促膝而坐，给他讲"己所不欲，勿施于人"的典故；当任性的天天对同伴大声指责，教师送他一本《孔融让梨》伴他初识古人佳话；当娇惯的小臻对家长无礼哭闹，教师与他同读《黄香温席》的故事……

深入浅出的文化经典与养成教育相结合，知行合一的经典诵习让一个个好习惯的种子在学生心中扎根。

2. 从"家风"到"班风"，家校携手共育

家庭是人生的第一个课堂，良好的家风会帮学生"扣好人生第一粒扣子"。在新集体的建设中，教师邀请家长走进我们的"经典诵习"课程，以"共读经典"为切入点，共同解读规则的内涵与标准，指导良好"家风"的营造，促进和谐"班风"的形成，助力每一个学生良好习惯的养成。

良好家风的熏陶，和谐班风的影响，帮助、温暖着身在其中的每一个人。家校一致的育人理念，经典诵习的课程实践，助力每一个学生从不同渠道、以不同形式、在不同的生活环境中都能不断地理解学习规则的内涵标准，努力做最好的自己。

3. 从"雅言"到"雅行"，多元评价助力

好习惯的培养是一个不断巩固的过程，特别是对初入学的学生们来说更是尤为重要。因此，教师结合"经典诵习"课程，设计了适合不同阶段的多元评价的活动助力学生不断深化对规则的理解，在实践中纠偏扶正，养成好习惯。

一年级学生开启全新的校园生活，班级开展"经典诵习，促习惯花开"的家校互评活动。从关注行为习惯养成，幼小衔接顺利过渡，到关注学习习惯达成，争当合格小学生。具体细致的评价点成为学生不断规范行为的抓手，每日达成的反馈成为家校沟通的桥梁。二年级学生活泼好动，教师在班中开展"我是快乐北小娃，文雅有礼人人夸"的评价活动。文明游戏、尊师有礼成为班级名片。

多元评价承载不同阶段的教育重点，雅行雅言奠定良好习惯的扎实根基。"悯农""友爱""明礼""尊师""乐学"，一朵朵好习惯之花在有目标、有梯度、有依托、有反馈的多元评价中绽放。随着学生对规则的不断深入理解，学生的良好品行一定会在经典诵习的浸润下生根发芽。

"经典诵习"课程，为教师打开了崭新的教育思路，丰盈了教育的资源，助力教师引导学生不断深入理解规则的含义和实践标准，培养学生养成良好习惯和品行。

(二)在探索中"建规则"

案例：在快乐四季实践课程中建立集体规则

"老师，下周我们的四季课程要开始了吧！"学生们在教室里一片欢呼。四季课程在学生和家长眼中，简直就是一个欢乐的节日。作为班主任，却深知四季课程绝不是快乐这么简单。它以源远流长的中华文化，丰富学生的生命历程，激发学生的生命潜力，促进学生的生命成长，提升学生的生命质量，这是和知识教育同样重要的内容。它以大自然中儿童熟悉的自然现象和事物为主题，组织学生围绕主题选择合适的可以探究的项目，开展持续的跨学科或项目化学习，打破以往泾渭分明的学科界限，使学生在此过程中建立系统的思维方式，体验知识之间的联系，深入理解其内涵和外延，实现知识的迁移与运用。而要实现这些目标，教师就要在实践前建立规则，在实践中引导学生遵守规则，这才是保障各项实践活动顺利开展的前提。

1. 实践前厘清目标

结合北京小学四季课程的总体目标，二年级秋季课程"秋天里的果实"旨在让学生通过观察、体验、比较、合作等方法，在讲座、互动、游戏、绘本等不同的活动中，观察认识秋天成熟的果实，增强劳动意识和技能，培养学生自主学习、合作探究和创新能力。同时，学生通过实地观察并参与秋天的劳动，体验丰收的喜悦，懂得珍惜劳动成果，尊敬劳动者。

为了增强学生学习的主动性、实效性，同时把生命教育融入其中，密切联系学生的生活实际，教师将活动目标定为：通过倾听讲座，认识并了解秋天的一些果实，鼓励学生用完整的语言进行复述；带着自己不懂的问题到大自然中找到答案，并跟同伴交流分享，从而体验丰收的喜悦；阅读绘本，激发想象，潜移默化渗透阅读方法；完成课程手册，将自己参加实践活动的感受、体会用文字记录下来，在班中进行展示，进一步巩固学生珍惜劳动成果及节约的意识，体会劳动者的艰辛，从小培养感恩的心。

2. 实践前共建规则

规则是指由群体共同制定或由代表人统一制定的制度或章程，规则首先必须得到大多数人的认同。基于对学生生命个体的尊重，活动前，可以改变以往单纯由教育者制定规则的方式，在班级中发动学生充分讨论，在尊重学生意见和合理正当的需求的基础上，让学生主动参与制定出合理规则，从而加深对规则的理解，进而提升"四季课程"中学生的内化收获。

本次课程由三个板块构成：聆听讲座、外出实践以及共读绘本。为便于二年级的学生在实践过程中有效遵守，制定的规则不宜过多过碎，因此学生在教师的引导下，最后协同制定出可达成的规则。

下面，就此次秋季课程的第二板块——采摘，来具体谈谈在活动中如何共建规则。此板块内容是让学生走出校园，亲身实践讲座中的内容，并跟同伴分享经验、交流心得。而看似有趣的实践内容，要遵守的规则也更加丰富、细致、难落实。因此，在外出实践前，师生反复研讨，制定出适合本班的规则：

第一，一切行动听老师指挥。

第二，排队上下车，不拥挤；无特殊情况，不在车上走动、嬉戏打闹。

第三，整个实践活动，讲秩序，不拥挤，会谦让，讲礼貌。

第四，活动中不要单独行动，紧跟队伍，防止发生意外。

第五，除要求采摘的果实外，一律不摘其他植物、果蔬等。

第六，午餐时自备垃圾袋，不随地扔垃圾，做到人走地面净。

第七，到校下车后迅速进入学校，不在校门外逗留。

3. 实践中遵守规则

任何活动都离不开规则，如果参与者不遵守规则，活动就无法进行，可见规则的重要性，从中也可以看到规则意识培养在学校教育目标中的重要地位。

看似简单的几条规则，作为低年段的小学生，在实际操作中还是存在不确定性的。首先，低年段的学生自我意识不成熟，缺乏理解他人需求意愿的意识，更倾向于以自我为中心，不少学生没能进入道德发展的自律阶段。其次，二年级的学生已经出现了对规则的形象化认知，但是缺乏对规则的理性思考，有时出于对规则的盲从，并未认识到规则的实际意义，还有的学生出于对家长与教师的恐惧而遵守规则，这实际上并未能得到较好的效果。那么，基于以上情况，怎样让学生在实践活动中更好地遵守规则呢？

第一，内化学生的动机。

只有促进学生认识规则的意义，引导学生主动地遵守规则，才能更好地培养学生的规则意识。首先，要让学生在被要求环境下认识到内容的重要性，这样才能促进学生由他律走向自律。其次，给学生提供丰富的事例资料，引导学生从各类事故的案例、相关规则法规的视频资源中吸收内容，从而促进学生更主动地遵守规则与实践规则要求。

第二，变换训练的策略。

坚持正面引导学生，引导学生主体参与。创设形式多样的导行氛围，使学生在形象生动中受到教育，认识自我，规范自我，完善自我。只有不断训练学生的规则意识，做到晓之以理、动之以情，才能全面强化提高学生的意识，更好地促进学生遵守规则。活动前，可以结合制定的规则，预先在班级中进行演练，为学生提供不同假设的场景和环境，使学生在体验规则时有较强的代入感，同时，"纠错"要与"导行"相结合，及时纠正学生不良习惯，从而强化学生的规则意识。

第三，调动学生的积极性。

在训练学生遵守规则的过程中，要调动其主动性、积极性和创造性，强调他们的"主体地位"，使外部客观的东西自觉"内化"为自己内部的主观意识。通过促进内化进程，提高内化效果，"外化"为良好的行为习惯。例如本次外出采摘的实践活动，为了让学生更加有责任心、自觉性，由师生共同选派出诸如路队小先锋、采摘小能手、地面执行官、行车安全员等，做到尽量多地给学生安排岗位，互相督促，外化于行。

第四，榜样作用的激励。

小学低年级学生精神奖赏的功效远远大于物质奖赏，对于同学们遵守规则做得好的方面，教师要大力宣传、表扬，让学生感受遵守规则的幸福感和自豪感。榜样的挖掘和学习是不可忽视的。在遵守规则方面，注意把遵守规则好的同学作为大家的榜样让大家去学习，一方面，使榜样感到了受表扬的愉快，另一方面让其他学生形成只要认真遵守规则就会受到表扬的意识。这样，学生内心规则意识增强后，就会把遵守规则的行为从校内延伸到自己生活的各个方面。

4. 实践后反思效果

正是基于实践中对于学生规则意识的训练，使得此次课程顺利开展，同时使学生开阔了视野、增长了知识。学生们不仅体会到了农民种植庄稼的辛苦和收获的喜悦，还亲眼见识课程中所讲解到的果实，享受采摘的过程及喜悦心情，感受秋天美好的田园风光，体验劳动带来的收获与快乐，在四季课程中凸显传统文化与生命教育的结合。

(三)在拓展中"完善规则"

案例：四季课程助力班级习惯的完善与升级

一位教师新学期刚刚接手一个新的班级，这个班的很多学生课堂专注力不够，同伴关系紧张。班级的秩序没有完全建立好，四季课程就来到了。教师意识到四季课程和班主任的班级建设并不矛盾，决定试一试新思路。

于是在进入本次综合实践课程学习时，教师就特别将培养专注、合作的目标纳入了学习目标体系。在这一周里，无论是聆听科技讲座，还是动手实践，无论是外出参观，还是完成手册练习，教师都坚持要求所有学生放下手中物品，眼睛看老师，专注倾听，并且用多种方式进行反馈评价。班主任这样要求学生，也将这样的要求与同组的学科教师及时沟通，保证每位教师对学生习惯的关注点一致。就这样，一周的时间内，全班学生在切换学习内容时需要教师进行组织的时间越来越短，在每一项学习内容上的注意力持续的时间越来越长，倾听捕捉信息的能力明显增强。以往嘈杂、混乱的教室慢慢安静下来。尤其是在拼装机器人、创意设计叶贴花的过程中，由于学生认真倾听，在操作的过程中，提问的人数大大减少，节省出的时间都可以用在自主实践、自主创意上，全年级用最短时间完成五种机器人拼装的学生出现在这个班，叶贴花创意设计也是年级里完成最快的。学习的效率大大地提高了。

专注能力的提高让学生们很快体验到了学习效果的提高，这样的体验极大地鼓舞了学生们，可在系列实验体验的过程中，他们又遇到了新问题。这次的实验参与分成三组。在第一次实验中，学生们都想很快成功完成实验，但一开始操作，一片混乱，所有人都上手，争执声、埋怨声响成一片，时间很快过去，全班一组实验都没有成功。这时，教师让全班同学坐好，反思了刚才的实验，大家才发现真正的合作需要分工，需要鼓励。第二次实验中，学生很快进行了分工，尽管在实验过程中又遇到了新的困难，仍然有学生抱怨，但学生很快地与教师对视后，又投入了实验。时间到了，有几个组的实验成功了，教师特意表扬了一个没有实验成功，却没有抱怨、没有放弃的小组。第三次实验开始了，这次的实验内容相对简单，学生们分工合作，教师真的听到了学生间相互鼓励的声音。实验结束时，教师没有关注实验的成败，而是针对做实验过程中每一个学生的感受和收获做了采访。教师告诉学生这才是合作学习的幸福！

在这一周的课程实践里，教师手里拿着四季课程的学习安排，除了要落实综合实践的课程目标之外，让学生在实践中有规则意识也是教师要贯穿在课程学习始终的一个重要目标。无论是听讲座，还是动手实践，在丰富多彩的课程内容学习中，教师都抓住每一个细节进行指导和积极的评价。做不好，教师就喊停。分析、示范、评价、总结，然后再做。课程内容是丰富多彩的，对学生极具吸引力。教师利用这一点，立下规矩"做不好这项，下一项就取消"。班主任不仅自己这样做，还与所有带班老师沟通，一起这样做。在教师们严格清晰地教育管理下，我们看到了学生一天天地进步。一周的四季课程学习结束了，大家回到原来的学习节奏中来，很多老师惊喜地发现：这个班不但没有心浮气躁，课上表现反而有了很大进步，学生会听讲了，课堂安静了。一位小组老师兴奋地说，在一次竞赛中，这个班学生以很好的合作精神完胜了比赛。教师享受到了四季课程带给班级教育的快乐！

在班级建设过程中，培养学生的规则意识是一项基本任务。而当教师将这项任务与四季课程相融合时，我们会发现四季课程有着先天的优势：

第一，四季课程的内容贴近学生生活，与其他学科学习内容相比，更具有吸引力。所以它为班级教育提供了很多鲜活的教育资源。班级教育不可能脱离学生的学习生活空洞地进行。越能让学生为之动情，甚至为之狂热的课程，越有利于班主任及时发现教育契机开展班级教育。

第二，四季课程往往集讲座、实践、合作、探究等多种学习形式于一身，这样的学习模式更有利于班主任在多种情境下指导学生进行遵守规则的演练。

第三，四季课程教师的教学模式也利于班级教育的一致性。在四季课程中，不同学科教师需要彼此配合指导一个班的学生完成任务。这时，如果教师之间注重沟通，很容易达成一致，从而提高班级教育的合力，并且会将这份合力一直延续下去。

无论一个班级的班级建设基础如何，在四季课程中总会找到与之相适应的教育目标，并促进班级建设的完善与升级。"四季课程"以它独特的魅力，会帮助有智慧的班主任在班级建设上更上层楼。

二、助力形成班级的"集体意识"

(一)营造健康向上的舆论氛围

案例：依托四季节日课程，营造健康向上的班级氛围

班级是学生人格、品行、修养、理想信念熏陶和培养的家园。因此，班主任们都会努力创设健康、和谐、积极向上的班级氛围，以此对学生产生正向的感染力和渗透力，保障学生健康成长。在班级建设中，教师以学校"四季节日课程"为依托，营造班级健康向上的氛围。

升入中年级后，学生的知识、能力得到了进一步的发展，同时，来自社会、家庭、同伴的多种价值观，也在对他们产生不同程度的影响。教师发现，升入三年级不久，"星座""圣诞节""万圣节"等词汇悄然出现在了同学们的交流之中，不少同学都露出好奇的目光。这一现象引起了班主任老师的思考。

我国的传统节日蕴含着丰富、深邃的人文内涵，是中华民族文化中的精华。这些宝贵的文化财富是中国梦的精神所在，更是教师培育学生爱国主义精神的有效依托。因此，教师尝试以"中华节日·中华情"课程为依托，在学生稚嫩的童心中，渗透过好中国节就是爱国、爱家具体体现的意识，教师鼓励学生做传承中华节日文化的小使者，使集体形成健康向上的班级氛围。

课程活动的实施：

1. 知传统，了解中国节

环节一：初识丰收节

我国在 2018 年 6 月 21 日设立了一个新节日——中国农民丰收节。活动以"习近平主席向亿万农民祝贺丰收节"视频引入，带同学们了解丰收节设立的意义。通过互动，共同回忆课本中学习到的与农业相关的课文及谚语，感受农耕文化源远流长，浓缩着劳动人民的智慧，值得我们传承和发扬。

环节二：学习中国节

从"新"节日引出中国传统节日，分享课前小调查"我了解的中国传统节日"。各组同学以不同形式向大家介绍"中国七大传统节日"——诵清明诗词、讲七夕故事、书元宵诗句、画端午国画、展春节礼仪、着节日服装、唱节日歌曲等，让队员们进一步了解我国传统节日丰富的内涵，感受我国传统节日的魅力。

环节三：探访节文化

在这个环节中，教师播放了同学们自由组合结成的"探访中国节先遣小队"的采访视频。

第一先遣小队：知历史，趣体验——走进"北京民俗博物馆"。

"北京民俗博物馆"采访小组的同学介绍了这里举办的"七夕乞巧，巧慧京城"的庆祝活动。他们了解到七夕节不仅有牛郎织女的传说，更有丰富多彩的乞巧活动。比如穿针引线、摆乞巧图、投针验巧等不同体验活动，期盼自己能够心灵手巧，增长本领。

第二先遣小队：研习俗，乐分享——走进"正阳书局"。

"正阳书局"采访小组的同学来到充满了"京味"的正阳书局，这里出售旧书、地图、老照片，都与老北京文化有关。如果同学们对中国传统节日感兴趣，想要进一步了解节日背后的内涵，这里会是一个不错的选择。

第三先遣小队：探缘由，懂内涵——走进"北京兔爷彩塑馆"。

"兔爷彩塑馆"采访小组的同学，采访到了西城区非物质文化遗产北京彩塑代表性传承人张忠强老师，并请张爷爷给同学们讲述了中秋节画兔爷的缘由，让队员们了解了其中的故事，更加深了对传统节日文化内涵的理解。

2. 明礼仪，感受中国情

环节一：节日礼仪我学习

教师为各组提供了"资料袋"，同学们在小组长的带领下，学习其中关于中国传统节日礼仪风俗的资料。学习后与大家分享学习体会。

环节二：节日礼仪我挑战

在"节日礼仪我挑战"的游戏环节，同学们共同设计了连连看、选择题、判断题，检查同学们对传统节日礼仪习俗的了解情况，加深大家对节日礼仪习俗的认知。

环节三：集思广益小锦囊

在同学们合作学习、交流、挑战的基础上，每一名同学都将自己对于如何过好中国节的想法写到"小锦囊"上，并与大家展示交流。

通过此环节活动，让同学们将自己习得的传统节日礼仪和风俗，与自己的实际生活相联系，具体到一件事或一个活动，引导队员们理解"过好"中国节的含义。

3. 乐传承，雏鹰在行动

环节一：聚焦重阳节

1989年我国将农历九月九日定为老人节，倡导全社会树立尊老、敬老、爱老、助老的风气。在重阳节即将到来之际，同学们集思广益、开动脑筋，小组内开展讨论，分享如何过好重阳节的金点子。这个过程中，同学们从如何尊老、敬老方面思考，从自己力所能及的小事做起，传承节日文化，弘扬尊老、敬老、助老的正能量。

环节二：启动雏鹰章

课程活动进展到这里，教师充分肯定同学们设计的重阳节金点子，告诉他们，这一个个小锦囊、金点子，就是在传承中华节日文化，并做课程总结：队员们，通过今天的活动，你们对中国传统节日有了更丰富的认识，加深了对节日礼仪习俗的了解，以及对如何过好中国节的思考和实践。中华民族自古以来就重视家庭、重视亲情。我们敬爱的习近平总书记也多次教导我们："家庭是社会的细胞。家庭和睦则社会安定，家庭幸福则社会祥和，家庭文明则社会文明。"所以说，过好每一个中国节，是每一个家庭的责任，是每一个少先队员爱家爱国的具体体现。我们将继续开展雏鹰争章活动，每个人争做"知传统""明礼仪""乐传承"的好队员。

环节三：宣读倡议书

课程活动的最后，由中队委和同学们共同写下了"班级倡议书"：中华历史悠悠五千年，传统文化底蕴传久远。

我们承诺：人人知文化，个个明礼仪。

> 知传统，了解中国节，
>
> 明礼仪，感受中国情，
>
> 乐传承，雏鹰在行动，
>
> 北小好少年，践行勇承担。

在"中华节日·中华情"课程的实施过程中，教师充分发挥了学生们的主体作用。通过交流分享、学习体验、策划行动等形式，激发他们对传统节日文化的兴趣，萌发过好中国节的愿望。通过"知传统""明礼仪""乐传承"三个环节，使同学明白了，过好中国节，就是少先队员爱国爱家的具体表现，明确了作为北京小学的学生，不仅要知传统，明礼仪，更要在日常的学习生活中传承中华节日文化。

可以说，"中华节日·中华情"的课程让传统节日文化在学生心中扎根，落"实"。学生在多角度、全方位的体验中，品味和感悟传统节日的内涵，实践和传承文化礼仪。

"纸上得来终觉浅，绝知此事要躬行。"传统节日文化的传承离不开丰富的实践活动做依托。读了《元日》，我们循着年画的足迹，寻找胡同里的中国年；品了《中秋月》，我们走访"兔爷彩塑馆"，听非遗传承人张忠强爷爷讲兔爷的传说。我们吟诵《七夕》《乞巧》，在七月初七开展"勤劳灵巧，自理能行"的劳动实践；我们背诵"二十四节气歌"，在春耕节里"播种希望，收获成长"；我们讲故事、包粽子，在粽叶飘香时"漫话端午"。"浓情腊八""红火新年""元宵花灯"，节日习俗趣味盎然。

丰富的"中华节日"课程，引领学生走进博大精深的中华文化，更与他们的实际生活亲密贴合，学生在丰富的学习与实践中，爱上中华文化，升腾起了"我是中国人"的民族自豪感和家国情怀。诵读中华经典、传承中华文化，形成了积极向上的班级氛围。

(二)体验合力拼搏的团队精神

案例：团队拼搏的力量在四季课程中成长

在我们中国，有句人人皆知的谚语，"人心齐，泰山移"。这句话告诉我们，小小的力量只要集中在一起，就会凝聚成强大的力量。这种"凝聚"对于一个集体、一个班级而言，有着尤为重要的作用。

在一个集体中，每个个体都朝着一个目标去努力、去拼搏、去奋斗，就会形成一种共振，反过来又作用到每个个体身上，让个人更加充满力量，从而推动一个集体不断向上。

北京小学的"四季课程"，为学生团队拼搏精神的培养提供了土壤。"春之艺美律动"和"秋之科技创意"这两个季节的"动"与"思"，成为老师们凝聚班级、提升班级合力的重要抓手。老师们做足了功课，在季节的生发与收获中，孕育着班级"合力拼搏"的硕果。

1. 同一个团队，合力"拼搏"为同一个梦想

四季课程环节清晰、版块分明，每个版块学生要完成什么任务，达成什么标准是清晰可见的。这时，班主任也有了很好的抓手，能够帮助学生在任务和活动中明确目标。

在春季的"一起游戏吧""传统体育的魅力""足球小将"等运动系列课程中，有练习，有探索，有比赛，有展示。比赛和展示都是最后的环节，有以班级为单位的竞技展示活动，也有班级中以小组为单位的运动

项目。而这些活动最能激发学生为了同一个目标奋进和拼搏。

在"足球小将"课程开始前，班主任教师按惯例和学生先一起浏览课程手册，知晓这次课程的任务和每日安排。

当学生得知在课程的最后一天要开展班级间的足球赛时非常激动，充满了对运动竞技的热情，个个摩拳擦掌，蓄势待发。但教师知道，他们只是单纯地对比赛本身这种形式感兴趣。此时，教师抓住契机，提出了一个问题："哪位同学觉得自己踢足球非常棒，非常了解所有足球技法和规则呢？"此时，学生们你看看我、我看看你，谁都没敢"拍胸脯"。因为这对于没有进行过任何专业训练的三年级小学生来说，确实有一定的难度。

接下来，教师和学生一起分析，如何才能在足球赛中获胜，前期应该做哪些准备。通过分析，同学们迅速冷静了下来，他们你一言我一语地分析着班级的优势和劣势。通过讨论同学们感受到了不能光凭一腔热情，而是要在前面几天学习和练习技法和技巧。这时，教师感受到，他们是要真正为集体"拼搏"了！

在这个过程中，教师利用了四季课程搭设的平台，把兴趣升级为学生内心的荣誉感，目标的确立把学生个人的"跃跃欲试"推向"为集体而战"，助学生内心的小火苗燃成熊熊烈火。当学生有了一致的目标，就在活动过程中有了明确的方向。而实践告诉我们，集体胜利的成就感超过个人的胜利成就感。在集体中学生敢于争先、一往无前地顽强拼搏，心往一处想，劲往一处使，集体的收获是每个人努力拼搏团结协作的巨大回报。

2. 同一个团队，合作"拼搏"靠不同的智慧

集体中的"拼搏"，不仅体现在运动场上的体力竞技中，也同样体现在脑力竞技中。

在秋季的科学探索系列课程中，这种合作"拼搏"的优势就尤为明显。以"未来之家"的秋季课程为例，这个课程当时是四年级的课程，学生已经有了一定的课程经验和能力，因此，教师觉得可以更大程度地激

发学生自主能动性及合作探究意识，决定最大程度放手让学生去做。但自主性过了就会凸显自我，太突出自我就会忽视团队，于是教师将如何在团队中发挥自己最大力量作为课程活动中的教育重点。

课程里面有个环节是去科技馆参观。这里的参观并不同于一般春游秋游意义上的参观，而是要带着自己的研究任务，探索性地参观。由于学生要分小组合作设计"未来的家"，因此，学生在参观前要对路线有所设计。教师没有给出任何提示，放手让学生自己去探讨。

教师推测，在讨论过程中，学生意见会不统一，容易引发矛盾。果然，在讨论刚一开始，就有些小组成员互不相让，谁也说服不了谁，都觉得自己的路线好，然后集体找老师来"告状"。教师认为学生在争吵中是在争取自己的话语权，这也正是育人契机。教师组织所有小组停下来，向他们抛出问题：如果小组成员间意见不统一怎么办？

学生们各抒己见，有的觉得应该听从学习好的同学的建议，有的觉得应该"剪刀石头布"解决问题……教师引导学生们思考"讨论"的目的：我们为什么要讨论，是为了选"路线"还是选"谁"？同学们达成了共识，应该一起挑选最佳路线，而不是必须让别人听自己的。

这时，教师又引导学生们思考"最佳路线怎样才能产生"。有经验的小组分享自己的经验。他们提出应该先看看自己小组的需求，要明确重点参观什么，解决小组什么问题，有想法的同学要把自己路线的优势说清楚。有的小组提出可以把好的想法结合在一起。有些同学还谈到，要考虑时间总共多少，可以如何分配。这样，组员之间真正合作起来，每个人都尽己所能，发挥才干，同时认真倾听别人的想法，才能在讨论中真的有所获得。这时小组的讨论就有了真正的价值，是真正的"集思广益"，把智慧凝聚在一起了。

3. 同一个团队，和谐"拼搏"有包容的力量

在团队任务中，有成功就有失败。而集体荣誉感强的学生往往不能平静地面对失败，这时，有可能对致使失败的个人产生"责怪""奚落"等行为，发出不和谐的声音，甚至产生集体中的矛盾。这会使班级中失误

的同学沮丧或愤怒，既不利于班级团结，也不利于下次任务的协作完成，更不可能创造出更好的成绩。因此，面对挫败的班级心理建设更是教师要密切关注的。如何在一时的失败中互相包容、鼓励，形成向上力，让班级在和谐氛围中发力是至关重要的。

"四季课程"中的很多比赛项目和团队项目都为老师在团体成败的关键时刻提供了教育契机。

在"一起游戏吧"课程活动中，最后开展了年级挑战赛。这是一项在二年级春季开展的课程，学生年龄偏小，各方面能力还明显不足。一个班在多足接力赛中，因为一个男孩鞋掉了输掉了团队比赛。当时，同学们非常难过，有的同学很气愤，开始埋怨那个男孩。教师知道，此时这个失误的学生一定既难过又自责。而那些埋怨他的学生，因为太在乎团体一时的成绩，忽略了团队中的每个成员都是自己的亲密"战友"，其实每个人都有失误的可能。

教师看到这个情景，先把那个男孩搂在怀里，安慰他。这样会从老师的角度给集体中其他学生做出表率和正面示范。然后教师告诉同学们，你们每个人都在为了集体而努力，现在的责备没有益处，只有总结经验才是最有意义的。这时，很多同学纷纷开始安慰那个男孩，然后同学们发现那个男孩由于妈妈买的鞋有些大，所以才掉了，然后大家开始找谁和他穿同样码数的鞋。在下一轮比赛中，先把码数合适的鞋借给那个男孩，这次该团队取得了胜利，全班一起欢呼了起来。

团结协作、奋力拼搏不仅体现在为了进步和成功，同样应该作用于失败和挫折，这就是和谐集体中的包容力。包容给予信任，包容中的"拼搏"才更有坚实的力量，是团队不断前行的制胜法宝。

(三)深化人人有岗的责任意识

案例：责任的种子

中国近代思想家、政治家、教育家、史学家、文学家梁启超在《少年中国说》中，慷慨激昂地歌颂少年，其中一段文字谈到每个中国少年的责任之重大，就是大家耳熟能详的那一段："故今日之责任，不在他人，而全在我少年。少年智则国智，少年富则国富；少年强则国强，少年独立则国独立；少年自由则国自由；少年进步则国进步；少年胜于欧洲，则国胜于欧洲；少年雄于地球，则国雄于地球。"可见，从小培养学生的责任心多么重要。而小小少年的责任意识当如何培养与深化，这个责任落在我们每个教师的肩上。

北京小学非常重视对学生责任感的培养。在四季课程手册中会设计一些内容，提示学生对自己负责。比如，低年级的学生外出实践时手册中会相应显示走之前带的物品，回来时让学生清点对比。再如，有的小组合作环节中，手册中会让学生写出自己在小组中的岗位是什么，自己具体做哪些工作。班主任会关注并利用好手册，引导学生关注自己的责任范围，并积极实施，让学生的责任心真正落地生根。"四季课程"的实施是教师培养学生责任意识的良机。

在四季课程实践过程中，教师会先有计划地组织学生了解课程任务。因为每个大环节中很多任务需要学生以小组为单位合作完成，因此要提前讨论每个成员承担的责任。

以三年级春季课程"生命中的运动美"为例，在"发现生活中的运动美"这个板块中，学生要以小组为单位在公园里观察晨练的人们，通过摄影、讨论、采访等形式发现生活中的运动美。在完成任务前，教师组织学生分小组展开讨论。在这个过程中，教师充分信任学生的能力，一边放权给学生，一边做好指导和调控，帮助学生学会如何定岗、如何定人。

教师和学生先一起分析讨论的要点，明确讨论的基本内容：哪些岗位需要安排人员负责，这些岗位职责分别由哪位成员来承担。讨论要求：学生要明确小组内的不同分工，每个人都要有尽量适合自己的岗位。教师看到每个小组讨论得都很热烈。学生们除了考虑需要照相、采访、记录数据等任务，还需要考虑一些细节问题。有的小组提出还要有人负责后勤保障，比如随时检查队员数，离开每个活动地点有没有落下物品，每个环节大概多长时间，几点集合谁来提醒等，这样才能确保活动的顺利进行。接下来，教师组织小组间进行交流。小组间互相借鉴，让自己的小组分工更合理、更明确、更细化。就这样，责任分工，在学生们的心里播下了一颗责任的种子。

明确了自己的责任岗，能不能真正落实才是更为关键的，这时教师要帮助学生，锻炼和增强每个学生的责任意识，让"责任"这粒种子能够生根发芽。

在活动中，由于学生的年龄限制，个别学生能力较弱，"责任"意识相对较差，也会出现这样或那样的问题。教师会及时提示学生、帮助学生调节，及时总结梳理经验教训。当时发生过这样的一件事。第二天一大早，学生们陆陆续续来到学校，大家都高高兴兴地聊着天，等待出发。突然有个小组传来争吵声。原来，负责带相机的乐乐忘了带，大家都在责怪他，不知道该怎么办。教师捕捉到了这个帮助小组提升责任意识的时机。

于是，教师先问乐乐："你的小组把这么重要的任务交给你，而你没有完成好，你怎么想？"乐乐很不好意思地说："张老师，我觉得自己特别对不起大家。我以为放在书包里了，现在想想，我中间拿出来又用了一下。应该还在家里的桌子上没有拿。""所以从这件事中你吸取了什么经验呢？""我下次一定会提前再检查确认一下重要物品。"接下来，教师对这个小组的其他成员说："作为一个团队，你们是一个整体。下次再出来，你们有什么办法能杜绝这种问题发生吗？"学生们说："我可以提前给他打电话提醒确认。""我可以带一个备用。"听了学生们的话，教师肯定地对他们伸出了大拇指："是的，这就是有责任、有担当！当然，我想，下次乐乐一定会自己记着这件事的。今天，我先把我的相机借给你们吧，还是让乐乐负责保管，但你们组成员都有责任帮我看好哦！"这个小组很高兴地答应了，最后相机完好无损地回到了教师的手上。

像这样的事情还有很多，比如，哪个同学可能临时请假了，岗位缺人了；抑或是这个细节之前没有想到，压根没安排人员等情况。这时，都需要教师第一时间进行把控和调整，帮助学生真正学会将责任落实到位。

教师会告诉孩子们要关注今天谁没来，那么他的岗位就是缺人状态，每个人有责任随时补位顶上。有时，学生如果有事，自己会提前跟组内同学交代帮忙补上他的岗位空缺。这是非常有责任心的表现。教师会马上树立榜样，为这样的责任意识点赞，激励所有学生有更强的责任意识。

同时，教师还设计岗位形成性评价，帮助学生将个人责任落实到位。在活动过程中，教师边帮助学生总结经验边组织学生开展有效评价，学生会进行互评及反思，使自己接下来的工作做得更好。

随着"四季课程"的不断推进，教师越来越充分地认识到，课程中学生的成长是在责任的催化下完成的，责任意识是学生能力提升的重要基石。

案例：传承中国气质，做有责任担当的新时代好少年

回首历史的长河，记载着新中国 70 年奔腾向前的步伐；凝视世界的目光，见证着亿万中华儿女始终昂扬奋进的姿态。新时代的跃迁，使古老的中华民族正在向着新高度崛起，彰显更加成熟自信的中国气质。

2019 年的金秋，中国首都北京又有两项世人瞩目的工程齐头并进。世界最大的综合交通枢纽——北京城市南端的大兴国际机场正在以惊人的中国速度展现在国人和世界各国的面前。一路向北，京张高铁实现全线轨道贯通。作为 2022 年北京冬奥会重要交通保障设施，京张高铁开启了智能高铁的先河。两大工程遥遥相望，成为新时代新中国飞跃进步的缩影，也展现出中国人令世人瞩目、频频称赞的"中国气质"。

然而，"中国气质"需要一代代的传承和发扬，作为人民教师的我们有责任和义务教育我们的学生弘扬"中国气质"，做有责任担当的新时代好少年。

对小学生而言，"中国气质"在他们的眼中或许很高很高，他们也许不会理解"中国气质"所体现的那种速度和力量，也许很难体会那份精神和品质，但我们可以向他们传递"中国气质"所蕴含的那份责任与担当，可以带他们一起感受责任的力量。为此，我校少先队大队，多年来始终在李校长提出的北小"劳动教育"理念下，充分挖掘校园中的服务因素，尝试设计劳动服务课程，探寻校园劳动实践模式，努力深化人人有岗的责任意识。

1. 红领巾志愿岗，展校园文明好形象

北小每天的午间时光，你总能看到一群头戴"小红帽"的红领巾志愿者在校园中值守，这一周是一个中队队员上岗服务的日子，他们将完成一周的志愿服务课程。中午的学生餐厅有志愿者轮流服务的身影：摆餐具、倒餐盘、整理用过的碗筷，他们不怕脏不怕累，干劲儿十足；午餐后的楼道里、操场上，处处看到"小红帽"在维护校园的秩序：同学别跑、小朋友这里不能大声喧哗等。一句礼貌的用语，一个劝阻的手势，展现红领巾志愿者的文明形象。午休时，一年级的各个教室，总能看到志愿者们服务弟弟妹妹的一举一动：擦擦黑板扫扫地、整理小柜码桌椅，做游戏、讲故事，体现学长好形象。就是这一点一滴的劳动，就是这一举一动的行为，使每个中队的每一名队员都能借助志愿服务课程有机会上岗为校园中的同学们服务，一周的服务使队员们充分体会到什么是责任，什么是担当。

2. 绿色小天使岗，护校园美好环境

同样是每周上岗的中队，除了红领巾志愿者的岗位体验外，每位队员还有机会尝试"绿色小天使"的劳动服务课程的内容。队员们佩戴上代表环保的绿色袖标，午休时间出现在大厅中、楼道里、楼梯间和操场上。他们手拿小抹布、拎着小水桶，擦拭楼内大厅的小桌椅、楼道窗台、楼梯扶手等，用自己的微薄之力协助校园的保洁阿姨，共同做好学校的环境保护工作。在这简单的服务中，他们体验着自己劳动后的快乐，他们感受着用劳动换来的幸福感与存在感，感受到自己是北小的一员，是北小的主人。

3. 学雷锋志愿岗，树校园主人好榜样

每年的 3 月 5 日学校都会开展学雷锋活动，年年如是。于是引发了少先队辅导员们的思考：只有每年的 3 月 5 日才大张旗鼓地学雷锋吗？雷锋精神只有这一天才存在吗？不，一定不是，雷锋精神应天天在、时刻在。于是，少先队大队向全校队员发起了倡议，倡议队员们天天学雷锋，时刻学雷锋。同时，少先队大队还启动了以小队为单位的"学雷锋志愿岗"课程活动，延续至今。利用每周二的队日午休时间，各中队的小队长组织各小队成员轮流到本中队指定的服务区做义务服务，将责任下沉到小队，使队员们参与活动更充分。每次活动，小队长举起小队旗，带领小队成员积极开展服务活动：制订计划、分工合作、反馈意见等，使队组织功能得以自转起来。活动中，队员们为辛勤的老师打扫办公室卫生，为保安叔叔们清理传达室门前的环境，为科任老师整理学具，为体育老师整理器材等。在每周学雷锋的课程中，在力所能及的劳动中，队员们培养了多方面的能力，提升了服务意识，更加明确了责任的担当，懂得了"赠人玫瑰，手有余香"的道理。

4. 周末家庭志愿岗，亮家庭成员好风尚

北小的学生们十分幸运，从上一年级时就有机会体会到"劳动最光荣"的含义。虽然一年级的小同学们还没有入队，还没有机会体验到北小少先队组织中丰富多样的劳动岗位，但幸运的是他们可以和其他年级的哥哥姐姐一起参与到少先队创立的北小"周末家庭志愿服务岗"课程中，充分体验家庭服务的乐趣和意义。学期初，北小的学生们将收到一张少先队大队发给每位同学的"周末家庭志愿服务岗"课程表格，由家长和学生一起商议制订出周末参与家庭服务的时间和项目，并将其张贴在家中醒目的地方，作为检验和评价每周家庭劳动课程的依据。每到周末，同学们就按照之前制订好的时间和项目进行家庭劳动，家长负责监督劳动的过程及效果，负责收集劳动的影像，负责劳动结束后的评价。学生们很期待每周的家庭劳动。结合劳动的效果，每个月的劳动项目还可以调整，从洗自己的小袜子到洗全家的袜子，从收拾碗筷到洗碗筷，从收拾自己的房间到整理全家的房间，每位同学都在劳动课程中得到了锻炼，学会了劳动的技能，同时更有责任心，更有家庭意识，也更能体会父母的辛劳了，是一种从量变到质变的过程，更是一种宝贵的收获。

北小的学生们不仅在少先队大队的劳动课程中人人有岗、人人劳动，在每个班级、每个中队中同样也承担着各种各样的服务岗位。北小的劳动教育，使学生们更机智、更包容，使每位队员更多了一份责任、一份担当。相信在不久的将来，这里的学生们也会扛起建设祖国的重任，也同样会用自己的责任与担当扬中国风采，展中国气质。

(四)搭设和谐共促的互助平台

案例：共情互助，在爱中成长

教育学生需要爱心，但只有爱是不够的，真正的教育是爱与智慧并存的。学生坐在教室里害怕磕着碰着，这样的学生就像温室的幼苗一样，经不起风雨，终将枯萎。而雄鹰之所以能展翅翱翔，是因为有广阔的蓝天等待着它去探索。每个学生都是一个班级发光体，只要每个人都积极向上，班级就能充满正能量。班集体要营造积极向上的氛围，每个学生都是一个小的个体，在集体中生活的每个人都要充满热情，学生们在集体中感受着集体赋予他们的正能量，有了这种正能量，就能激发学生的上进心。学校的"四季课程"就很好地为学生搭建了和谐共促的互助平台，让学生们学会了互助互爱。

镜头一：开展节水活动，让玩水的他变成节水"小卫士"

一年级新生入学一个月，教师总是能发现小鸣同学一上课，头发就是湿的，有的时候衣服裤子上都是水，后来经过课间观察得知，小鸣总是玩水，洗手时使劲一开水龙头，水花四溅，他觉得很有意思，因此，每次从洗手间回班，他的身上、头上都是湿漉漉的。每次看到他头上有水，教师都拿纸帮他擦水，他瞪大眼睛望着老师，嘻嘻地笑着可开心了。正值学校开展以"保护环境"为主题的课程，利用这个教育契机，教师在班中开展争当"节水小卫士"的活动。第一批上岗的"小卫士"教师就选择了小鸣同学，他没有想到老师会如此重用他，别提多高兴了，一下课就在水龙头边上提示同学们要节约用水。教师还利用班会课的时间开展了"珍惜水资源"的讨论。小鸣在节水活动中知道了不能浪费水资源。

镜头二：开展朗诵比赛，"大力士"变成"小百灵"

教师发现，小鸣同学还非常喜欢朗诵，教师观察到他有很强的朗诵优势，课上读书的声音洪亮，很有气势。教师发现小鸣的这个爱好以后，就经常给他一些朗诵的机会，比如语文课上让他为大家领诵，效果很好，同学们在他的感染之下都找到了朗诵的感觉，小鸣也找到了自信，更加喜欢朗诵了。夏季课程，同学们很喜欢静心读书，全校同学积极开展各种朗读活动，全校掀起一阵读书的浪潮。年级开展了"童声飞扬小百灵"的朗诵比赛。小鸣是全班第一个拿到过关证书的，凭着这个第一，他认真准备接下来的第二关和第三关，最后代表班级参加区里的艺术节，拿到了朗诵一等奖的好成绩。

其实，教育学生就像牵着蜗牛散步。和学生们在一起虽然也有失去耐心的时候，然而，学生总会在不知不觉中向我们展示生命最初、最美好的那一面。学生的眼光是率真的，学生的视角是独特的，学校开设的四季课程，让老师放慢了脚步，用宽容和理解的眼光，用无限的爱心，去陪伴学生静静体会生活的滋味。

案例：在生日会课程的实践中不断成长

过生日，对于今天城市里的孩子来说并不陌生。但学校里过集体生日，意义是不同的。北京小学一直有每月给学生过集体生日的传统，这不仅在传递一种家的温暖，而且试图用一个生命的成长影响其他生命的成长，进而形成一种利于个人成长的集体氛围，给予个体的成长以新的动力。作为一个中国人，每个人都有属于自己的生肖。12 岁，对于一个中国孩子来说，是具有特殊意义的一个生日——在生命中走过了第一个十二年的轮回。作为生活在北京这样一个国际化大都市的孩子，同学们已经积累了很多成长体验，是时候帮助他们提升对生命的认识，形成具有中国底蕴、首都风范的价值取向了。因此，我校的生日会课程将搭建和谐共促的互助平台作为突破口来实现其教育目标。

1. 树榜样形象促成长

生日会给学生创设了一个呈现自己成长的平台。这个平台不仅仅是要呈现个子长高了、身形长大了的外形成长结果，更要引导他们深入思考，什么是真正的长大。在生日会的启动会上，老师特别设计了"××岁时，我终于……"的话题，引导大家开启成长记忆的分享。

这样的提问果然引发了同学们踊跃的回答：我终于学会了走路，终于学会了拿筷子吃饭，终于不再害怕黑屋子，终于学会了跳绳，上学终于不哭了，在班里终于交到了好朋友……这时老师总结道："这些小小的目标已经成为一个个成长的标签，但它们也曾经是我们每一个人最艰难、最害怕、最担心，并为之努力的事情，当一个个小目标实现了，它们就变成了一项技能、一种品质，一种融化在血液中的自然而然，变成了我们人生旅途的标志，证明着我们的成长……"从关注自己外形的变化，到感悟自己心智的成熟，这样对生命的回顾、感悟过程利于学生从深层次体会"成长"的含义，这样的生日也过得更有意义。

在此基础上，生日会还特别在年级中挖掘了一些具有代表性的成长榜样，通过拍摄短片分享成长故事：自主组建的数学社团在自我规划、互帮互助方面给大家做出表率；积极锻炼的运动健将不怕吃苦的精神震撼着大家的心灵；服务集体、热爱劳动的小干部以实际行动告诉大家，成长需要脚踏实地做好平凡的事情。生日会现场选取的事例紧紧围绕着社会主义核心价值观的基本内容展开。"爱国、诚信、文明、友善……"一次成长中的感悟就是思想教育的切实落地。

在一个人的成长过程中，如果榜样总是高高在上的，那么也许学习者就会失去主动效仿奋发向上的动力。但是，如果发现成长的原动力就源于自己，他就会很容易焕发继续前进的动力。如果成长中的榜样就在身边，是自己熟悉的同学朋友，他也很容易树立新的目标，自我规划发展。本次生日会将以往简单的展示照片的环节，改变成一段感悟成长、激发成长动力、树立榜样的过程，加大了学生在生日会上现场思考的深度，让社会主义核心价值观与学生成长经历紧密结合在一起，价值观教育收到了较好的效果。

2. 扬学长风范共成长

生日会打开年级的大门，使每个六年级学生都能走到全校小同学身边，在与小同学的交流中，思考和总结自己的成长。为了寻找双方交流的话题，高年级学生先在低年级学生中间启动了写成长求助信的活动，一个个疑问、难题装在小小的信封中飞到六年级同学手中。"我的英语怎么也学不好。""上课怎么记笔记?""我想当班干部，可大家不选我。""我和好朋友吵架了。"……铺天盖地的"为什么""怎么办"出现在六年级同学面前，这不仅很快地令他们回忆起自己的成长经历，而且给了他们一个反思总结自己成长经历的机会。每一个六年级学生都在这样的活动中认真地扮演着学长的角色，他们充满热情地参与了活动。

讲述需要高水平深入的思考，在成长的道路上，这些六年级的学生似乎从来没有像这样停下来认真地思考自己的成长。不管是成功的小窍门，还是令人唏嘘的小遗憾，都在讲述中传递着智慧和爱的温度。慢慢地六年级同学成为学弟学妹们眼中的榜样人物。他们不仅分享了自己成长中的难忘经历，还通过拍摄影片，讲述班集体中每一个人如何团结凝聚最后赢得胜利的故事，讲述自己和好朋友的故事。六年级学生在讲述分享中，不知不觉地收获了宝贵的成长经验。这样的经历会使他们受益终身。

在生日会上，学生还编排了一个小小的穿越剧。由一对姐妹表演乘坐时光机回到从前，穿越的女孩带领大家回忆了自己十二年成长经历中的关键事件，比如出生、上幼儿园、上小学、加入少先队等。在回忆的过程中，教师特意邀请了十二名同学扮演十二个生肖人物，和大家一起回忆十二年里发生的国家大事，如2008年奥运会、上海世博会、"嫦娥三号"发射、中华人民共和国成立七十周年大庆等等。这个节目深深地吸引了学生和家长，大家一方面对自己的成长经历感慨万千，一方面又为十二年来祖国日新月异的发展变化而激动雀跃。时间轴上丰富的内容使家国情怀得以在孩子心中潜移默化地扎下了根，大家都感受到个人命运与祖国发展息息相关。成长在首都的孩子，应该具有国际视野，要培养从小关心国事的情怀。

教育并不仅仅是给学生讲述一大堆人生道理，等待他们吸收和接纳，还可以是给他们一种角色，帮助他们焕发动力，自己去感悟人生的真谛。孔子曾说："三人行，必有我师焉。"每个学生的成长经历都是一份宝藏，用学长的角色激发学生动力，将使校园中营造起健康向上的绿色生态，使学生大手拉小手共同健康成长。

3. 搭家风舞台悟成长

每一个家长都是孩子成长道路上的榜样，每一人的成长都摆脱不了原生家庭的影响。在生活中，我们中国的父母大多是用实际行动给孩子以影响，较少和孩子用语言沟通。在孩子过生日的时候，以此为话题进行交流，家庭之间相互学习、相互影响，这将是一份珍贵的生日礼物。所以在生日会上，有的孩子通过自己的观察讲述父母身体力行的榜样故事，有的家长表扬孩子传承美好品德的实际行动，有的一家几代人讲述家人对某种品行的坚守实践。"富强、民主、公正、法治、敬业……"在这个板块里选取的事例仍然是紧紧围绕着社会主义核心价值观的基本内容展开的。树立家长榜样形象，鲜明家风传承重任，既是对前面板块社会主义核心价值观涵盖内容的补充，又是对学生未来走向社会、深入生活做正确的引导，是学生思想教育层次的再次提升。

生活在北京的孩子拥有较好的教育环境，家长们对孩子的期望是很高的。随着社会生活节奏的不断加快，家长们很容易陷入育子的焦虑中。班主任们针对情绪焦虑的家长送上一封书信，劝导家长们珍惜陪伴在孩子身边的日子；年级促进教育委员会的家长代表集体送上一首自创小诗《孩子，请你慢慢来》。这样的情感体验，与日常生活紧密地联系在一起，对父母对孩子都是一种心灵的触动。生日会现场，家长与孩子交换了亲笔书信，深情相拥，很多家长和孩子一起流下了激动的泪水。家长与孩子在生日会现场一齐成长，对学生未来的发展及家校共育文化的形成都起到了重要的促进作用。

12 岁生日会是北京小学的一个品牌教育活动，它是绚烂的舞台，更是启迪人生的成长课程。通过搭建和谐共促的互助平台，树榜样形象激发成长动力，扬学长风范感悟成长奥秘，搭家风舞台共促成长发展，我们始终在探索的路上。

案例：大手拉小手，学长做榜样

谈到"和谐共促"，让我们想到了中国力量。习近平总书记提出的"一带一路"伟大倡议就充分体现出中国气质，与世界各国携手同行，互帮互助，与国际伙伴共赢的理念，既体现出中国的开放与包容，又充分展现大国气概、大国风采。

突如其来的新冠疫情，中国人向世界呈现出防控疫情的中国气质。不论是战疫一线的医护工作者、科技人员，还是奋战在一线的各社区党员、群众志愿者，大家互相搭台补台，共同努力，他们都在以互帮互助的方式诠释着中国早日战胜疫情的努力。同时，面对世界疫情的大暴发，中国展现在世人面前的是大国的气度，第一时间伸出援手，帮助他们一起战胜疫情。这就是中国气质、中国力量、中国速度。

作为一名教师，面对今天一个个家庭中的独生子女，如何让他们在有限的校园学习实践中，达成和谐共促、互帮互助的校园生活氛围，是一种很好的成长体验，需要教师为其搭建和谐共促的互助平台，使学生在实践中体会共促与互助的快乐。

1. 搭建日常互助平台，促生生和谐共促。

在校内日常的生活中，处处体现着生生间的互帮互助。

开学第一天，学校安排五、六年级的学长，在校门口迎来第一天来上学的弟弟妹妹们。大手拉小手，增加亲近感。学长们亲切、耐心、热情地与新同学们对话，一句句"你叫什么名字？""你喜欢这个学校吗？"消除陌生感的话语，拉近了彼此的距离。

每天的眼保健操时间，总会有学长轮流到一年级各班带操、指导，那股认真劲儿，真像一位位负责任的小老师。学长们不仅是在纠正弟弟妹妹的动作，提升爱眼质量，更是促进自己提高做操的准确度，更好地爱护眼睛，保护视力。

午休时间到了，学长们走进一年级各班，给弟弟妹妹读少年报，带领他们开阔视野，学习知识。为他们打扫教室卫生，擦桌椅、整理小柜子等，做自己力所能及的事，展现做学长的责任。在队前教育中，哥哥姐姐们还会认真地给小同学们讲队课知识，了解少先队的历史，学习佩戴红领巾的方法、学唱队歌等。在一次次的讲授中，学长们更加增强了对少先队组织的认识。

午间休息时，学长们还会带着小同学们一起到户外做游戏，认真地组织，用心地安排，快乐地相处，拉近了生生间的距离，和谐融洽，共促成长。

2. 开展节日共促课程，促生生榜样先行

和谐共促的互帮互助，不仅体现在校园日常生活中，面对社会我们更加有责任和义务，为更多需要帮助的人做些自己力所能及的事情。

每年六一儿童节前夕，北小广外校区的校园里热闹万分，"六一红领巾爱心义卖"已经成为我校少先队一项固定的夏季课程，在师生的共同参与下，每一次都圆满完成。课程中做到人人参与，利用美术课堂和小组活动时间，同学们设计、制作一件件精美的手工艺品，团扇、风筝、小钟表、花雨伞、小相框、装饰包等，都出自每一位同学的精心设计。这些作品成为每次义卖中的亮点，除此之外，同学们还带来了书籍、玩具、文具等物品作为义卖品出售，义卖现场十分热闹，每位同学都收获满满。最终，学校将每次的义卖善款全部捐赠给孤残儿童福利院和老年公寓这些需要社会帮助的机构。献出一份爱心，营造和谐共促的互助氛围，是学校为每个学生搭建的平台，让学生们懂得爱是相互的，爱是需要付出的。

每年国庆节前后，学校少先队大队如约组织全校师生参与"爱心暖流"的社会捐助活动，多年来已成为北小秋季课程中的一部分。同学们利用国庆假期，与家长一起必做的一件事就是在家中整理闲置衣物，洗干净、叠整齐，准备国庆后带到学校参与爱心捐助。每一次，各班都自行统计，自行整理好后交到学校，捐赠的统计表也会一一写清捐赠人的名字和数目，做到有条不紊，秩序井然。每年北小师生共同努力，最终向社会捐助近 6000 件衣物，帮助贫困山区的孩子们。

这就是北小为学生们搭建的和谐共促的互助平台，它让生活在大都市的独生子女们有机会体会到什么是互帮互助，怎样才能营造和谐的人际关系，使其达成共同发展的最终目的。这也许就是所谓的中国气质的缩影吧，是一种中国力量在校园中的体现，作为教育者，我们要好好把握，为学生们的健康成长搭台助力。

班集体的建设是影响小学生精神世界形成的主要因素。校本课程为班级学生的精神成长提供了丰富的教学资源，教师们敏感地捕捉到了这些宝贵的教育资源，针对学生的思想实际制定课程的总目标和分目标，使得每一项课程活动都有了符合本班、本年级学生实际的"思想灵魂"。这样的结合，使得学生在课程中的成长拓宽了领域，得到了精神层面上的深化。

三、助力学生收获"价值意识"

(一)多元的教育目标丰盈教师魅力

随笔：四季课程中教师角色的转化

算起来，老师们开始思考四季课程是在 2012 年的那个夏天。我们深刻地感悟到北京是个四季分明的城市，从那天起，春夏秋冬四个季节的轮回就转换成了课程筹划实践的节奏。今天回想起来，我们团队中的每一位教师的角色都在悄悄地发生着变化。

1. 课程资源的开发者

老师们至今还记得，在策划第一次课程时的紧张和手足无措。第一次离开课表，第一次离开学校的作息时间，第一次离开熟悉的课本，那种焦虑是一个旁观者无法想象的。在抽象的课程理念面前，在"综合实践"这个主题面前，老师们突然没有了以往的权威感。在课程筹备阶段，我们开始发动各种关系，通过各种渠道，挑选符合学校课程主题的教学资源。我们联系科技馆，寻求家长帮助，聘请专家助阵。当时，在策划课程结构时，我们更多考虑的是课程资源之间内容上的逻辑关系。

2. 课程过程的参与者

当找到一定数量的课程资源之后，老师们才发现一些新鲜的课程资源有时也未必符合学生的需要。于是老师们又开始思考：什么样的课程才是学生喜欢的？怎么上学生才能获益？在课程实践的过程中，我们开始将一些学校日常教学中先进的理念和做法移植到四季课程中，比如在"模力创想"课程中我们根据学生的实际水平进行了分层教学，其中一个班级聘请的指导教师就是我们年级的一位学生。在"篮球嘉年华"课程中，开设了不同领域的篮球文化课，如绘制篮球文化衫、篮球技能技巧培训、团队合作拓展、啦啦队排练等。学生可以根据自己的爱好和实际需要进行选择。

在这个过程中，更多的老师慢慢地参与到课程实施的过程中来了。当语文老师、科学老师在运动场上为运动员指点战术的时候，当数学老师在美术教室和学生一起绘制篮球队队服的时候，当体育老师兴奋地与学生一起完成篮球报告的时候，当美术老师安慰一支在比赛中失利的篮球队的时候，当班主任给啦啦队做舞蹈指导的时候……都忘记了自己原来执教的学科，无一例外地沉醉于满足学生发展的成长需要。

然而在这个初步探索的过程中，老师们仍然没有完全深入地把握住综合实践这门学科的本质。在参与课程建设的过程中，老师们依靠更多的是对课程的热情、教师个人的爱好及综合性的教师素质，而非对综合实践本学科内涵的把握。

3. 课程实践的领导者

课程一轮一轮地推进，随着实践经验的积累，在课程策划会上，老师们不再发愁干什么，而是为了一个具体的课程内容适不适合学生争论得脸红脖子粗；在与某公司谈合作项目时，当他们的负责人滔滔不绝地介绍时，老师们常常会打断他："不，这不是我们想要的。""那学生受益的是什么？""我们想要的是……"

应该说，当老师们进入2013年的秋季课程时，课程的意识和角色感已发生了很大的变化。那一年我们没有请众多的专家助阵，而是将更多的时间留给了学生。两次辩论会，两天的动手实践。"科技改变生活"这个带有思辨性的问题，引领学生从质疑到印证，从感悟到实践。在那样的选题中，没有标准答案，教师只能带领学生去寻找答案。在学生思考的时候，老师们要耐心等待；在学生找到答案时，老师们要引导他们进行思想碰撞；在学生尝试实践的时候，老师们要加油鼓劲；在学生遇到困难时，老师们要安慰和启发……应该说，教师能给学生技术上的指导很少，这样的过程，却让老师们似乎把握到了教与学之间最本质的东西，也令学生们大呼过瘾。

"在本次课程中，我最喜欢'搭纸桥'。在这个活动中，我们完全依靠自己的力量寻找材料、设计画图、搭建实验。在纸桥的桥墩里，我们放入了一千多个小纸卷，那是我们自己想出来的办法。我们用手一个一个地搓纸卷，手心搓红了，手指起了泡，但我们都很开心，一连干了三个晚上。即使最后我们搭建出来的并不是最结实的桥，但我们每个人都十分享受这个过程。"

"在动手实验的体验中，'诸葛连弩'给我留下了深刻的印象。一开始我连瞄准都不会，经过三次脱靶后，我掌握了一些规律。第四次，我打高了；第五次，我调整了瞄准点，打低了；第六次，瞄得很准了，子弹却突然没了力气，掉在了可乐瓶前；终于在第七次瞄准的时候，我成功命中靶心！我喜欢这个实验，从此我记住了一个名词——抛物线！"

"在这次课程学习中，很多活动我们都要依靠自己的力量完成。动手的实验要自己想办法，人人通关；新闻发布会、辩论会要自己搜集资料，精彩碰撞；搭纸桥要自己准备材料，合作实验……没有了家长和老师的帮助，的确遇到了很多困难，每个人都忙得不亦乐乎。我们的作品并不十分精美，但我们喜欢接受挑战的过程。"

"在辩论会上，同学介绍的'科技神器'让我们深感科技发展给生活带来的便利，但同时大家也找到了'雾霾''白色污染'等事例说明了科技给人类带来的危害。在激烈的辩论中，大家都感到'科技是一把双刃剑'。这次课程教给我们要正反两方面思考问题。"

当这次课程结束的时候，当老师们又回到自己学科的课堂上，拿起熟悉的课本时，大家发现自己好像开阔了视野，不再拘泥于知识的传授，课堂上又多了一份游刃有余。

(二)多彩的课程供给促进学生成长

案例：在"玩具小创客"课程中促进学生成长

"玩具小创客"是五年级一次秋季课程的主题，这一课程主题的确定，从学生认知规律、发展需求出发，发挥、尊重教师团队智慧，经过实践，老师们发现，这一主题深受学生们喜欢，得到了家长们的认可，切实为培养学生核心素养起到了推动作用。

1. 整合资源，多角度走近创客

参与课程的开发与实施的过程中，最令老师们感慨的就是学校所拥有的强大的资源供给力量，包括已有的课程专家资源、教师资源、家长资源，以及不断挖掘、借助的社会资源。所有的资源都为推进课程的发展起到了支撑作用。

(1)整合社会资源，走近创客。在课程实施中，科学老师为学生请来科技馆的老师深入各班指导，联系中国科技馆的负责人，为学生组织专场讲解、体验活动。在科技馆的实践活动中，学生们在讲解员的引领下，通过聆听、观看演示等方式了解了中国古代建筑中最具特色、创造性的榫卯结构；亲身体验了解古代印刷术的特点。活动中，学生们感受到古代劳动人民的智慧，感受到中国历史长河中创客大师们的辉煌成就。参与活动的家长感叹，来科技馆许多次，以往只关注二楼以上展现现代科技发展的展区，而忽略了我们老祖宗留下的宝贵财富。这样的体验与收获可真是第一次。

老师们还邀请到了中关村自主创业园的创客公司培训师、创意讲解师。他们给学生们带来了国内外创客们的新鲜创意，带来了许多奇思妙想……通过请进来，走出去的方式，让学生不断发现创造带来的变化，感受到创意的魔力，从而不断激发学生创新的兴趣、创造的灵感。

在走进博物馆，与创新研究者们的对话中，学生们更加感受到了中华民族的文化魅力、中国创造的力量，进一步激发了对祖国的热爱之情。

(2)借助家长资源，走近创客。为了给学生搭设玩具改造、玩具设计的阶梯，学生家长帮助我们联系到天下模玩收藏馆进行参观。这家收藏馆是几个人在个人收藏的基础上共同建设的一家迄今为止最大的私人玩具展馆。通过参观，学生们对于玩具的发展、变迁有了新的认识，并且感受到玩也是一种坚持，玩中也能有所收获。

如此丰富的课程资源，帮助学生们从古至今，从国内到国外，全方位、多角度地走近创客，了解创新对于推动社会发展的意义，感受创造带来的乐趣！

2. 创新模式，多种形式做创客

在课程实践中，老师们紧紧围绕着学习主题，运用多种学习模式，为学生搭建创新阶梯，体验做创客，激发学生创新意识，提升创造能力。

(1)校内外实践互动模式。通过参与课程实施的全过程，教师们将本次课程总结为3＋2的校内外实践互动模式：3——校内安排的3天学习、实践内容；2——校外实践体验活动。

校内、校外活动都紧紧围绕着一个主题：玩具创客。校内、校外活动环环相扣，层层递进，帮助学生了解创新——尝试创新——自主创新，每一项内容、活动的设计都为学生的进一步发展，达成课程目标打下坚实基础，为学生获得成功服务。

(2)自主实践与小组合作关联模式。课程学习过程中，我们关注学生的差异，尊重学生差异，为学生营造轻松、愉悦、平等、自主、合作的学习实践氛围。每一项活动，教师都通过小组合作与自主实践相关联的学习模式，将学习实践的时间、空间充分交给学生。让学生们既能自由驰骋，又有所依托，从而获得发展。如课程最后一个板块"玩具博览汇"的设计中，既给每个学生创设展示的平台，让学生们介绍自己的创意玩具，又通过评选最具创意的班级作品的形式关注团队合作的成果评价。让学生感受到班级、团队的整体发展，增强班集体团队建设意识。

学习过程中，教师们关注学习方法的运用与指导，帮助学生扬长补短，多元化发展。通过鼓励学生运用思维导图进行玩具整理，帮助学生借助这一新的学习、记忆方法学习梳理、分类；通过阅读与玩具相关的书籍，进行好书推荐，让学生进一步感受阅读的作用；通过绘制未来的玩具，让学生尝试将幻想变为现实的方法。学生通过选择读、画、写、谈等多种方式学习、展示，激发创想，发展个性。

新颖、活泼、多样的学习方式，让孩子们自由想象，相互启发，个性飞扬，在成果展示中教师发现，孩子们个个有成果，班班有精品。

学习、实践中，教师更关注对学生行为习惯、思想道德的培养与引导。每一次外出活动前，都结合活动内容有针对性地进行安全、自护、行为礼仪方面的教育。在课程成果汇报时，教师结合感恩教育，开展了"感动瞬间 师恩难忘"的主题活动。看到学生们上交的作品，教师深受感动。短短一周的课程季，让老师们深刻体会到学生们创意无限，心怀感恩！

像这样的课程学习与实践伴随着学生的成长，为学生拓展学习视野，引导学生感受中国文化的魅力。在学习实践中，学生的学习能力、实践能力、创新能力都得到了提升。四季课程内容的多元化与学习方式的多样性促进了学生的成长。

习作："胡同里的中国年"

大家好，我是六（2）班的一名同学。刚刚结束的寒假是那样的与众不同，因为在这个寒假里我们进行了一次有趣的课程学习，课程的主题

269

是"胡同里的中国年"。

今天是开学的第一天，我们兴奋地走进教室，聊起了丰富多彩的假期生活。往常我们谈论的话题都是到国外旅游的见闻，交换各种旅游中购买的纪念品。而今天一进教室，大家的课桌上都摆着红灯笼、面人、毛猴、春联，北京小吃……到处喜气洋洋。看，黑板上写着我们本次课程学习的主题，看来今天我们要召开一次课程学习交流会，大家已经迫不及待地谈论上了。听——

"嘿，你们知道吗，寒假我去了北京最窄的胡同——钱市胡同，站在胡同里我的胳膊都伸不开。哈哈哈哈……"

"你知道北京最长的胡同是哪儿吗？"

"知道，东交民巷。我也去了。看，这还有照片呢。我还去了拐弯最多的胡同，你猜怎样，它叫九弯胡同……"

"你们知道走在胡同里，怎样通过院门判断主人身份吗？来，看我照的照片……"

同学们的讨论，勾起了我的回忆：记得那是上学期的最后一天，老师在冬季课程的启动会上，请来了首都博物馆的老师专门给我们讲了胡同文化。这节课给我留下了深刻的印象。这时，我才知道，北京的胡同不仅历史悠久，而且各有特点，大有学问。我暗暗下定决心：作为北京人，这个假期我一定要走遍京城有名的胡同，探索胡同里的秘密。

放假以后，我早早地和爸爸妈妈约好，制订了详尽的计划，每个周末我们都探访几条有特色的胡同。走在胡同里，我第一次发现了这古老胡同的优雅，胡同里的门墩、门廊竟然还有那么多的讲究，胡同里的爷爷奶奶竟然是那样亲切……从胡同里回来，我买来了一摞关于北京胡同的书籍，开始了我的研究……

我正回忆着，上课铃声响了，老师走进教室。"同学们，这个寒假，我们围绕胡同里的中国年展开了课程学习，谁来说说自己的收获？"话音刚落，大家都迫不及待地举起了手。

"大家来看我的重大发现，"一位同学举着课程手册走上台来，"我发现北京的胡同不仅有以名人命名的，还有以水井命名的、以动物命名的……""我们也做了这项调查……"大家沉浸在热烈的讨论中。

"我们小组不仅参观了胡同里的名人故居，还一起阅读名人的传记。"一位小队长的汇报博得了大家热烈的掌声。

"我们小队还采访了胡同里的老居民，看，我们意外地遇到了会捏面人、做毛猴的民间艺术家，老爷爷不仅给我们讲了老北京的艺术，还让我们每个人都动手制作，瞧，这就是我们的作品！""哇，太棒了！"教室里掌声雷动。

听到这里，我不禁又想起了我的寒假生活：奶奶家就在胡同里，这个寒假我邀请了许多同学去我家做客，爸爸妈妈、叔叔阿姨，还有邻居家的弟弟妹妹，我们一起剪窗花、做灯笼、贴春联、包饺子，可热闹了！爸爸妈妈说，他们有好多年没有这样红火地过年了。我们这些从小就生活在楼房里的北京人，第一次发现在胡同里过春节年味儿特别浓！当我把这些讲给大家听时，同学们热烈欢呼："我们大家都想去！"

"大家别急啊，"一位同学又站了起来，"看，这是我搜集的北京胡同里有名的小吃店，我还给大家带来了北京的小吃呢！"同学们再也抑制不住，教室里此时成了欢乐的海洋……

课程学习交流会结束了，但我们对于这个主题的学习还在继续。这个寒假使我们走近了老北京的历史，走近了老北京的文化，我们忽然发现这座从小生活在其中的城市，就是我们最好的学习资源，随着学习的不断深入，我们要自豪地说：我们爱北京！

(三)拓展的交往空间转变学伴关系

案例：从"反孔精英"到"英雄联盟"

——在四季课程中转化个别生

"反孔精英"和"英雄联盟"都指的是我们班的某一个小队，大家一定奇怪：这两款电玩游戏的名字与小队、与四季课程有什么关系？这还要从小孔同学的故事讲起……

提起小孔同学，相信很多老师并不陌生，这个从本校转到分校的淘气包，可没少给老师和同学添麻烦。虽然班主任老师对于这个孩子的顽劣、不合群做足了心理准备，但开学第一节语文课上他的表现，还是让老师着实震惊。那天刚打上课铃，就有学生纷纷投诉，不是课本被小孔撕坏，就是文具让他藏得找不着。老师批评的话语还未说完，他竟然不耐烦地站了起来，拿着水壶大摇大摆地走出教室接水喝去了！前脚刚走，就有几个孩子苦笑着说："老师，我们几个经常被欺负的男生为了应对他的恐怖折磨，成立了一个组织——'反孔'精英，现在正式欢迎您的加入！"

小孔身上反映出来的问题，归根结底是人际关系紧张，不会与师长相处，更不能与同伴友好交往。这是一个非常值得重视的问题，我们正处于一个合作发展、共存共荣的时代，是否具备良好的人际交往能力、善于与他人合作显得尤为重要。所以开学近四个月以来，为了转化这名问题儿童，班主任老师使用了各种策略：家校联手、个案跟踪、目标指引等，连他家的保姆都发展成了老师的"线人"……但真正让他产生质的变化、转变学伴关系的，还得说是那为期一周的秋季校本课程。

北京小学五年级"秋之思"科技创意周主题是"'变'利生活"。这次秋季课程，旨在引导学生通过改变或者创新某种物品，使其功能更为实用便利，更有利于人们的生活，从而培养学生的创新精神和实践能力。第一天，课程启动仪式刚一结束，小孔就赌气地询问老师，能否一个人完成创意作品。原来在自由组成小组的环节，没有人愿意和他分为一组。此时教师突然意识到，这是改善小孔人际关系的绝妙教育契机。教师要创设情境，让他自己去寻找答案，从而增强合作的意识，明晰交往的原则。于是教师没有正面回答他，而是语重心长地说："古人曾在《礼记》中告诉我们'独学而无友，则孤陋而寡闻'。意思是：只有一个人学习，而没有朋友相互切磋、相互探讨，学识就会偏狭。"见他沉默不语，教师继而追问："如果没有团队其他人的支持协作，你可能获得所有你需要的资源吗？你可能在规定的时间内独自把全部的任务完成吗？"他摇摇头无助地说："谁叫他们都不加我的！"老师拉着他的手，走到所谓的"反孔精英"小组，问大家为什么不接纳他。有人说："他太霸道，得理不饶人。"有人说："他爱显摆自己聪明，无视别人的闪光点。"在七一嘴八一嘴的投诉声中，小孔第一次低下了高傲的头，支支吾吾地表态："我、我……我能改……"其他学生在老师的眼神示意下，勉强同意让他加入，他也诚惶诚恐地赶紧承诺"保证做到帮忙不添乱"。经过这个小插曲，不但让小孔摆脱了孤独和寂寞，被群体所接纳，从而获得归属感，而且懂得了换位思考、尊重他人、宽容谦让是一切合作的前提。

课程设计的活动内容有："变"利生活之启迪、"变"利生活之寻找、"变"利生活之创想、"变"利生活之体验、"变"利生活之实践、"变"利生活之展示。在如此丰富的课程安排中，教师有意识地给予机遇，让小孔自己去抓住。拓展空间，让他自己去加深体验合作的重要性，切身感受成功的喜悦。比如，全班要去家居商场寻觅便利生活的设计，教师提前几天就任命他为队长，拍着他的肩膀鼓励说："你们小队能否在规定的时间里，参观完最多的展品，获得最多的灵感，就全看你的啦！"没想到，他居然利用周末时间，拜托家长到实地考察，领取了免费的路线地图和宣传画册。真正的考察开始了，教师作为随行老师，亲眼见证了该小队的短时高效。当其他组的成员纠结于先看厨具还是卧室摆设时，小孔已经有条不紊地剪下了自己队员感兴趣的商品图片，并按照地图上的标示抄小道直达目的地了；当其他班的同学在各个展厅奔波得气喘吁吁时，该小队的孩子们却在小孔的带领下，喝上了免费续杯的风味饮料；当有人无不羡慕地感叹道"我要是小孔那个小队的该有多好"时，教师看到他嘴角边浮现出了被肯定和认可后的一丝微笑。可见，学生在团体中被赋予相应角色、正确认识到自己存在的价值时，他们就能够成为课程学习的积极参与者，而且也能勇敢承担相应的学习任务，并且可以激励、强化日后的行为表现。小孔所在小队都是喜欢昆虫的男生，所以他们设计的作品是捕虫器。根据"飞蛾扑火"的常识，让纸筒上的灯发出光，吸引昆虫进入指定位置，触动机关后上面的盖子会扣下来。记得成

273

果交流展示那天，人人都争相在全年级师生面前汇报，小孔一反常态让小轩上场露脸儿，自己非但一言不发，还心甘情愿地一直为同伴手持着麦克风。老师好奇地问为何这样，他解释说："我在实验的时候遇到了许多棘手的难题，比如，捕虫的网子用什么材质？灯泡电源如何解决？都是同组的小轩同学帮忙出了主意——把丝网换成了量杯器的小桶，用手电筒替代了灯泡。我觉得理应让功劳比我大的同学来登台讲解。"几句朴实的话语，令人不得不为其竖大拇指。

小孔的微妙转变大家看在眼里，点滴进步更是记在心头。最后一天是全班翘首企盼的课程盘点，因为不仅可以凭借一周的表现盖上漂亮的印章，还能依据同伴的评价夺得特等奖。出乎小孔的意料，全班同学竟然一致推举他，小孔喜获殊荣！老师让举手力荐的人讲出理由来，有人说："去圆明园实践那天，突然下起了小雨，他招呼三个同学和自己共撑一把伞。"有人说："在清华大学的讲堂里传看风车发电仪时，他把摆放在自己面前的模型大方地递给了别人，他本来可以优先观察。"还有人说："当万花阵迷宫里走错方向的女生不知所措时，他凭着自己个子高看得远，从终点处倒推路线，带领她们走出困境。"……每说到一处，全班都报以热烈的掌声。按照惯例，该给每个小队拍照留念了。小孔提议说："我们小队还没有名字呢，就叫英雄联盟吧！因为我们几个人实力都很强，而且特别团结。"于是，当其他小队照相都喊"1、2、3，茄子！"的时候，小孔他们一群人兴奋地高呼："英雄联盟，与众不同！"教师赶忙按动了快门，定格下那最美的一瞬间。

短短的一周课程，教师亲历了从"反孔精英"到"英雄联盟"的整个过程，也见证了一个孩子难能可贵的进步。虽然秋季课程学习告一段落，但教师感到它对于小孔同学的深远影响和巨大推动刚刚开始。真心祝愿他能乘着"四季课程"不断推进和深入的东风，向着良性发展的目标继续迈进！

(四)独特的成长课程积蓄发展活力

案例:"玩"出了名堂

中年级的秋季课程侧重于拓展学生的知识范围、激发想象力,在培养动手能力的同时提升创造意识。在课程的实施与推进过程中,力争让学生在学习与体验中增强自信心,增长技能。可以说,集趣味性、参与度与体验感于一体的课程是学生最为期盼的,也为学生成长积蓄了发展活力。如何充分利用课程资源,引导学生在课程参与中获取新发现,激发新创意?教师在四年级《微生态》课程的推进过程中,在一次"偶然对话"中得到了启发。

1. 课程实施

场景一:

"哎,好不容易盼来的外出实践活动,竟然去动物园,真没意思!"

"可不,动物园有什么灵感可找?"

"二年级春游去的就是动物园,白期待了。"

......

从他们的言语中不难发现:课程周中安排的"走进动物园找灵感"实践活动,对已经去过多次的学生来说太缺乏新奇感,可见,他们还未明白这其中的关联。

教师快走几步,追上他们,笑着插话:"哟,你们觉得动物园没意思啊?我怎么觉得特有意思,我先问你们几个问题:你们知道长颈鹿的脖子和宇航服有什么关系?风暴探测仪是根据哪种动物的耳朵设计的?蝴蝶和卫星控温系统有着怎样千丝万缕的联系?"看着学生们目瞪口呆的小模样,教师继续说:"动物身上藏着好多秘密呢,科学家就是通过发现、研究这些秘密,激发了灵感,发明了各种各样的现代化制品。"

"真的?神了!""听您一说,我也想去动物园探探秘啦。"

老师悄悄笑了,因为她知道任务期待和好奇感的激发都会使这次课程活动成为一次难忘之旅。

场景二：

再次走进熟悉的动物园，学生们不再毫无目的地四处乱看，他们三五成群，人手一个笔记本，走进展馆，都追着标注语、提示牌边走边交流，边看边记录。之前议论动物园没意思的几个学生，更是兴致勃勃地读这儿看那儿，小笔头不停地写写画画。

"我知道啦，水母比恐龙出现得还早，是活化石。它的耳朵是顺风耳，有预测风暴的本能。"

"我找到长颈鹿和宇航服的联系啦！长颈鹿可以将血液通过长长的颈输送到头部，科学家通过对长颈鹿的研究研制出了宇航服，可以在太空中失重的情况下把血液输送给下肢。"

"王老师，我刚才看介绍说蜻蜓通过翅膀振动可产生不同于周围大气的局部不稳定气流，并利用气流产生的旋涡使自己上升。您说直升机的发明会不会和蜻蜓有关系呢？"

"你们太棒了！不仅在探寻答案，而且开始根据动物的特点找联系、想问题了。继续探究吧，我很期待你们分享新发现呢。"

场景三：

"来自动物的灵感"创意分享会上，学生们纷纷拿出了自己的创意作品，并且对设计理念侃侃而谈。

一个学生说："这是我设计的八爪鱼探测器，它是根据章鱼脚部吸盘的凸耳特点设计的，每个吸盘有极大的吸附力，作为海底探测器使用稳定性强，而且这个探测仪中间的装置还能像章鱼一样吐墨，便于遇到危险的时候让探测器迅速逃生。"

另一个学生展示："这是我设计的蛇形红外感应仪，它的躯干像蛇的身体一样，运动很灵活，尾部像蛇的尾巴一样具有警示和传递信息的功能。我请爸爸帮忙连接了线路，只要发现目标，尾部就能摆动，头部的红色灯泡会发亮，感应仪就会迅速接近目标。"

创意会热烈地进行着，学生们兴致勃勃，意犹未尽，在分享、沟通、碰撞的过程中，自信满满，学趣盎然。

2. 课程反思

(1)"玩"出兴趣。激发学生兴趣是课程学习与推进的关键所在。动物园，学生去了很多次的地方，对这个外出实践活动地点缺乏兴趣实属正常。如何以课程思想为依托，挖掘出"动物园"这个活动平台全新的价值，就要看课程指导者(教师)的着眼角度以及对课程实践切入点的把握了。教师将自己在课程前期学习中对动物仿生学的浅显了解以抛砖引玉的方式介绍给学生。动物是学生熟悉而有所了解的，而仿生学知识是他们第一次亲密接触，他们怀有新奇感与探究的兴趣。再次走进动物园，每一种动物在学生眼中都变得那么神秘，充满了探究的价值。以往被学生忽视的提示牌、宣传栏，如今都成了无声的老师，学生在边走边"玩"中交流着、学习着、汲取着。可以说，是兴趣丰富了课程学习，使学生增长了见识，提高了认知力。

(2)"玩"出个性。课程推进的过程中，每个学生关注的动物不同，选择深入了解的动物也就不同，而同一种动物身上又有着不同的特性，会给予不同学生以别样的创意灵感。在构思创意作品阶段，学生们根据不同切入点，自由组合，形成研发小团队，灵感碰撞、相互启迪、共同设计。在"创意分享会"上，"蛇形红外感应仪""蛋型地震逃生舱""蝶式空气清新器""水母式雾霾克星"……作品虽稚嫩，但美好。它们是学生们自主探究、相互合作的体现，也是学生们对未来美好世界的真情寄托。一个个来自动物世界的灵感被学生们"玩"成了一件件个性张扬的仿生创意作品。

(3)"玩"出名堂。短短一周的"来自动物的灵感"课程学习，学生们从开始的盲目无序到创意连连，教师从初期的忐忑不安到灵感频生，家长们从起先的忐忑观望到激动万分，每一个参与课程研发、跟进课程推进的参与者，都获得了各自素养与能力的提升。

家长们纷纷写来了课程感言。有的说，学生在四季课程中很"嗨"，自主探究、自主学习，从不需要督促，竟然向家长讲授课程学习的收获，分享自己的新奇想法。很少赞美学生的家长不禁为之鼓掌，为四季课程鼓掌。更有学生家长赋小诗称赞：

> 四季课程秋之思，
>
> 老师规划真精心，
>
> 娃们新奇来参与，
>
> 讲座实践和创意，
>
> 精彩纷呈不一般，
>
> 激发兴趣长能力，
>
> 唯我学校数第一。

"四季课程"从学生兴趣中来，尊重学生个性差异，给予了学生自由探知、自主创新的平台，因此赢得了学生不同个性、不同认知、不同情感、不同学力得以充分展现的生动局面，为学生成长积蓄了发展活力。真正实现了"玩"出名堂！

新闻报道：北京小学广外分校五年级秋季课程回顾

2018 年 10 月 25 日，北京小学广外分校五年级为期一周的秋季课程结束了，本次课程的主题为"互联网＋生活"。"互联网＋"的概念是小学教材中没有的内容，2015 年就成为北小四季课程的主题。在本次课程前，负责课程的于萍副校长组织老师们对学生、家长做了小调查，结果表明，绝大多数家长反对孩子上网，学生们除了网络游戏、在网上查找一些学习资料之外，对互联网的其他认识几乎为零。在很多家长和学生的眼中，互联网仿佛就是一个恶魔。在这样的背景下，于校长带领老师们积极开发课程资源，合理设计课程结构。10 月 19 日，在学生们的期盼中，课程正式启动。

课程第一天是周五，老师们邀请来自首都各行各业的家长走进班级，具体形象地讲述互联网在北京各行各业的应用发展，如互联网在现代军事战争中的应用、互联网与电力管理、互联网与金融发展、受互联网指挥的首都机场……家长们精心准备，充分运用了北京国际大都市的资源，带领学生们走进了高速发展的互联网时代，生动形象地诠释了

"互联网＋"的概念。

那个周末，老师给学生们留了一项作业——请在互联网上完成一次生活或学习体验，说一说自己的体验，完成一则网络体验日志。学生们欢呼雀跃，在家长的帮助下，有的购书，有的帮家人挂号，有的学会了扫摩拜单车……在家委会的安排组织下，很多学生还走进了西单大悦城工行的智能银行和建行丰盛支行的智慧银行，这两家银行采用新一代智能管控系统，所有智能设备目前处于国内领先水平，曾多次接待过许多国家元首和政要。很荣幸的是，我们的家长就是这个项目的主要设计人员。所以学生们不仅可以聆听专业讲解，还可以亲身体验未来无人银行的服务项目。

课程第二天，五年级全体师生来到了梦东方未来世界，这是一个以航空航天为主题的实践活动基地，在活动之前，学生们利用网络查询活动基地资料，建立微信群讨论活动路线，兴致盎然。活动当天，"火星小摆锤""黑洞迷炫""量子穿梭机""航天训练器"、VR小电影都给学生们留下了深刻的印象。

课程第三天，很多家长助教和老师一起向学生们推荐了在学习生活中有益的小程序，学生们边听边实践，深感互联网给学习生活带来的方便。

就在此时，学校邀请来的网络专家也纷纷登场，他们有的是金融界网络安全的管理员，有的是传媒大学的专业讲师，有的是公安大学的客座教授。他们站在专业的角度，在一个又一个的案例讲述中分享常识小知识，在活动现场，还演示了一些骗子运用最前沿的网络软件行骗的手段，令大家目瞪口呆，提醒老师和学生们要树立必要的网络安全意识，保护隐私，遵守网络规则。

课程最后一天，老师将舞台留给了学生们，各班都举行了"互联网是弊大于利，还是利大于弊"的辩论会。在辩论会上，学生们有理有据地展开辩论，在争论辩述中，他们学会了辩证地看待互联网，在实践中树立了自己的观点。于是一个个使用手机的小约定、一张张班级微信群的使用公约、一份份家庭上网的建议书火热出炉。学生们将自己课程的收获分享给家长和低年级的师弟师妹们，一次课程成果展在教学楼大厅开幕。

课程临近结束，五年级(7)班的夏雨霏说："以前我认为上网就是打游戏，经过一周的课程，我们不仅大开眼界，知道了互联网时代已经来临，而且知道了它也许会给我们带来的危险。以后的日子里，我们要学会正确地使用它，也要学会小心地与它相处。"

五年级的老师说："三年前，我们就做过这个主题的课程，这次再见面，真是很感慨，时代发展太快了！作为综合实践课程，我们针对学生的实际情况，没有上来就给方向和现成的答案，而是引导学生在充分的体验、实践中去发现，进而形成自己的观点。我们认为这样的思维探索过程，对学生很重要。"

一位五年级学生家长说："这次课程活动中有幸跟随孩子参与学习，见识到金融、电力、航空各行各业的前沿技术，见识了各路网络高手，感觉自己在和孩子一起成长和转变，生活在北小大家庭真好！"另一位家长说："一周的课程充实而愉快，让这些属于互联网'原住民'的'00后'，能够跳脱出来，站在更高的地方眺望互联网，未来的世界将由他们来创造！给极具前瞻性和现实性的秋季课程点赞，老师们辛苦了！"

"四季课程"简直是太棒了！参与过课程实践的老师和学生都这么由衷地感慨。四季课程，它使教师开阔了自己的教育视野，更加深入地感悟着教与学的本质，向着学校所倡导的"大教师"角色不断努力。对于学生来说，它像一片崭新的天地，任由学生们尽情地探索与遨游。它是一颗种子、一个舞台、一种活力、一份回忆，伴随着学生在成长的道路上书写更精彩的篇章。

第四节 "四季课程"在家庭

一、家校育人目标的相合

学者马忠虎编著的《家校合作》一书中提出："家校合力，使家庭教育和学校教育成为一个一致的过程，表现在二者在儿童培养目标上的一致，而且表现在家庭全方位支持学校的教育工作，学校尽全力帮助家长解决在教育子女过程中遇到的各种问题，这样家庭和学校才能在儿童教育过程中密切合作，相互配合。"[①]此界定指出家校合力体现在育人目标的一致性。我校多年一直倡导家校合力创建良好教育生态，并通过多种途径达成家校育人目标的相合。

(一)家校育人目标的区别

家庭和学校是影响青少年成长的两个重要因素，在青少年的发展过程中起着各自不可替代的作用。但是家庭教育和学校教育的育人目标是有所区别的。家庭教育中父母对孩子的培养和教育可以产生积极影响，也可以产生消极影响，因为家庭教育是"自然过程，它是在现实生活中自然而然地进行的，所以与其说它是教育，毋宁说是一种社会化更为贴切"[②]。家庭教育的目标往往体现的是父母的意志，常常受父母的经历、文化素养、职业、思想觉悟、志趣爱好的影响，同时父母制订的培养目标除了体现自定意愿外还加入了子女的能力、兴趣、爱好等因素，所以家庭教育目标是二者的结合。

而学校教育是目的性、系统性、组织性最强的教育活动，学校教育的目的是根据党的教育方针以及社会主义教育的性质制定的，它是法定

---

① 马忠虎：《家校合作》，49页，北京，教育科学出版社，2001。
② 筑波大学教育学研究会编：《现代教育学基础》，148页，上海，上海教育出版社，1986。

的，体现国家的意志。同时学校的培养目标要接受国家教育行政部门的直接监督，任何人不能随意改变。所以学校的培养目标是一个"集合"的概念[①]，它包括了不同类别、不同级别和不同的学生群体，因此学校教育相对理想而抽象。

如果家庭教育和学校教育目标不一致容易造成学校教育和家庭教育之间的矛盾，对受教育者的影响也可能产生冲突和抵消。正如苏联教育家苏霍姆林斯基说："教育的效果取决于学校和家庭教育影响的一致性。如果没有这种一致性，那么学校的教学和教育过程就像纸做的房子一样倒塌下来。"因此家校合力首先要解决育人目标的一致性。

(二)家校育人目标的结合

周丹对家校合作概念的界定是："家校合作是家庭与学校以沟通为基础，相互配合，合力育人，使孩子受到来自两方面系统一致、各显特色、相辅相成的教育影响，形成多种终身受益的必要素质，更好地社会化。"[②]文章强调"家校合作"既是一种关于家庭教育与学校教育关系的理念，也是一种处理两者关系的行为模式。所以家校合作，家校育人目标结合的价值在于让孩子成为完整、丰富的人。

北小"中国气质"课程的开发、建设为家校合作提供了一个系统长远的规划，极大程度地改善了家校合作的偶然性和随意性，让家校合作活动常规化、系统化和规范化，为家校育人目标的相合创建了更好的行为模式。

课程是孩子们的课程，同时也是孩子们的生活，而这一生活不仅仅是学校生活，还包括了家庭生活和社会生活，因此家庭参与课程的开发、实施不仅仅是家长资源的开发和利用，更是进一步丰富学校课程和促进学校课程改革的重要力量。家长在参与课程的过程中感受到孩子的

---

① 黄河清：《家校合作导论》，27 页，上海，华东师范大学出版社，2008。

② 周丹：《对家校合作若干理论和实践问题的思考》，载《无锡教育学院学报》，2001(2)。

成长，在深入理解学校育人目标的同时知晓学校对孩子的教育方式、学科设置和日常生活的教育，自觉用开放、吸纳的心态参与到学校课程中来，在参与中对自身家庭教育进行反思，自觉提升文化、教育素养，从而达到家校育人目标的相合。

二、家校育人关系的融合

(一)家校合作关系的推进

1. 家校命运共同体

华东师范大学的李家成教授在《家校合作指导手册》中说："家庭与学校是孩子成长最重要的两个世界；家长与教师是孩子成长最重要的关键人。家庭与学校，或家长与教师的关系状态，直接影响孩子的喜怒哀乐；其合作状态直接提供了孩子发展的资源、空间和路径。"[①]家庭和学校是命运相连的两类主体，家校教育的目的是一致的，在家校合作的过程中通过丰富的资源生成和整合的教育力量，不断促使孩子成长，促进社会化教育，让孩子成为一个完整的人。

同时家校合作对于家长的发展也有着重要的意义，家校合作可以促进家长转变教育观念，提高自身的教育素质的同时形成良好的家庭氛围，在良好的教育环境中让孩子的成长处于一个协调一致的教育过程中，促进各方面的发展。

家校合作对于学生和家长的利好是显而易见的，之所以称家校命运共同体，是因为对教师和学校的发展同样有着重要的意义。家校合作是促进教师发展的一个重要的方式，在家校合作中建立了良好的师生关系，正所谓："亲其师而信其道。"良好的师生关系是基础，能够让教师这个学生的"重要他人"在教育中发挥更大的作用。此外，家校合作中让教师提升素养的同时关注到学生的个体差异，使因材施教真正地实现，

---

① 李家成、王培颖：《家校合作指导手册》，1页，北京，北京大学出版社，2016。

落实到每个学生个体上。教师队伍的整体提升，家校合作形成的教育合力，以及丰富的教育资源，全面提高的质量对于学校发展的重要性不言而喻，这就是家校合力的意义。所以说家校合作是一种信念、一种理念、一种实践，打造家校命运共同体是我校一直坚持的。

2. 家校关系制度化

多年来我校坚持家校合作，将家校关系制度化。

(1)健全促委会常规工作机制。我校 2009 年出台了《北京小学促进教育家长委员会章程》，章程中指出了促进教育家长委员会的性质、宗旨以及产生的办法，对委员们的工作范围做了明确的要求。

学校自上而下成立了促进教育家长委员会(简称"促委会")，从校级到年级到班级，制定了相关的规章制度，从人员的产生到职能、分工以及任职时间都有明确的规定。每年班级都要通过民主选举的方式产生当年的促委会成员。每个新学年学校都要召开全年级促委会成立大会，在成立大会上交流工作方法，引导新促委会成员开展工作，通过稳定的合作教育制度，让家校合作落到实处。

(2)建立家校合力常规工作机制。学校还建立了日常家校合作的常规工作机制，学校定期召开家长会，开展假期家访、家长开放日活动、亲子运动会、家长沙龙、家长大讲堂、家长志愿服务等常规性工作，促进家校合作，统一教育理念。

(3)健全师资队伍培训机制。通过每年召开专题会议，提供专家讲座，强化家庭教育和家校合作育人的意识，总结和交流先进经验。同时还建立了校级家庭指导中心，由学校经验丰富的班主任和科任教师参加，通过培训教师、指导家长等方式发挥好家校合作育人示范引领作用，健全家校合作的队伍。

(4)建立"中国气质"课程长效机制。"中国气质"课程长效机制的建立与推进，让家校合作在共同愿景的基础上实现平等尊重、自主合作、共学共享。让家校合作关系始终保持着持续的、积极的过程，更好地促进了学生的发展。在平等对话、共同学习、相互分享中，每个人都学有所获、得到发展，这是家校关系融合的终极目标。

(二)家长群体关系的增进

"中国气质"的课程建设与实践让家校合作的途径与保障体系得到健全。在家校合作的背景下，我们让家长参与到孩子的课程学习中来，在课程研发、内容选取等方面听取家长的建议，促使家长主动与教师沟通，创设机会扩大家长之间的交流与沟通，彼此携手形成家长群体的合力，增进家长群体之间的关系。

1."协作伙伴"，营造合作文化

课程研发阶段，我们向家长发出邀请："我们需要您的协作，共同研发，助力每个孩子的成长。"这样积极、诚恳的态度让每一位家长都认识到我们是协作伙伴，从而营造合作文化。在每一次课程内容的商榷与实施过程中，家长的参与使他们的行动和努力与学校目标紧紧联系在一起，拥有内在的凝聚力。家校合作的重心在于参与主体之间的合作，只有家长和老师的内心有共育愿望，有合作的需求，才会用积极的心态做好每件事情。这样的合作文化让每位家长的参与、合作，经历了从分工到参与，从参与到伙伴，从消极被动到积极主动，从局外人向局内人的转变。家校合作，让家长成为协作伙伴，促使家庭和学校相互支持、紧密合作，这样一来，学校在教育学生时能得到更多来自家庭方面的支持，家长在养育子女时也能得到更多来自学校的帮助。

一位家长在参与了课程后颇有感慨地说："学校的课程构建了学习磁场，让孩子走进京韵文化，感受传统文化的魅力，激发孩子兴趣，让孩子乐于与家长分享、共同探索，让家校协同更具行动力。四季课程贴近生活的特色，使其教育效果在家庭教育中持续保温，让家庭教育更得心应手。家校教育一致性强，可以说是家校育人共同体的优秀实践。"参与课程让家长们进一步认同家校合力教育的重要性，让学校的教育理念与家庭教育无缝连接。这种开放性的教育让家校协同更具行动力，进一步促进家庭教育与学校同频共振。家长群体成为协作伙伴，营造合作文化，在尊重、自主、平等、共生的文化氛围中通过相互学习、相互影响、相互协作、相互支持，促进个体和群体的发展，让教育效果得到升华。

2."教育助手"，创建合作平台

"四季课程"在家庭，不仅可以弥补以往家校之间的信息不对称，以及教育责任缺位等问题，还能通过挖掘、发挥委员们、家长们的内在潜力，助力学生成长，让课程内容更加丰富多彩。

基于人人都是"教育助手"，北小的每一位家长都开始思考教育问题，开始思考怎样的课程学习更加利于学生的发展。记得有一年春季课程启动的时候，家长们群策群力，在老师们的组织下来到郊野公园为孩子选择活动场地，并根据场地特点和"春之动"的主题设计了生动有趣的运动游戏；在"五谷知秋"的秋季课程中，家长主动联系农业专家为学生讲五谷知识；在冬季课程——探究京韵民俗文化课程中，家长带领孩子们走进年画博物馆，和孩子们一起制作年画……为了让孩子们的课程更加丰富，有时课程会议结束已经是晚上9点多了，但家长们依然兴奋，没有抱怨，不觉疲惫，因为人人都是教育助手。协助学校开展课程活动，增进了家长对学校、班主任老师的理解和支持，促进了家庭教育和学校教育的协调一致，让"中国气质"的课程呈现出不一样的精彩。

3."隐形教师"，共享合作成果

课程下的家校协同让有特长的家长走进课堂是一个明智的举动。通过创建课程学习的平台，促进家长群体中成员相互支持、共同成长。于是家长论坛、家长大课堂成为学校活动的又一亮点。课程中的每一次"请进来"，让家长自发参与其间、相互学习、相互支持，密切了彼此之间的联系。不同职业背景和生活阅历的经验分享，对所有家长而言都是一笔宝贵的人生财富，家长之间的交往，也让家长提高了人际交往技能。家长和学校从伙伴关系走向共生关系，从教育共同体走向学习共同体。在个人具有充分自主性的前提下，在兼顾个体利益和群体利益的基础上，形成以学习为手段的个人和群体都得到发展的学习型共同体。

端午节的校本课程，四年级的家长承担了主要的任务，家长们带来了制作粽子的食材，细心地为学生们演示粽子的制作过程，并讲解端午节的文化；中秋节家长和学生们一起画兔爷，了解京城中秋民俗；"春之动"活动，擅长空竹的家长来到学校参与学生课程学习，为学生们展示空竹技能。一位家长在和孩子参与了二十四节气的课程学习后说："在课程手册科学的指引下，我们可以和孩子一起，带着问题有目标、有意识地参观博物馆，在这一过程中家长也受益匪浅。我和孩子一起参观了二十四节气公园，我们这些城市里长大的人，对于二十四节气的认识仅仅停留在儿时背诵的节气歌上。参观之前我和孩子一起翻阅了课程手册，明确了参观重点和路线安排。参观时，孩子带上了笔记本，详细记录下二十四节气石柱上雕刻的节气名称、典故、农作建议等，他在春夏秋冬不同的区域，摆出了春种、夏长、秋收、冬藏的姿势，让我给他拍照片。回家后，孩子总结说四季轮回是有规律的，按照课程手册的指引，我进一步引导他，面对规律人应该逆反还是应该顺应？可以在冬天把冻土撬开，把种子埋进去，指望它生根发芽吗？答案一目了然。平时单纯地要求孩子遵守规则、顺应规律，孩子可能听不进去，但通过这次四季课程，让孩子自己去发现感受大自然的规律，他就容易认可和接受了。"

课程在家庭，家校合作让每一位家长成了"隐形教师"，为教育实施提供了支持的力量、道德的影响力，让学生健康地成长，让学生充分享受来自老师和家长的关怀，使学生接受的教育更完整。正如苏霍姆林斯基所说："最完备的社会教育是学校教育与家庭教育的结合。"课程在家庭，为家校撑起一个完美无缺的教育空间。

(三)家庭成员关系的亲近

1. 参与：变家庭为本为学校为本

校本课程走进家庭，在参与方式上变家庭为本为学校参与为本。所谓家庭为本的参与是家长配合学校对学生进行学习指导的参与方式，这种方式是传统意义上的家校合作。而学校为本的参与是家校关系中家长进入学校教育体系中，与学校配合并支持学校而参与到学校活动、学校教育等的参与方式。①

学校以课程化的方式，以学校为主导，以家庭为基础，以社会为依托，以学生为主体，让教育理念融通、过程同步、方法互补、资源共享，对家长进行系列化、规范化的家庭教育培训，让家长走进班级，走进学生集体，走进课程，运用学生改变之力感染家长改变，激励家长参与学校教育。同时，通过学校课程的系列化和详尽的课程手册为行为保障，为家长搭建实践探索的舞台，营造和谐的家庭氛围，建立良好的亲子关系。

2. 活动：变单边活动为双向活动

合作的本质是互动。互动是一种交互影响与相互作用，家校合作不是单边活动，而是双向互动的活动。② 学校系列课程改变了家庭教育从属学校教育的模式，变家庭和学校的单项活动为双向活动，让二者处于平等地位。这种平等地位和作用，能够充分调动家庭对子女教育的积极性，发挥家庭教育的巨大作用。

在课程实施中，我们看到了不一样的家长和学生。家长结合自身职业的特点和经历以及孩子的兴趣爱好，整合家庭教育资源，开拓教育视野。在六年级感恩教育课程中，家长们群策群力，设计了周末"换乐派"活动，在换书、换物活动中让学生懂得分享与不舍；学生们自己动手做饭，在周末的下午来到公园与同学交换食物，让他们感悟到付出的幸福……真正的合作绝非是单边活动，真正的合作是不断生成和发展的。当家长们欣喜地看到孩子们的改变后，有的家长利用自身资源，拓展延伸课程，带领学生们翻山越岭，来到山西省灵丘县郊区的一个村庄。奔波两天，共走访了20多个乡村40多名贫困儿童，为50名多名孤寡老人送去粮油物资。此次活动后有学生说："这次假期过得和以往不同，来这里让我们第一次看到同龄人还穿着那么旧的衣服和鞋，让我们第一

---

① 黄河清：《家校合作导论》，37页，上海，华东师范大学出版社，2008。
② 李家成、王培颖：《家校合作指导手册》，1页，北京，北京大学出版社，2016。

次搬起了 50 斤一袋的大米，也让我们第一次感受到帮助别人的快乐。"有家长说："希望在这个假期让这些生长在北京的孩子亲身体验一下贫困山区的生活，让他们学会珍惜，学会奉献，懂得感恩。"

双向活动的课程真正实现了家长的参与，在丰富多元的家校活动中整合家庭教育资源，延伸家校教育范围，在亲近的家庭成员关系中通过传统文化的渗透强化道德，优化家庭教育行为，从而实现孩子的自我认同感和社会归属感。

三、家校育人结果的契合

(一)从课程文化到家庭教育文化

"中国气质"的课程以中华民族独特的民族心理、道德伦理、精神气质、价值取向和审美情绪等为深层底蕴，以五千年中华文明史和广袤的华夏大地为时空布局，以京韵文化主题为活动内容，其中蕴藏着丰富的德育资源。在课程文化的引领下，家长参与到课程建设中，让家长所拥有的文化、社会资源转化为学校课程的同时转化为家庭教育文化。

1. 深度陪伴，做孩子校园生活的参与者

课程的开设全面开放了学校大门，欢迎家长走进学校，参与更多的活动，陪伴孩子度过美好的小学生活，如每学期的春季和秋季课程，亲子运动会等，让越来越多的家长走进学校，拉近了家校距离。一位家长这样写道："四季课程是自然的、丰富的、跳跃的。秋高气爽的季节，孩子们走进植物园看五彩的叶，走到湖边看迁徙的鸟；冬季假期，习民俗、知礼仪，别样迎春节；春暖花开的日子，和自然万物一起律动起来；漫长的暑假，阅读好书、亲近社区，用心感受四季的轮回、自然的节奏……我们在参与课程，陪伴孩子的过程中感受着孩子的成长。"另一位家长陪伴孩子完成制作后写道："通过这次课程，孩子不仅对中国传统文化有了直观的了解，更在亲手制作的过程中理解了劳动人民的智慧，体会到了手工业者的不易，孩子发自内心地感叹道：太难太累了，我要特别地小心，不然一个不注意就前功尽弃了！作为家长，我觉得对孩子最好的家庭教育就是陪伴，在陪伴中我看到了他的成长，总以为长不大的他竟然独立完成了如此不易的制作，令我刮目相看。"课程让家长和孩子多了一份交流，让陪伴有了质量。深度陪伴，使课程文化渗透到家庭，成为家庭教育文化。

2. 资源共享，做孩子校园学习的教育者

课程实施中，充分挖掘家长的社会资源充盈到学校课程中，同时让参与的家长在课程实践活动中成为指导教师，不断完善、充实现有的课程内容……不同的家长所从事的职业是不同的，这些职业中也蕴含了丰富的教育资源，利用家长的职业优势，丰富学校课程从而产生倍增效应，使活动生动有趣。同时挖掘家长的兴趣、爱好、个性特长，如有的家长善于组织活动，有的家长心灵手巧，有的家长有一技之长……合理开发家长资源，实现资源共享，让家长成为孩子校园生活的教育者。

3. 学习反思，做孩子终身学习的促进者

一位家长在课程交流中说："参与课程中让我知道了催化兴趣比灌输知识更重要。每次四季课程后孩子滔滔不绝如数家珍，并且真的能把知识点和心得讲得头头是道。四季课程把大自然中的生长规律告诉了孩子，也启发了家长对教育的重新审视：教育也要顺应规律，顺应生命成长的特点，也让家长发现了孩子的增长点，从而调整家庭教育的方法，用科学的方法来慢养、顺养、调养。"课程的影响就这样在家庭中潜移默化地产生了，并不断增强它的作用。

"课程有知识，我们都是走出教室、走出校门学知识。"一名四年级的学生说，因为一次"秋里的叶子"课程，她与家长一起读了一整套《走进知识馆》；因为一次"年画话年"课程，她和同学相约大年初一到故宫过大年，并且和家长将故宫年兽、故宫二十四节气系列丛书通读一遍。这就是启发的力量，是需要仰天俯地、细察自然，用手用眼用脑尽情体验、尽兴实践才能得到的。家长在课程参与、学习中，努力成为学习型家长，构建学习型家庭教育文化。

（二）从课程助力到家校协同发展

扎根中国情境的京韵——中国气质课程革新了传统家校合作形式，课程助力提升了家校合作的层次，让家校合作更具系统化、连贯性。实现育人目标，学生自然成为课程引领下家校合力的受益者，而家长在参与课程的过程中不断发挥主体性作用，优化家庭教育内容，逐步树立与学校一致的教育思想，掌握科学的教育方法，从而提升了教育水平和能力。

从课程助力到家校协同发展应该说是一个双赢的结果，它的利处不仅仅体现在学生和家庭教育方面，对于学校的不断发展和教师素养的提升同样有很大的帮助。

首先，家校协同，壮大了素质教育力量。

课程助力，让家校关系融洽。良好的家校沟通，有利于学校不断加强与社会系统的联系及信息交流，根据社会对学校教育的评价不断调整学校的各项工作，保证决策的科学性和可行性。而家长成为学校推动素质教育的支持者、同盟军，壮大了推进素质教育的力量。

其次，家校协同，提高了教育教学质量。

内外结合让更多的人了解学校，了解学校的教育。破除了家长、学校因立场不同而产生的分歧，在信任与被信任中，在交流与分享中，在相互尊重与换位思考中，缩短了家长与学校的心理距离，家校目标一致共同发展。丰富多彩的课程学习中，教师不仅是课程执行者，还是课程研发者。在此期间通过与家长交流，教师会掌握更及时更准确的学生实际情况，有针对性地进行课程选择、课程改编，对以往的课程进行调整，使其更加符合现阶段学生的实际，从而提高课程实施的效果。高质量的课程，让学生从表象中探索本质，从寻找答案中学会思考，从民族文化中感悟道德品质。家校协同，提高了教育教学的质量。

最后，家校协同，促进了教师的发展。

课程助力，让家长了解学校，了解教师，在良好的师长关系中携手共进，促学生健康成长。教师在课程实施中能够更加细致地了解学生个体特点。比如，在"冬奥"课程学习中，教师惊喜地看到班中那个常常因违纪挨批评的学生在帮助同学穿运动护具；在"秋天里的飞行家"的课程中，教师看到一个为了观察候鸟趴在地上半个小时不动的小淘气；在"春之动"课程中，教师看到柔弱的女生为了学习空竹的新技法而坚持不懈的身影……课程打开了教师观察学生、了解学生的又一个窗口，让教师更加全面地了解学生，从而将因材施教落实到学生个体。同时在校本课程的开发中教师的主体性得到充分的调动，教师明确了自己在校本课程开发中的地位与责任，在主动承担任务的过程中提升了研究能力。

课程在家庭的实施与延续，让家庭和学校教育育人目标一致，在融合的家校关系中优化教育环境，形成相互协作支撑的文化教育合力。我们相信，落实有效家校合力的举措还有很多，都值得我们不断学习，我们无论从理论层面还是实践层面都将不断探索，在家校良性互动下全面育人。